AUTOENGAÑO

EDUARDO GIANNETTI

AUTOENGANO

11ª reimpressão

Copyright © 1997 by Eduardo Giannetti

Grafia atualizada segundo o Acordo Ortográfico da Língua Portuguesa de 1990, que entrou em vigor no Brasil em 2009.

Capa
Jeff Fisher

Preparação
Carlos Alberto Inada

Revisão
Renato Potenza Rodrigues
José Muniz Jr.

Índice onomástico
Vivian Miwa Matsushita

Atualização ortográfica
Verba Editorial

Dados Internacionais de Catalogação na Publicação (CIP)
(Câmara Brasileira do Livro, SP, Brasil)

Fonseca, Eduardo Giannetti da
  Autoengano / Eduardo Giannetti. — São Paulo : Companhia das Letras, 2005.

  Bibliografia.
  ISBN 978-85-359-0742-1

  1. Autoconhecimento — Teoria 2. Erros 3. Filosofia I. Título.

05-7443 CDD-121.2

Índice para catálogo sistemático:
l. Autoengano : Epistemologia : Filosofia 121.2

Todos os direitos desta edição reservados à
EDITORA SCHWARCZ S.A.
Rua Bandeira Paulista, 702, cj. 32
04532-002 — São Paulo — SP
Telefone: (11) 3707-3500
www.companhiadasletras.com.br
www.blogdacompanhia.com.br

Para minha mãe

SUMÁRIO

Prefácio e agradecimentos 9

1. A NATUREZA E O VALOR DO AUTOENGANO 17
1. A arte do engano no mundo natural: princípios 17
2. A arte do engano no reino animal: aplicações 21
3. O viés antropomórfico no espelho da natureza 27
4. O big-bang da linguagem no universo do engano 33
5. O espectro inocente do autoengano 39
6. A miséria e a glória do autoengano 49
7. Autoconhecimento, moderação e autoengano 62

2. AUTOCONHECIMENTO E AUTOENGANO 67
1. Conhecimento: familiaridade × objetividade 67
2. A dupla expulsão da subjetividade 71
3. Autoconhecimento: limites do reducionismo científico 77
4. Diálogo, maiêutica e autoconhecimento 83
5. Introspecção e autoengano: epistemologia 87
6. Motivação e autoengano: psicologia moral 97
7. Enganar o próximo como a si mesmo? 106

3. A LÓGICA DO AUTOENGANO 111
1. A quadratura do círculo 111
2. Limites do comportamento propiciatório 117
3. O paradoxo da morte anunciada 123
4. Cenas de um despertar negociado 129
5. Delícias e armadilhas do amor-paixão 133

6. A hipnose de uma boa causa *137*
7. A força do acreditar como critério de verdade *144*

4. PARCIALIDADE MORAL E CONVIVÊNCIA HUMANA *147*
1. Fronteiras da imparcialidade: indivíduo e espécie *147*
2. O centro sensível do universo *153*
3. Dissimulação social e parcialidade moral *160*
4. Parcialidade moral: exemplos e discussão *168*
5. O canto da sereia intertemporal *176*
6. Parcialidade moral e regras impessoais *186*
7. Ética cívica, liberdade e ética pessoal *196*

Notas *203*
Bibliografia *237*
Índice onomástico *247*
Sobre o autor *253*

PREFÁCIO E AGRADECIMENTOS

Quem somos? Por que acreditamos no que acreditamos? Como viver? Os problemas essenciais da existência e da realização humanas não respeitam fronteiras acadêmicas e convenções catalográficas. O saber especializado avança, o mistério e a perplexidade se adensam. Eliminar falsas respostas é mais fácil do que enfrentar as verdadeiras questões. O que afinal sabemos sobre nós mesmos? A racionalidade orienta mas não move; a ciência ilumina mas não sacia; o progresso tecnológico acelera o tempo e abre o leque mas não delibera rumos nem escolhe os fins. O universo subjetivo no qual vivemos imersos é tão real quanto o mundo objetivo no qual trabalhamos e agimos. A relação mais íntima, traiçoeira e definidora de um ser humano é a que ele trava consigo mesmo.

Este livro aborda a questão do autoengano a partir de quatro ângulos distintos e complementares. O primeiro é a *identificação* do fenômeno: o que é o autoengano e no que ele difere da ação de enganar o outro? Outra vertente de análise trata da *explicação* de sua existência. Por que o autoconhecimento é um desafio tão difícil para o ser humano e quais as motivações básicas alimentando a nossa propensão espontânea ao autoengano? O terceiro ângulo de abordagem é de natureza *lógica*: como é possível para uma mesma pessoa enganar-se a si própria? Como nos desincumbimos de proezas como crer no que não cremos, mentir para nós mesmos e acreditar na mentira ou remar de costas rumo a um objetivo? Finalmente, a questão do autoengano é discutida a partir de um ponto de vista *ético*. Qual o lugar e o valor do autoengano na vida prática, tanto sob a ótica dos projetos, desejos e aspirações de cada indivíduo em particular (ética pessoal) como na perspectiva mais ampla da nossa convivência em sociedades complexas (ética cívica)?

Esses quatro conjuntos de questões sobre o tema comum do autoengano definem, com uma única exceção apenas, a estrutura e a sequência do livro. O capítulo 1 é dedicado à análise do repertório do engano no mundo natural, à caracterização do autoengano como fenômeno singularmente humano e à descrição de suas principais modalidades de ocorrência. O *porquê* e o *como* do autoengano são tratados nos dois capítulos seguintes. Enquanto o capítulo 2 tem como foco principal a precariedade do autoconhecimento e os fatores subjacentes à nossa inclinação ao autoengano, o capítulo 3 aborda a lógica paradoxal do fenômeno e busca elucidar os meandros do prometer autoenganado no amor e na política em particular. No capítulo 4, que arremata o livro, discuto as implicações do autoengano para a interação humana em sociedade e o papel das regras impessoais da ética cívica na moderação e prevenção dos seus piores efeitos.

A grande exceção — a questão que não se enquadra na sequência temática acima descrita — é a discussão do autoengano na perspectiva da ética pessoal. A razão é simples. O tema da relação entre autoengano, formação de crenças, motivação e comportamento individual é o único que não aparece confinado a algum capítulo específico do livro porque ele é precisamente o fio condutor — o eixo temático estrutural — que une, costura e atravessa o argumento do início ao fim do trabalho. Do elogio do autoengano no primeiro capítulo (seções 5 a 7) à discussão da exploração intertemporal de uma pessoa por ela mesma no último (seção 5), passando pela epistemologia do autoconhecimento e a lógica do autoengano nos dois capítulos intermediários, são as questões da ética pessoal que conferem unidade e definem a orientação básica do livro como um todo.

Cada indivíduo é um microcosmo: um todo complexo de forças contraditórias e apenas parcialmente ciente de si mesmo. Por motivos que busco examinar em detalhe no livro, as perguntas da ética pessoal — quem sou? o que pretendo fazer de minha vida? como viver melhor individual e coletivamente? — revelam-se especialmente escorregadias e vulneráveis à ação do vasto repertório das tergiversações especiosas da mente humana. Se a propensão ao autoengano é com frequência uma maldição, essa maldição parece ser também a fonte secreta e inigualável das apostas no imponderável das quais dependem não só as maiores realizações criativas da humanidade como a esperança selvagem e inexplicável que nos alimenta, impulsiona e sustenta em nossas vidas. Mapear, analisar, ilustrar e discutir as implicações éticas do autoengano na vida pública e privada, tendo a formação de crenças, as pulsões e a conduta individual como focos privilegiados da investigação, são os objetivos centrais deste livro.

Um trabalho como este é inevitavelmente exploratório e incompleto. Do autoengano pode-se dizer o que disseram Sócrates do bem e da virtude e Agostinho do tempo: todos nos imaginamos familiarizados com ele, mas somos incapazes de entendê-lo de forma clara e satisfatória. Pior que o simples desconhecimento, contudo, é a ignorância potenciada de uma falsa certeza — o acreditar convicto de quem está seguro de que sabe o que desconhece. Abrir-se à dúvida radical — à possibilidade de que estejamos seriamente enganados sobre nós mesmos e sobre as crenças, paixões e valores que nos governam — é abrir-se à oportunidade de rever e avançar. É ousar saber *quem se é* para poder repensar a vida e tornar-se *quem se pode ser*.

A filosofia analítica do autoengano é de certo modo o avesso da terapêutica exortatória da autoajuda. Nada mais longe do propósito deste livro do que a pretensão de "curar", converter ou convencer a mudar quem quer que seja. Não acredito na eficácia de homilias e "curas" em cápsulas anódinas de autoajuda, assim como sou cético acerca da possibilidade de alguma forma de "regeneração" por meio de convencimento moral. Creio, porém, na força do desejo de cada ser humano de fazer de sua vida o melhor de que é capaz; e creio no princípio socrático de que o autoconhecimento — uma visão clara e crítica dos valores e crenças que regem a nossa existência — é parte indispensável da melhor vida ao nosso alcance. Espero que o esforço prospectivo, a intenção por vezes francamente provocadora e as inumeráveis perplexidades deste livro possam de algum modo contribuir não para reduzir a frequência dos nossos autoenganos, mas para torná-los menos nocivos e mais profícuos.

A leitura de um texto é a ocasião de um encontro. Quando o teor do trabalho é predominantemente técnico ou factual, os termos da troca entre autor e leitor tendem a ser claros e bem definidos: o que um oferece e o outro busca na leitura são informações relevantes e ferramentas para a obtenção de novos resultados. O contato entre as mentes é de superfície e o grau de assimilação dos conteúdos é mensurável.

Mas quando se trata de um texto literário ou filosófico de conteúdo essencialmente reflexivo, como é o caso aqui, a natureza da relação mediada pela palavra impressa é outra. Mais que uma simples troca intelectual entre autor e leitor, a leitura é o enredo de dois solilóquios silenciosos e separados no tempo: o diálogo interno do autor com ele mesmo enquanto concebe e escreve o que lhe vai pela mente absorta; e o diálogo interno do leitor consigo próprio enquanto lê, interpreta, assimila e recorda o que leu.

Como alguém que passa boa parte do seu tempo lendo e investigando o destino das ideias alheias (sou pesquisador na área de história das ideias), nunca me canso de perguntar a mim mesmo: onde estamos, o que procuramos e no que pensamos enquanto lemos? O depoimento do leitor Fernando Pessoa representa o ponto extremo de uma experiência que, em graus variáveis de intensidade, é provavelmente comum a todos. "Embora tenha sido um leitor voraz e ardente", relata o poeta, "não me recordo de nenhum livro que tenha lido, a tal ponto eram minhas leituras estados de minha própria mente, sonhos meus, e mais ainda provocações de sonhos."

Ler é recriar. A palavra final não é dada por quem a escreve, mas por quem a lê. O diálogo interno do autor é a semente que frutifica (ou definha) no diálogo interno do leitor. A aposta é recíproca, o resultado imprevisível. Entendimento absoluto não há. Um mal-entendido — o folhear aleatório e absorto de um texto que acidentalmente nos cai nas mãos — pode ser o início de algo mais criativo e valioso do que uma leitura reta, porém burocrática e maquinal.

"Autores são atores, livros são teatros." A verdadeira trama é a que transcorre na mente do leitor-interlocutor. A ocasião da leitura, não menos que a da criação literária, pode ser o momento para um encontro sereno, amistoso e concentrado — algo cada vez mais raro e difícil, ao que parece, hoje em dia — com a nossa própria subjetividade.

No diálogo interno do qual resultou este livro procurei acima de tudo ser fiel a mim mesmo. Na prática isso significou aceitar o desafio de *pensar diretamente e por minha conta e risco* o problema do autoengano, em vez de esconder-me sob o manto protetor do que Mário de Andrade batizou certa feita, referindo-se a um verdadeiro vício ocupacional do intelectual brasileiro, de "exposição sedentária de doutrinas alheias". Daí a opção de escrever um livro que não pressupõe nenhum tipo de conhecimento prévio especializado e daí o empenho em buscar evitar ao máximo a tentação de entremear o argumento desenvolvido no corpo principal do trabalho com citações e digressões eruditas. Como a carne, porém, é muitas vezes fraca, servi-me copiosamente das notas ao final do livro para dar vazão à incontinência do historiador de ideias.

O importante, entretanto, é frisar que a leitura do texto principal prescinde inteiramente da consulta às notas e referências que se encontram no final do volume. O uso das notas é portanto facultativo e depende apenas do interesse específico do leitor por algum ponto abordado no trabalho. Talvez o melhor a fazer durante a leitura, a fim de preservar a fluência do texto e o fio do enredo, seja simplesmente ignorar e esquecer que as notas existem. As traduções são todas de minha autoria, exceto quando referem-se a obras cuja tradução para o português constam da bibliografia.

A composição de um livro é a ocasião de novos encontros. Com a exceção do prefácio e das notas, este livro foi integralmente escrito durante quatro estadias de um mês cada na pousada Solar da Ponte, situada na cidade histórica mineira de Tiradentes. Quando para lá parti pela primeira vez, no início de 1996, buscando o recolhimento e a solidão necessários para concentrar-me na redação do livro, não sabia como reagiria e o que poderia encontrar do outro lado. A experiência, felizmente, superou as minhas melhores expectativas. Na atmosfera serena e acolhedora da pousada — uma pequena obra de arte incrustada no encantador cenário tiradentino — encontrei o ambiente ideal que buscava para a realização do trabalho. A John e Anna Maria Parsons e a todo o pessoal do Solar — Suzana, Márcio, Inês, Pedro, Marlene, Bete, Mazé e Siloé — desejo expressar a minha sincera gratidão pela generosa e cordial hospitalidade com que me receberam. De minha parte, fica a saudade e a esperança de poder reviver no futuro dias de mística alegria e calma plenitude como os que tive a sorte de poder usufruir em Tiradentes.

Diversas pessoas leram e comentaram, verbalmente e/ou por escrito, algum dos diversos rascunhos preparatórios do livro. Ciente de que seria impossível lembrar de todos que, direta ou indiretamente, contribuíram para melhorar o argumento, fazer novas leituras, evitar obscuridades e persistir na execução do trabalho, gostaria de agradecer a: Cleber Aquino, Persio Arida, Ana Maria Bianchi, Carlos Alberto Primo Braga, Antonio Cicero, Renê Decol, Angus Foster, Norman Gall, Carlos Alberto Inada, Celia de Andrade Lessa, Luiz Alberto Machado, Juan Moldau, Verônica de Oliveira, Nilson Vieira Oliveira, Antonio Delfim Netto, Samuel Pessoa, Celso Pinto, Horácio Piva, Rui Proença, José Maria Rodriguez Ramos, Bernardo Ricupero, Carlos Antonio Rocca, Jorge Sabbaga, Pedro Moreira Salles, Luiz Schwarcz, Marcelo Tsuji, Caetano Veloso e Andrea Cury Waslander.

Versões preliminares dos três primeiros capítulos foram apresentadas e debatidas em seminários acadêmicos no Instituto de Pesquisas Econômicas da Faculdade de Economia, Administração e Contabilidade da Universidade de São Paulo. Agradeço aos alunos de pós-graduação e aos demais participantes desses seminários pelo interesse e pelas perguntas e comentários feitos, alguns dos quais foram depois incorporados no trabalho.

Gostaria, ainda, de fazer um agradecimento especial a quatro grandes amigos — Marcos Pompeia, Maria Cecília Gomes dos Reis (Quilha), Luiz Fernando Ramos (Nando) e Tal Goldfajn — que participaram calorosa e ativamente de minhas incursões pelos caminhos e subterrâneos do autoengano. Mais do que ninguém, eles foram os interlocutores com quem tive a oportunidade de dialogar de forma exaustiva, fecunda e quase ininterrupta sobre as ideias, pistas, indagações e perplexidades que vinha trabalhando no livro.

Este livro é dedicado a minha mãe Yone, poeta e psicanalista. Foi a forma que encontrei para tentar transmitir não apenas a ela, mas aos demais membros da família, a gratidão que sinto pelo privilégio de nossa convivência durante todos esses anos.

1. A NATUREZA E O VALOR DO AUTOENGANO

1. A ARTE DO ENGANO NO MUNDO NATURAL: PRINCÍPIOS

A natureza submete tudo o que vive ao jugo de duas exigências fatais: manter-se vivo e reproduzir a vida. Nada escapa. Do protozoário unicelular ao autodesignado *Homo sapiens*, a preservação do indivíduo e a perpetuação da espécie constituem o mínimo denominador comum da subsistência biológica.[1] Por que é assim, ninguém sabe. O que parece claro é que o risco de extinção é comum a todas as espécies e nem todos os seres vivos têm a mesma facilidade em satisfazer os imperativos de sobreviver e procriar. As condições ambientais mudam ao sabor de forças aleatórias e os poderes de um organismo nem sempre correspondem às demandas definidas por suas necessidades vitais. A natureza pode ser pródiga, mas não faz concessões.

Falar em "guerra" seria exagero — cataclismos esporádicos à parte, há pelo menos tanta criação e exuberância quanto destruição e ruína no fluxo natural da vida pelo planeta. O que se observa, contudo, é que o processo evolutivo é marcado pela existência de forte competição e conflito na disputa por recursos escassos. Alguns ambientes, é verdade, são mais exigentes que outros. Mas, se eles forem generosamente bem-dotados para a preservação e reprodução da vida, a própria proliferação de seres vivos resultante desse fato auspicioso se encarregará de alterar o ambiente e apertar o cerco sobre cada um. Quando o ambiente se torna mais rigoroso, a peneira da seleção contrai: a nota de corte aumenta. O desafio de sobreviver e procriar com sucesso na natureza é um jogo de astúcia e agilidade, sorte e força bruta — um jogo no qual nem todos os chamados logram se fazer escolher.

Até onde pode chegar um ser vivo na busca de seus imperativos biológicos? A pergunta soa pueril quando nos debruçamos sobre o mundo natural. A natureza, ao que tudo indica, é cega, perseverante e desprovida de escrúpulos. Um organismo simplesmente fará tudo o que estiver ao seu alcance para saciar suas necessidades prementes. Ele agirá impelido pela intensidade de suas carências, de um lado, e limitado pelo seu leque de comportamentos e pelas ameaças e obstáculos com que se depara, de outro.

Mas se os fins perseguidos por todos os seres vivos são essencialmente uniformes, os meios dos quais dispõem para persegui-los são os mais diversificados. O repertório é fabuloso e inclui peças de espantosa sagacidade. A arte do engano — o uso pelo organismo de traços morfológicos e de padrões de comportamento capazes de iludir e driblar os sistemas de ataque e defesa de outros seres vivos — é parte expressiva do arsenal de sobrevivência e reprodução no mundo natural.

Há enganos para todos os gostos. Do mais simples ao mais complexo organismo natural, o ilusionismo defensivo e ofensivo permeia toda a cadeia do ser. A arte do engano, como veremos a seguir, não requer premeditação consciente ou intencionalidade por parte de quem a pratica. Ela aparece não só nas relações *entre* os membros de diferentes espécies (entre-espécies) como também, em diversos casos, nas interações *dentro* de uma mesma espécie (intraespécie).

Os primeiros indícios do que vem pela frente manifestam-se já na esfera da vida molecular. O funcionamento do sistema imunológico dos animais baseia-se na operação automática de mecanismos que protegem o organismo contra a invasão de substâncias nocivas — microrganismos patogênicos como bactérias, vírus e protozoários. A missão do sistema imunológico é dupla: detectar a presença do invasor e despachar a artilharia adequada de anticorpos para eliminá-lo.

A identificação do invasor patogênico é feita pelo reconhecimento de diferenças relevantes na composição bioquímica das células que *pertencem* ao organismo (e que portanto devem ser preservadas), de um lado, e das substâncias nocivas que *não per-*

tencem a ele (e por isso precisam ser destruídas), de outro. Nem sempre, contudo, a coisa funciona. Se a identificação é falha, duas coisas podem acontecer: o invasor penetra à vontade e faz a festa nas entranhas do anfitrião ou, como acontece nas doenças autoimunes, uma parte das células boas do organismo é erroneamente destruída pela pontaria desastrada do batalhão defensivo.

A guerrilha intestina opondo invasores patogênicos e o sistema imunológico é um campo repleto de práticas de camuflagem, despiste e desinformação. Diversas bactérias conseguem burlar o mecanismo de detecção imunológica dos mamíferos graças à presença de uma camada química superficial que as reveste e que tem a propriedade de torná-las aparentemente idênticas às células normais do organismo. Alguns vírus, como o da pólio, certos tipos de gripe e talvez o HIV, acionam as defesas do organismo, mas entregam somente moléculas menores em sacrifício, servindo-se de táticas de camuflagem química para evitar o fogo hostil dos anticorpos sobre os alvos moleculares cruciais.[2]

O tripanossomo africano — um protozoário parasita responsável pela doença do sono — vai mais longe. Ao penetrar no aparelho circulatório humano, ele exibe uma proteína-isca que dispara os alarmes do sistema imunológico e ativa rápida e vigorosa reação. O problema é que, quando a tropa de choque dos anticorpos está pronta para entrar em campo e massacrar o invasor, o tripanossomo já trocou de armadura e exibe outra variante daquela mesma proteína, neutralizando assim a primeira linha de defesa e provocando a convocação de um novo batalhão de anticorpos. No momento em que nova conflagração é iminente, entretanto, ela é suspensa por outra alteração na superfície química do invasor. Desse modo, proteínas-isca e variações proteicas de superfície vão se sucedendo — o tripanossomo carrega genes para mais de *mil* manobras diversionistas análogas —, até que, finalmente, a infecção torna-se crônica e o organismo anfitrião sucumbe (não é para menos!) e cai em profunda letargia.

Campo fértil para a propagação da flora do engano — não obstante a sua aparência inocente — é o reino vegetal. Algumas plantas, como por exemplo a erva-de-vênus (*Dionaea muscipula*), ostentam uma pseudoflor que funciona como emboscada para atrair, prender e tragar insetos. Apesar de perfeitamente ociosa do ponto de vista da reprodução da erva, a pseudoflor é preciosa quando o que está em jogo é a próxima refeição.

Diversas plantas, por sua vez, mimetizam o aspecto e o odor de fezes secas para atrair moscas e besouros em busca de alimento e sítio adequado para depositar seus ovos. Ao se darem conta do embuste, os insetos reiniciam a busca e inadvertidamente polinizam as impostoras vizinhas. A camuflagem defensiva é um ardil típico de vegetais que povoam o ambiente rigoroso das regiões semiáridas. Como sua única chance de escapar com vida do olhar famélico dos herbívoros locais é *não dar na vista*, muitas espécies de planta do agreste acabam adquirindo aspecto e coloração evasiva, ou seja, semelhante ao de substâncias indigestas como arbustos secos, galhos mortos, grama seca e pedregulhos.

À delicada e numerosa família das orquídeas — existem cerca de 15 mil espécies distintas classificadas — está reservado um lugar de honra na flora do engano vegetal. As orquídeas reproduzem-se por meio de alogamia: o processo de fecundação requer que o pólen de uma flor se misture ao estigma de outra. Como vencer a distância? A solução é recorrer ao fascínio do sexo.

Diferentes tipos de orquídea especializaram-se em atrair diferentes tipos de insetos, seduzindo-os com estímulos sexuais que evocam o aspecto, a coloração e o odor das respectivas fêmeas. Acontece que incitar o inseto a tão somente acercar-se da flor, atraído pela promessa de sexo, não basta. Para que a polinização seja bem-sucedida ele precisa se animar a montar na flor, senti-la de perto e partir para uma pseudocópula com ela. Só assim os sacos de pólen se fixarão em seu corpo e serão efetivamente carregados e misturados ao órgão sexual de outra orquídea.

O que é espantoso, contudo, é o grau de requinte e sofisticação a que certas orquídeas chegaram na simulação dos apelos de determinadas fêmeas de inseto. Para as abelhas do gênero *Andrena*, por exemplo, o charme e o encanto das flores da *Ophrys litea* superam os atrativos da fêmea real. Diante da opção concreta entre uma e outra, a maioria dos machos revela que prefere embarcar no sexo ilusório e radiante da pseudocópula.[3] A cópia excede o original. Propaganda enganosa?

2. A ARTE DO ENGANO NO REINO ANIMAL: APLICAÇÕES

Ao prosseguirmos na escala evolutiva, avançando rumo ao reino animal e aos primatas inteligentes, o repertório do engano se amplia e prolifera. Ao contrário de microrganismos e vegetais, os animais não se restringem a recursos *morfológicos* — ligados à forma e propriedades externas do organismo — na arte de iludir e engabelar o próximo. A novidade aqui é que começam a entrar em cena, passando a dominar de forma progressiva o espetáculo do engano no mundo natural, variações e estratégias *comportamentais* das mais insuspeitas procedências. À máscara que disfarça junta-se o gesto que ludibria.

O que esperar de um inseto? Se a morfologia atrapalha, a astúcia resolve. O percevejo africano *Acanthaspis petax* desenvolveu uma técnica ardilosa de usar as formigas com o intuito de comê-las. Primeiro ele caça algumas formigas avulsas e gruda as suas carcaças sobre o seu próprio corpo. Assim disfarçado, ele se dirige ao formigueiro mais apetitoso das redondezas, penetra nele sem ser molestado e banqueteia-se lá dentro com o divino manjar. Na falta de formigas avulsas para se ocultar, o percevejo repete a façanha recorrendo a fragmentos de solo e areia. Se a erva-de-vênus, com a sua pseudoflor, é o equivalente botânico do canto das sereias homérico, esse percevejo africano é a matriz biológica do cavalo de Troia.

O aumento da flexibilidade comportamental faz também vir à baila a prática do oportunismo intraespécie baseado em engano. É o que se verifica, por exemplo, no caso de algumas variedades de mosca-doméstica nas quais o macho corteja a fêmea oferecendo-lhe como prenda algum alimento. Enquanto a fêmea se delicia e lambuza com a prenda, o macho aproveita para se acasalar com ela. Até aí tudo certo: nenhuma ilusão ou ardil, apenas uma troca tristemente familiar de equivalentes. O logro só aparece no momento em que surge um macho heterodoxo da mesma espécie que faz a mímica de fêmea interessada, consegue induzir um macho reto a fazer-lhe a oferenda e, na hora do coito, apanha o alimento e chispa para longe. De um pseudotravesti como esse, nem mesmo uma mísera pseudocópula a mosca iludida e fraudada consegue arrancar...

Outro exemplo de oportunismo intraespécie baseado em engano é o do peixe-roda de guelras azuis (*Lepomis macrochirus*). O macho normal dessa espécie é do tipo que precisa fazer um razoável investimento paterno para ter a chance de procriar. Ele prepara o local da fertilização construindo um grande número de ninhos onde a fêmea, devidamente cortejada, possa vir depositar os ovos. Em seguida, o macho fertiliza os ovos e faz a guarda dos ninhos, protegendo-os contra predadores até o nascimento das crias.

Há, contudo, uma variante bem definida de peixe-roda macho que, por atingir precocemente a maturidade sexual — aos dois anos em vez de aos sete anos de idade —, não consegue competir com os outros na busca e preparação de sítios adequados para a procriação. Nem por isso, é claro, desanimam. O jeito é infiltrar-se no momento oportuno em ninhos alheios e despejar os seus gametas sobre os ovos que lá estiverem. Feita a incursão, os precoces não perdem tempo: zarpam para novos ninhos e deixam que os sentinelas ludibriados zelem pelos "seus" rebentos. A chave da infiltração no reduto alheio é a ilusão do sexo. Enquanto são novos, os machos precoces têm o tamanho e o aspecto das fêmeas; quando crescem e atingem a maturidade, eles passam a encobrir suas incursões furtivas adquirindo a coloração e os trejeitos delas.[4]

Pelo mesmo atalho oportunista do peixe-roda precoce, ainda que se servindo dos préstimos escusos de outras espécies que não a sua, segue o pássaro cuco (*Cuculos canorus*). Além de sua capacidade de imitar o timbre vocal de diversas aves, o cuco especializou-se na arte de depositar seus ovos em ninhos de outras espécies de pássaros. Se o ninho-alvo é pequeno demais para que a fêmea do cuco ponha o seu ovo diretamente nele — aproveitando-se, é claro, da ausência oportuna da anfitriã —, ela bota o ovo no solo e transporta-o com o bico até ele. O segredo básico do cuco é botar ovos cujo aspecto externo é semelhante ao dos ovos da anfitriã. Outro cuidado importante é não abusar da hospitalidade: *um ovo apenas*, de cada vez, em ninho alheio. A cautela, ao que parece, compensa. Apesar da agressividade do filhote de cuco — ao nascer ele tenta destruir os demais ovos e expulsar do ninho os perplexos "irmãozinhos" —, ovos de cuco já foram encontrados em ninhos de 180 espécies distintas de aves.

A análise da arte do engano no mundo natural revela que o repertório ilusionista gravita ao redor de *dois* estratagemas básicos. Há o engano por *ocultamento*, que se baseia em ardis de camuflagem, mimetismo e dissimulação; e há o engano por *desinformação ativa*, baseado em práticas como o blefe, o logro e a manipulação da atenção.

No primeiro caso, o engano deriva de uma ilusão negativa: a discrepância entre realidade e aparência consiste em desaparecer, em não se fazer notar, em induzir o outro organismo a *não perceber* o que lá está. É o caso, por exemplo, do camaleão; dos sapos furtivos que interceptam fêmeas atraídas por outros machos; do urso polar e de todos os animais que praticam a dissimulação para evitar predadores e rivais ou melhor acercar-se de suas preias. No jogo do ocultamento, quanto mais imperceptível melhor.

No engano por desinformação ativa, a ilusão é positiva. A discrepância entre realidade e aparência consiste em induzir um organismo a *ver* coisas, a formar imagens deturpadas ou a distrair-se momentaneamente. A perceber algo, em suma, que *não está lá*.

A essa modalidade pertence uma fauna estonteante de ocorrências. É o caso, por exemplo, da cascavel, com seu chocalho hipnótico que embruxa a vítima; das raposas que se fingem de mortas para dissuadir predadores e que emitem falsos gritos de alarme para assustar os demais membros da alcateia e ficar com a comida só para si; da cobra-coral-falsa, com a sua coloração berrante e idêntica à da temida coral venenosa; das fêmeas de insetos que emitem sinais luminosos para emboscar os machos e devorá-los;

dos lagartos que ludibriam predadores desprendendo a cauda; dos répteis que se intumescem e dos mamíferos que eriçam os pelos para parecerem maiores do que são em situações de perigo; dos elefantes que disparam rumo ao ataque mas não atacam, ou, ainda, para não alongar demais a lista, dos cães que latem e mostram agressivamente os dentes mas, na hora da briga, dão no pé. No engano por desinformação ativa, quanto mais verossímil melhor.

O que se passa na mente de um animal que engana outro — se é que a noção de mental faz sentido aqui —, ninguém tem condições de saber. A existência de vida subjetiva nos animais, embora intuitivamente plausível em alguns casos, é impossível de ser provada. Se saber o que se passa em nossa própria mente é por vezes delicado (ainda que ninguém pareça capaz de negar que *algo* se passa nela), o que dizer da hipotética subjetividade de um peixe-roda, lagarto, cuco ou cão doméstico?[5]

É difícil, também, saber até que ponto um determinado tipo de engano animal resulta de genética, pressão do ambiente, aprendizado ou uma combinação de fatores. O que parece claro, entretanto, é que quando chegamos aos parentes evolutivos mais próximos da espécie humana — primatas antropoides como os chimpanzés, gorilas e orangotangos — novos continentes se descortinam para o exercício da arte do engano. A flexibilidade comportamental ajuda; a linguagem — a falta dela — é o limite.

A inventividade dos primatas parece resultar de uma fusão de elementos cognitivos e comportamentais — não só a capacidade de aprender e inferir como, também, a propensão a improvisar e experimentar na busca de soluções. Os relatos detalhados feitos por etólogos que se especializaram na observação e estudo de diferentes agrupamentos e espécies de macacos, tanto na natureza como em cativeiro, mostram a versatilidade de suas ações e reações diante de novas situações e oportunidades. Em alguns casos específicos, envolvendo interações *intra* e *entre*-espécies, a prática do engano parece tangenciar a deliberação e premeditação conscientes.

O repertório do engano primata inclui ardis de ocultamento e desinformação ativa. Um chimpanzé jovem e subalterno, por exemplo, precisa evitar a agressividade dos machos dominantes. Mas nem por isso ele vai deixar de colocar as mangas de fora quando puder fazê-lo. Uma saída é usar as mãos. Quando um chimpanzé subalterno tem uma ereção do pênis, ele é capaz de usar a mão para esconder judiciosamente o fato da vista de um macho dominante que esteja próximo a ele, mas tomando o cuidado necessário para que a fêmea na qual está interessado não perca em nada a visão dessa prova contundente de sua virilidade. Mostrar e ocultar estrategicamente os genitais fazem parte da retórica do conflito e da sedução entre os antropoides.

Outro estratagema comum de certos primatas para evitar a agressividade física de um macho mal-encarado é fingir-se machucado, digamos, mancando ostensivamente. Quando o potencial agressor está por perto, o macaco manca; quando ele desaparece de cena, o macaco volta a andar normalmente; mas, se o outro reaparece de repente, o macaco sofre uma súbita "recaída". A consistência do personagem — "que ele continue até o fim tal como se apresentou no começo e permaneça de acordo consigo mesmo", como propõe Horácio na *Arte poética* (linhas 126-7) — é uma das regras básicas da boa ficção narrativa.

Episódios de manipulação da atenção alheia e de controle da expressão das próprias emoções são também frequentes. Uma das técnicas favoritas empregadas pelos estudiosos do comportamento primata é o chamado "problema do alimento escondido". Como lida um macaco qualquer com uma situação na qual só ele teve a chance de observar o local onde foi escondido um suculento cacho de bananas?

As variações em torno dessa mesma trama e as respostas obtidas em diferentes situações, envolvendo não só relações entre macacos, mas também entre eles e atores humanos, dariam para encher um tratado. Do mais solidário ao mais rapace, tudo parece possível. Uma resposta comumente observada é a dissimulação prolongada, manipuladora e calculadamente egoísta. Um macaco é capaz de se fazer de desentendido durante horas, em plena área do esconderijo, evitando assim que os demais membros do bando cheguem a saber do seu precioso segredo. Mais tarde, enquanto estão todos dormindo menos ele, a "amnésia" acaba. O macaco volta furtivamente ao local do esconderijo, apanha as bananas e adeus.

Tudo isso, é claro, na moita. E se os macacos falassem? O desafio de ensinar algum tipo de linguagem humana aos macacos vem provocando a paciência e a engenhosidade de etólogos há várias gerações. À luz do empenho despendido, no entanto, os resultados até o momento são pífios. As primeiras tentativas, baseadas em comunicação oral, deram em nada. Embora dispostos a "macaquear" praticamente tudo que os homens fazem, os antropoides são um completo fiasco no ramo da vocalização. Melhores resultados vêm sendo obtidos com o uso da comunicação por meio de sinais e gestos manuais (linguagem para surdos). Mas o máximo que se conseguiu até hoje foi ensinar um vocabulário de cerca de 130 gestos-sinais, usado basicamente, com raras e dúbias exceções, para expressar desejos locais e tangíveis como "comida", "brincar", "coçar" etc. Em sintaxe, gramática e uso descontextualizado da linguagem, a maior nota obtida até agora por um símio ficou próxima de zero.[6]

O curioso nisso tudo é que, embora precária do ponto de vista linguístico, a competência dos macacos no uso da linguagem é suficiente para trair a sua forte propensão à prática do engano. A partir de um certo ponto ainda rudimentar no processo de aquisição de linguagem, os macacos parecem logo se dar conta de que se abrem novas e formidáveis possibilidades de "levar vantagem".

As artimanhas do macaco Chantek — um orangotango macho submetido desde pequeno a um regime intensivo de aprendizado em comunicação por gestos manuais — são ilustrativas.[7] Em situações normais, Chantek era capaz de transmitir aos seus educadores sinais manifestando algum desejo ou solicitando algum tipo de atenção. Nem sempre, é claro, os seus pedidos eram atendidos. Mas o que ele começou a perceber com o tempo, entretanto, é que o uso de alguns termos específicos — como o sinal "sujo" expressando a vontade de ir ao banheiro, por exemplo — invariavelmente produzia o efeito desejado. Por que não aproveitar a estranha força desse gesto para outros fins?

Foi aí que Chantek ensinou algo inédito aos seus mestres. Ele passou a fazer o sinal "sujo", manifestando supostamente o desejo de sair do quarto para usar a latrina, mas quando era levado pelos treinadores até o banheiro ele "perdia a vontade" e passava a brincar alegremente com o sabonete e a torneira. A generalização da descoberta não tardou. Chantek logo se deu conta de que outros termos além de "sujo" — gestos sinalizando "abraçar", "abaixar", "atenção" ou "ouça", por exemplo — também podiam se prestar a outros usos e fins, nos mais diversos contextos. A manipulação astuciosa da linguagem tornou-se, ironicamente, o seu melhor ardil para interromper e escapar de uma sessão de treinamento demasiado maçante.

Foi nesse contexto, por fim, que os treinadores conseguiram arrancar aquela que é talvez a mais sagaz expressão de linguagem até hoje feita por um macaco. Ao notar que estava prestes a ser admoestado por mais uma de suas traquinagens com o idioma, Chantek, acuado e contrito, teria gesticulado em defesa própria: "Chantek bom". Autoengano?

3. O VIÉS ANTROPOMÓRFICO NO ESPELHO DA NATUREZA

Nada é tudo. Tempo, espaço e condição impõem, em alguma medida, perspectivas, ângulos e filtros. O passado e o futuro só podem ser concebidos a partir do presente; o próximo e o distante só se definem a partir de um ponto determinado; o alheio pressupõe e reflete o familiar. Se os animais nos parecem desprovidos de escrúpulos e sentido ético na busca de seus alvos, como será que nós, seres humanos, pareceríamos aos olhos *deles* na busca dos nossos? O antropomorfismo pode ser parcialmente mitigado, mas jamais será erradicado por completo. Mesmo que um animal falasse com a desenvoltura de um homem, nós ainda teríamos que interrogá-lo, compreendê-lo e interpretá-lo. Por mais objetivo que seja, o conhecimento humano traz estampado na fronte a marca indelével de nossa humanidade — a forte seletividade cobrada pela teia das percepções, das categorias e dos interesses humanos.

A natureza em sua totalidade, assim como a história, é um reservatório inesgotável — um manancial de fatos, processos e acontecimentos com os quais se pode provar praticamente o que quer que seja ou o seu contrário. A mesma natureza que levava um filósofo estoico a retratá-la como providencial e harmônica, a ponto de erigi-la em padrão moral e de procurar viver de acordo com ela (*naturam sequi*), levava o atomista antigo a concebê-la como força cega e implacável, não mais que a resultante autopropelida de leis físicas alheias a qualquer princípio ético.

Analogamente, a mesma natureza que o romântico exalta como a fonte suprema da sabedoria e da virtude — "Os axiomas da física traduzem as leis da ética, todo processo natural é a versão de uma sentença moral [...] a lei moral aloja-se no centro da natureza e irradia-se pela circunferência" (Emerson) — leva um pessimista cósmico a encará-la como um covil de taras mórbidas: "o campo de batalha de seres atormentados e agonizantes que continuam a existir apenas devorando-se uns aos outros" (Schopenhauer). Ao contemplarmos a natureza, o que encontramos? Heráclito chora, Demócrito ri. Se Rousseau a diviniza e ajoelha-se lacrimoso diante dela, Baudelaire demoniza-a, escarnece e sente-se enojado.[8] A natureza é tudo que for o caso.

Nem tudo, evidentemente, é o caso. A prática do engano no mundo natural faz parte de um todo. Ela é apenas *uma* das inúmeras estratégias — a cooperação e o conflito aberto, por exemplo, são outras — por meio das quais os seres vivos enfrentam o desafio da sobrevivência e da reprodução. Mas a sua aparente ubiquidade nas relações intra e entre-espécies, permeando a vasta cadeia que vai da molécula ao primata, dá o que pensar. Até que ponto, cabe primeiro indagar, justifica-se falar em "engano" nas interações entre animais no mundo natural? Não se incorre aqui numa dose maior de antropomorfismo do que a busca da objetividade científica recomendaria?

O risco de exorbitar na atribuição de traços humanos a seres não humanos é real. Ele aparece de forma clara, por exemplo, na investigação do campo minado que é a subjetividade e a vida emocional dos animais. Não é à toa que muitos etólogos preferem banir de suas pesquisas o uso de termos como *raiva* e *medo*, substituindo-os por expressões como "manifestação de comportamento agressivo" e "impulso defensivo de fuga". O que pode, à primeira vista, parecer um excesso de assepsia torna-se talvez mais compreensível quando se examina o antropomorfismo lírico a que podem chegar especulações em torno do choro do elefante, da crueldade da hiena, da timidez dos papagaios, do tédio dos animais de pasto ou da alegria dos golfinhos. O mesmo se aplica à imputação de relações sociais humanas ao mundo animal como, por exemplo, na suposta prática do estupro entre os orangotangos ou da escravidão entre as formigas.[9]

O *engano* não vai tão longe. O primeiro cuidado é dissociar a noção de engano no mundo animal de qualquer atribuição de configurações subjetivas específicas aos participantes da relação ou de qualquer conotação de premeditação consciente ou intencionalidade na ação.

É claro que, nos exemplos apresentados acima, inúmeros pecadilhos antropomórficos foram cometidos — abelhas atraídas pela "promessa" de sexo; moscas "iludidas"; peixes-rodas que não "desanimam", e assim por diante. Esse tipo de deslize, contudo, é perfeitamente dispensável. Sua presença no texto explica-se apenas pelo intuito retórico de animar a escrita e entreter o leitor. O fato é que todos os exemplos dados, com a exceção talvez do macaco Chantek, poderiam ser devidamente reescritos de modo a eliminar do seu relato qualquer resíduo de antropomorfismo explícito, ou seja, tudo aquilo que não teria lugar numa descrição pautada pelo padrão de objetividade associado a explicações formuladas com base na operação exclusiva do mecanismo de seleção natural. Isso não garantiria, é claro, a validade empírica dos exemplos ou a verdade teórica da explicação, mas pelo menos afastaria a suspeita de antropomorfismo crasso.

A verdadeira ameaça de viés antropomórfico vem de outra direção. O *engano* é um tipo particular de relação entre dois seres vivos — uma interação na qual a morfologia e/ou o comportamento de um deles cria uma discrepância entre realidade e aparência que deturpa as percepções e modifica a ação do outro. Sob um certo prisma, a noção de engano é rigorosamente tão humana quanto, digamos, a de gravidade, ou seja, aquela segundo a qual os corpos se atraem uns aos outros na proporção exata do inverso do quadrado da distância que os separa. O que temos, em ambos os casos, são conceitos gerais e abstratos construídos pelo homem com o intuito de organizar a experiência sensível e elucidar um conjunto definido de fenômenos. Sob um outro prisma, contudo, a noção de engano parece de fato padecer de um grau maior de contágio antropomórfico do que se verifica no caso da gravidade ou de outros conceitos da ciência moderna.

Suponha um mundo igual ao nosso, mas do qual a espécie humana tenha desaparecido. Não é difícil imaginar que num mundo assim constituído a relação de atração entre os corpos continuará obedecendo a lei da gravidade: a ausência do observador humano não altera esta realidade. Mas será isso verdade no caso do engano? É duvidoso. A orquídea e a abelha, é certo, não precisam de nós para continuar o seu idílio. Mas fará qualquer sentido atribuir a essa relação o caráter de *engano* num universo em que a humanidade deixou de existir? Falar em engano — ou, de resto, de cooperação ou conflito aberto — é imputar a essa relação um conteúdo que faz sentido do ponto de vista da experiência do homem, isto é, que tem cabimento *para nós*, humanos, mas não, ao que tudo indica, para os que participam dela ou para os outros seres que habitam o planeta.

Falar na ocorrência de engano no mundo natural parece, portanto, pressupor a existência de um observador externo capaz de discernir e de discriminar, nas relações entre outros organismos, um tipo peculiar de interação. É ele que dá a elas o sentido de engano. Ao contrário da gravidade, cuja realidade prescinde de qualquer atribuição externa de significado, o engano não possui uma existência independente da perspectiva que a humanidade tem das coisas e da vida. Mudanças de temperatura ambiental, para dar outro exemplo, continuariam existindo no mundo mesmo que não existissem homens e termômetros para registrá-las. Mas pode-se dizer o mesmo da ocorrência de enganos na natureza? Creio que não. É o homem que traz o engano ao mundo, ainda que depois ele o encontre por toda parte ao redor e dentro de si. Trata-se de um juízo humano, feito a partir da experiência humana.

Ao refletir sobre a relação de engano no mundo natural é preciso ainda levar em conta a possibilidade de que muitas outras coisas, além daquelas que são até o momento conhecidas, possam estar ocorrendo. Como alertava Heráclito, "a natureza ama esconder-se" (fragmento 123). O que nos parece um engano puro e simples, com base naquilo que sabemos sobre aquela interação, pode deixar de sê-lo se viermos a descobrir algo novo sobre ela como, por exemplo, a existência de algum benefício concreto derivado pelo animal enganado ao interagir com o enganador.

Aquilo que captamos ao observar uma relação qualquer entre organismos no mundo natural baseia-se: *a*) no que os nossos sentidos e aparelhos científicos apreendem; *b*) no que as nossas categorias mentais permitem pensar; e *c*) no que a nossa curiosidade, interessada ou distraída, procura. A realidade, contudo, é seguramente bem maior que isso e pode obrigar-nos a rever de forma inesperada e radical boa parte daquilo que nos parecia líquido e certo. Nada, em suma, descarta de antemão o risco de que estejamos enganados não apenas em detalhes, mas no essencial, transformando a trama das relações entre os seres vivos numa espécie de *Dom Casmurro* sem Capitu.

Suponha, para efeito de raciocínio, que um supercientista extraterrestre esteja conduzindo do espaço uma investigação sobre os hábitos sexuais dos seres humanos. A certa altura em suas pesquisas, ele se depara com um fato curioso: os machos adolescentes da espécie *Homo sapiens* ficam sexualmente excitados e muitos deles costumam se masturbar diante de revistas eróticas. O que ele poderia deduzir a partir dessa observação? Estaria justificado em concluir que os jovens humanos costumam ser *enganados* por imagens fotográficas que imitam o aspecto visual das fêmeas daquela espécie, embora não passem de uma fina camada de tinta impressa em papel? Para chegar a uma hipótese um pouco menos absurda que essa, o extraterrestre evidentemente precisaria saber alguma coisa sobre o que se passa na mente de um jovem excitado por imagens eróticas e sobre a faculdade humana de embarcar em suas próprias fantasias, mesmo sabendo que são fantasias. Algumas de nossas hipóteses sobre o engano na natureza podem revelar-se tão equivocadas quanto as do extraterrestre sobre nós.

Nada é tudo. A luz refletida ilumina a luz projetada. A natureza é também um espelho. Ao refletir a selva intricada e luxuriante de enganos que nela encontramos, a natureza não está somente refletindo aquilo que *ela*, em larga medida, possivelmente *é*; ela está ao mesmo tempo refletindo de volta para o homem aquilo que *nós somos* — projetando sobre a humanidade o seu próprio reflexo no mundo. O conhecimento da prática do engano no mundo natural é uma via de mão dupla: conhecer tentativamente *o outro*, por mais distante e alheio que ele pareça, é conhecer tentativamente *a si mesmo*. A volta é a continuação da ida. Pensar o homem a partir da natureza pressupõe pensar a natureza a partir do homem.

A arte humana-demasiado-humana do engano não é uma aberração isolada e inexplicável de um ser que perdeu a inocência ao ser expulso do paraíso. Ela é a expressão do nosso parentesco profundo com tudo o que nasce, vive e morre — a continuação, por outros meios e com novos recursos, de um vasto repertório de enganos por ocultamento e desinformação ativa no mundo natural. *Natura non facit saltum*. "Quem compreender o macaco", refletiu o jovem Darwin em seus cadernos filosóficos, "fará mais pela metafísica do que Locke."[10] Perfeito. O único problema é descobrir como eliminar a metafísica da compreensão humana do macaco.

4. O BIG-BANG DA LINGUAGEM
NO UNIVERSO DO ENGANO

No princípio foi o engano. Difícil é saber *quem enganou quem*. Primeiro Adão, envergonhado de seu ato, tenta enganar a Deus: esconde-se com Eva entre as árvores do Éden. Descoberto, contudo, ele admite perante Deus a traição da promessa de não tocar o fruto proibido. O que Adão tenta, então, é eximir-se da culpa acusando Eva de tê-lo oferecido sedutoramente a ele. Eva, por sua vez, responde à interpelação divina apontando o dedo acusador para a serpente: foi ela quem a teria enganado e persuadido a provar o fruto. A serpente, porém, o que disse? Ela contou a Eva que a ameaça feita por Deus era enganosa — que eles não morreriam ao comer o fruto, mas que os seus olhos se abririam e eles se tornariam semelhantes a Deus no discernimento do bem e do mal.

Foi precisamente o que aconteceu. Adão e Eva não só *não* morreram como, nas palavras do próprio Deus, temeroso agora de que eles provassem do fruto da imortalidade, "eis que o homem se tornou como um de nós, capaz de conhecer o bem e o mal" (Gênesis, 3:22). Os sentimentos da vergonha e da culpa, é certo, contaminaram a mente do primeiro casal; mas o fruto *trouxe* um saber divino e *não* os matou.

Conclui-se, então, que Deus mentiu? Que tentou abafar a aspiração humana de conhecimento e transcendência com uma falsa ameaça? Não necessariamente. No sentido literal da verdade, por estranho que pareça, a serpente foi mais honesta que Deus. O que transparece, contudo, é que a morte a que Deus se referia em sua ameaça não era a morte súbita e literal do organismo, mas a consciência antecipada da morte — a experiência aguda da amarga condição de finitude que nos junta e separa, liga e arranca da união com tudo o que vive.[11] O engano original da queda, portanto, teria partido de um *engano de entendimento* acerca da palavra divina. A serpente não mentiu. O que ela fez foi explorar a porta aberta por um mal-entendido espontâneo, ou seja, pela atribuição ingênua e indevida de literalidade a uma ameaça igualmente real. Foi por essa pequena brecha — a suposta mentira divina — que a astúcia da serpente logrou penetrar e impregnar a inocência de Eva.

Sobrou, é claro, para a prole do primeiro casal. Diante de um engano aparentemente simples e sem malícia como foi o de Adão e Eva no Éden, uma divindade mais humana e menos vingativa poderia talvez ter feito suas as palavras do Cristo crucificado — "Perdoai-os, eles não sabem o que fazem" (Lucas, 23: 34) — e oferecido a eles outra chance. Não foi o caso. A partir da queda, e por culpa exclusiva da transgressão humana do limite de sua existência, a própria natureza foi amaldiçoada e corrompida. Se Prometeu pagou pelo fogo que surrupiou dos deuses com o tormento das vísceras devoradas por abutres, o preço do saber furtado pelo casal bíblico recaiu não só sobre eles mas sobre toda a humanidade e o mundo natural. É somente a partir desse momento que, segundo o mito do Gênesis (3:16-9), dois tormentos universais passam a imperar na existência humana e a separar o pó do pó nessa agitação feroz e fugaz que o intervalo entre berço e túmulo demarca: o *sobreviver precário*, à custa do trabalho duro e do suor sem trégua, e o *procriar aflito*, assolado pelas dores lancinantes do parto.

Acreditar que um texto dotado de infinita sugestividade como as Escrituras possua *uma única* interpretação correta é um engano que consumiu inumeráveis vidas no passado, mas no qual não precisamos incorrer. Como observa Montaigne, "para um ateu todos os escritos sustentam o ateísmo". "Os volumes de intérpretes e comentadores do Antigo e do Novo Testamento", pondera Locke, "são provas manifestas de que, mesmo que tudo o que esteja dito no texto seja infalivelmente verdadeiro, não obstante o leitor pode ser, ou melhor, não pode deixar de ser senão deveras falível no entendimento dele."[12]

O texto tenta o leitor a lê-lo e a interpretá-lo. A ilusão do entendimento final é um fruto sedutor ao alcance da mente falível: *crer é morder*. Que do encontro entre a verdade da serpente e a literalidade ingênua de Eva tenha nascido o engano original da queda é apenas uma leitura possível entre uma infinidade (literal) de outras. Mas o que a cadeia de enganos e inculpações na narrativa bíblica da criação revela de forma expressiva é que, com a entrada do animal humano em cena, o espetáculo do engano na criação adquire nova cor e dramaticidade.

A conquista do dom da linguagem, é evidente, representou um verdadeiro *big-bang* na expansão do universo do engano. Nas relações *entre* o homem e as demais espécies biológicas, como veremos, o papel da linguagem na arte do engano é necessariamente limitado e indireto. Mas quando nos voltamos para as relações *intraespécie* do animal humano, incluindo é claro as reflexões e confabulações do indivíduo a sós consigo mesmo, seria difícil superestimar a vastidão do campo de possibilidades de engano e autoengano propiciado pelo uso da linguagem. É no cosmos paralelo da intersubjetividade humana mediada pela linguagem que a arte do engano encontra o seu elemento e alcança a plenitude.

O universo físico e os organismos biológicos que o povoam não se deixam enganar pela competência e astúcia linguística dos homens. É mais fácil imaginar que *ouvimos* estrelas do que presumir que *elas* nos ouçam. Não há lábia no mundo, por exemplo, que convença um peixe a não fugir dos predadores ou o vírus da pólio a mudar de freguesia.

O que a linguagem permite, contudo, é uma troca de informações e uma coordenação de ações que nos habilitam a manipular o mundo natural em nosso benefício. O pescador aprende o seu ofício e lança mão da isca para apanhar o peixe. A medicina preventiva aciona o ardil da vacina contra o ardil da pólio: quando o vírus penetra o organismo ele encontra um exército de anticorpos já devidamente treinado (contra um falso inimigo, é claro) para identificá-lo e esmagá-lo. Não é à toa que o primeiro ato por meio do qual Adão afirmou o seu domínio sobre todos os animais — preparando assim o terreno para a prática do engano em massa — foi o de nomeá-los.

O poder do engano via interferência física no organismo consegue fazer com que um ser vivo deixe de lado as suas mais profundas regularidades e necessidades biológicas. Uma planta com os genes modificados não se fecha, desnuda e recolhe só porque está um pouco frio ou o sol ficou mais fraco nos climas temperados; ela passa reto pelas estações do ano, como se estivesse de fato nos trópicos ardentes, e continua a produzir suas folhas e frutos em pleno outono e inverno europeus.

Uma experiência com ratos corta o elo entre prazer e satisfação de premências biológicas. Um rato com eletrodos implantados no cérebro é induzido a pressionar uma alavanca que estimula com uma pequena corrente elétrica o seu hipotálamo lateral. A atividade é supostamente tão prazerosa e gratificante para o rato que ele a repetirá de modo compulsivo por horas e horas a fio, a ponto de perder o interesse até em comer e beber (sexo então, nem falar). Resultado: morte por inanição.[13]

O mesmo princípio básico da desinformação orgânica, vale notar, aparece em diversas conquistas tecnológicas que nos ajudam a driblar pelo menos alguns dos tormentos e flagelos debitados à queda de Adão. O anestésico, por exemplo, suprime a sensação de dor da dor, levando-nos a não mais sentir o que sentimos. O soporífero adormece a vigília do insone, infiltrando a sonolência no reduto da insônia. Do mesmo modo, ainda que noutro canal, a pílula anticoncepcional trapaceia o organismo da mulher fazendo com que ele funcione parcialmente *como se* ela já estivesse grávida, quando na verdade não está.

Ao solicitarmos a aplicação do anestésico ou ingerirmos certos tipos de substância nós estamos interferindo quimicamente — e de uma forma muito peculiar — no funcionamento do nosso organismo. Nós estamos disseminando informações químicas no metabolismo com a missão de anular ou alterar os processos naturais por meio dos quais o organismo reage aos estímulos que recebe. Estamos, em suma, praticando o autoengano no sentido mais palpável e literal do termo.

Tudo isso, é claro, pertence ao repertório não linguístico do engano. A manipulação é de ordem física e transcorre no silêncio da natureza. O fenômeno da interferência, ainda que não o engano em si, pode ser observado e medido de fora e satisfaz o mais excludente critério de objetividade científica. Vale aqui a máxima atribuída ao atomista Demócrito: "A fala é a sombra da ação" (fragmento 145). Não faria nenhuma diferença, pelo menos até este ponto, se toda a experiência subjetiva humana fosse como a música das esferas de que falavam os místicos pitagóricos — não mais que um espectro inócuo e encantador rondando o mecanismo objetivo das coisas.

Mas quando nos voltamos das relações *entre* o homem e os objetos naturais (inclusive o corpo e o cérebro humanos) para as relações dos homens *entre si* (inclusive a de uma pessoa com a sua própria vida subjetiva), o quadro se altera radicalmente. O biológico e o material, é certo, a força subterrânea e insuspeita dos imperativos comuns a tudo o que vive, não deixam de continuar atuando. Mas a subjetividade avassaladora da experiência humana do mundo e da vida invade e rouba inteiramente a cena. O psicológico e o simbólico transfiguram o enredo e passam a dominar o espetáculo. No palco das relações humanas — assim como na própria ficção dramatúrgica religiosa e profana — as ações é que se tornam, em larga medida, *sombras da fala*.

Apesar de enormemente potencializada pelo dom da linguagem, a propensão humana ao engano tem raízes pré-linguísticas. O bebê humano aprende a enganar antes mesmo de falar. Um breve episódio da minha experiência pessoal de pai ajuda a ilustrar o ponto. Quando meu primeiro filho tinha pouco menos de um ano de idade, eu o peguei no colo um dia de manhã e resolvi mostrar a ele que era possível *brincar com o próprio choro*. Eu simulava tão bem quanto podia o som e a expressão facial do choro dele, aproximava meu rosto do seu ombro e, logo em seguida, olhava para ele rindo e zombando do que tinha feito. A ideia era repetir algumas vezes aquilo para ver como ele reagiria.

No início, é claro, ele me encarou com um ar de espanto e parecia intrigado. Em questão de minutos, porém, à medida que eu repetia aquela mesma sequência e convidava-o a rir comigo do meu choro, ele começou a gostar da brincadeira e a rir também. O momento culminante foi quando ele imitou o que eu estava fazendo: simulou um breve choro e riu em seguida. Fiquei eufórico. Imaginei — sem me dar conta, é óbvio, do que estava fazendo — que tinha ensinado ao meu filho a possibilidade de rir do próprio choro e, portanto, de se ver de fora, ou seja, de suportar um pouco melhor os momentos em que alguma carência ou mal-estar o levassem a chorar.

Doce engano paterno. Na prática o que aconteceu foi que ele se deu conta, ainda mais cedo do que ocorreria espontaneamente com qualquer bebê, que tinha uma nova e poderosa arma nas mãos. Logo ele começou a simular o próprio choro, não com o intuito de brincar, mas para afirmar sua vontade ou atrair a atenção dos pais. Não seria exagero supor que a iniciação linguística do bebê humano esteja talvez diretamente associada à percepção, que desde muito cedo ele adquire, de que é capaz de manipular as reações e a atenção dos adultos por meio de sons.

Sob essa ótica, o processo de aprendizado linguístico da criança não se reduz à simples aquisição de uma técnica de comunicação baseada em vocábulos, sintaxe e regras gramaticais. O que está essencialmente em jogo é a gradual descoberta pela criança, por meio de tentativa e erro, do que é possível fazer, ou seja, até onde se pode chegar com o uso da linguagem na satisfação dos próprios desejos. A experimentação na arte do engano é um componente central desse aprendizado. Como observa Jean Piaget, em seu trabalho clássico sobre a psicologia evolutiva e o desenvolvimento moral da criança, "a tendência à mentira é uma tendência natural, cuja espontaneidade e generalidade mostram quanto ela faz parte do pensamento egocêntrico da criança [...] ainda aos seis anos ela não sente realmente nenhum obstáculo interior à prática da mentira [...] mente mais ou menos como inventa ou brinca".[14]

Nada, é evidente, sai do nada. A inocência do animal humano em formação está acima de qualquer suspeita. Se a criança *é como é*, ela tem a quem puxar. Pelo menos nesse ponto, ao que parece, ciência e religião estão de pleno acordo. Se o macaco darwiniano faz o diabo com o primeiro fiapo de linguagem que lhe sai das mãos, a prole de Adão não fica atrás. Interpelado por Deus sobre o paradeiro de Abel, Caim respondeu: "Não sei. Acaso sou o guarda de meu irmão?" (Gênesis, 4:9). A ideia sublime de que se pode fazer um ser divino de bobo não nasceu ontem. Autoengano?

Com o advento da linguagem, portanto, a arte do engano vai ao paraíso. Ao repertório básico do mundo natural — restrito à operação de fatores morfológicos e comportamentais na prática do engano por ocultamento e desinformação ativa — junta-se agora esse extraordinário instrumento gerador de discrepâncias entre realidade e aparência que é o fator linguístico.[15] A mentira crassa, como a que a serpente atribuiu a Deus para persuadir Eva, é apenas o ponto extremo de um amplo espectro ao qual pertencem o exagero, a meia-verdade, a omissão sutil, a distorção e a manobra diversionista. No outro extremo desse mesmo espectro está o engano interpessoal involuntário, porém interessado, flagrado na expressão imortal de Machado de Assis: "Quantas intenções viciosas há assim que embarcam, a meio caminho, numa frase inocente e pura! Chega a fazer suspeitar que a mentira é muita vez tão involuntária como a transpiração".[16] É por essa ponta inocente do engano interpessoal que nos aproximamos da passagem que leva ao autoengano.

5. O ESPECTRO INOCENTE DO AUTOENGANO

O autoengano intraorgânico, como vimos, é um jogo baixo porém aberto. É química versus química: a informação química alienígena é introduzida no metabolismo e subjuga temporariamente o efeito da informação química nativa. Se você sente-se letárgico e melancólico, por exemplo, um antidepressivo à base de serotonina pode trazer o alívio que nenhuma força de vontade, recordação ou conversa talvez trouxesse. E mais: se você por acaso lembrar que está mais animado só porque tomou o remédio, isso pode trazer alguma preocupação, mas não vai acabar com a animação.

Um pouco mais delicada é a situação em que o autoengano resulta de uma tentativa deliberada de manipular o ambiente de modo a alterar furtivamente certos hábitos e propensões. Suponha que eu tenha um problema com horários e que, apesar de todos os esforços para me tornar mais pontual, continue chegando sistematicamente atrasado aos meus compromissos de aula e palestra. Uma saída viável nesse caso seria eu adiantar, digamos, em meia hora meu despertador e meu relógio de pulso, de forma a compensar o meu natural atraso. O segredo da tática é *não lembrar*. Enquanto "conseguir esquecer" que a informação que estou recebendo é falsa, a coisa funciona; mas, se começo a lembrar da verdade a cada vez que consultar o relógio, passo a dar o devido "desconto" e volto à estaca zero. O problema, é claro, é que não posso *lembrar de esquecer*: o esquecimento tem de ser inocente como o atraso.

Esse tipo de autoengano, contudo, baseado na manipulação de contrainformações de fora para dentro do indivíduo, é uma ramificação menor e secundária no repertório do autoengano. O tronco principal é constituído pelo autoengano *intrapsíquico*, ou seja, aquele em que a mente da pessoa consegue de alguma forma manipular-se e iludir-se a si própria. O jogo aqui é elevado — afinal trata-se de um clássico mental versus mental —, mas ele é tudo, menos franco e aberto. A boa fé subterrânea, por mais absurda e injustificada que eventualmente pareça aos olhos dos outros, é fundamental.

O ponto mais extremo no espectro do autoengano intrapsíquico é a *alucinação* ou síndrome de Charles Bonnet.[17] A alucinação em sentido técnico não se confunde com a *ilusão sensorial* e o *devaneio*. Ela se distingue da primeira porque não depende de percepções externas que a suscitem: se você ouve um trecho de melodia no rádio e pensa por alguns instantes que era uma outra canção, você simplesmente iludiu-se; mas se você *ouve* um trecho de uma melodia qualquer, sem que haja no entanto nenhum estímulo sonoro externo à sua própria mente, você *pode* estar tendo uma alucinação.

A diferença em relação ao devaneio fecha o cerco sobre o fenômeno. Se você cantar em silêncio para você mesmo uma canção favorita enquanto caminha pela rua e se divertir com isso, você está devaneando. Mas, se você *ouvir nitidamente* João Gilberto cantando "Saudade da Bahia", a ponto de procurar o rádio para abaixar o volume, mas constatar que *não* há rádio ou qualquer equipamento de som tocando aquela música, você está tendo uma alucinação. A experiência auditiva nesse caso, ao contrário do devaneio, tem uma agudez alucinatória.

A variedade mais pesquisada pelos especialistas em alucinação é a experiência com o chamado "membro fantasma". As pessoas que perdem algum membro do corpo como, por exemplo, o braço ou a mão, em acidente, guerra ou cirurgia, costumam com frequência continuar sentindo nitidamente o membro inexistente como se nada tivesse acontecido. Sua vivência interna subjetiva nega e desmente a nova realidade corporal. Elas continuam sentindo e experimentando com vividez as sensações tácteis de dor, cócegas ou simples contato que estariam tendo caso o braço ou a mão ainda estivesse lá.

Um dos desdobramentos mais pitorescos desse tipo de ocorrência é o "sequestro cerebral". Há casos em que uma outra parte do corpo, como por exemplo um dos lados do rosto, passa a receber as impressões sensoriais tácteis correspondentes ao membro perdido, digamos, a mão. Ao ter o seu rosto tocado pelo dedo de alguém, a pessoa tem a sensação exata de que sua "mão" foi tocada. O que ocorre nesses casos, ao que parece, é que a parte do cérebro que costumava receber e processar as informações sensoriais da mão amputada foi de algum modo sequestrada pela parte do cérebro que cumpre uma função análoga para aquele lado do rosto.[18] (As possibilidades eróticas abertas por sequestros desse tipo são incalculáveis...)

A alucinação é o autoengano intrapsíquico em estado puro: claro e cristalino, porém longe da vida prática e comum. Bem mais familiares que a alucinação, e, felizmente, fora dos anais da patologia médica, são alguns de seus populares vizinhos no repertório do autoengano: o *sonho* propriamente dito e o *sonhar acordado*. Se os animais sonham como sonhamos é uma questão discutível; mas a universalidade do sonho entre os homens, não importando época, etnia ou cultura, dificilmente poderia ser contestada.

Nossa experiência subjetiva da vida é *bifurcada*. Ao dormir cada homem se retira do mundo em que vive e circula, e se recolhe a um universo todo seu. Ao acordar, porém, ele às vezes se dá conta de que *sonhou* — ele se recorda com maior ou menor vividez de experiências perceptivas, emocionais, reflexivas e narrativas que teria vivenciado no recesso da mente enquanto dormia. Tempo, espaço e lógica comum adormecem: os mortos visitam os vivos; um crucifixo arde no inferno; o imperador Marco Aurélio lê uma prescrição médica; um míssil nuclear ejacula; Pelé menino sorri; amantes se chupam como raízes; Descartes vislumbra geometrias. Enquanto está sendo sonhado, o grau de realidade subjetiva de um sonho é absoluto. O sonhar que se está apenas sonhando é um sonho tão real quanto o sonhar que é realidade, não sonho. "Quando sonhamos que sonhamos", observa o poeta e pensador alemão Novalis, "estamos próximos do despertar."[19]

Se o teor dos sonhos de cada um obedece ou não a algum princípio geral explicativo, não importa aqui. O que é relevante acerca do sonho sob a ótica do autoengano é que se trata de algo vivido intensamente como *real e genuíno enquanto sonhamos*, mas que depois se revela *apenas sonho* quando despertamos. A mente de quem sonha embarca e mergulha inteiramente na verdade subjetiva da ficção que ela mesma fabula.

Um sonho não é algo que possa ser feito ou fabricado pelo indivíduo para consumo interno; ele é um fluxo imaginário que "passa" por sua mente, ou seja, algo que ele "recebe" e vivencia como ocorrência involuntária, embora seja no fundo o fruto selvagem do trabalho subterrâneo de sua própria mente adormecida. Ao mergulhar no sono, em suma, nós jamais podemos escolher se vamos ou não sonhar daquela vez; qual será o conteúdo particular do sonho e qual o grau de intensidade emocional com que ele será vivido. Esse pequeno mundo que seria todo nosso revela-se, dessa forma, um universo estranhamente alheio — um mundo subjetivo que pode ser delicioso, indiferente, terrível ou todas essas coisas, mas que é inteiramente fechado à nossa vontade e escolha conscientes.

O *sonhar acordado* pertence ao lado desperto da vida. Como o sonhar propriamente dito, ele consiste na criação de uma realidade subjetiva; na atribuição de uma veracidade mais ou menos fungível às maquinações e confabulações de nossa própria imaginação. A capacidade da mente humana de processar simultaneamente diversas experiências e de manter várias bolas no ar ao mesmo tempo parece ser fundamental aqui.

A visão do impossível não precisa mais que de um trecho de melodia ou de um momento solto nas dobras do tempo: alguém revive um fragmento de sonho ao descer sozinho pelo elevador bem cedo; outro conversa com o ídolo ao dirigir o carro ouvindo rádio; a aluna toma sol na praia com o ex-namorado enquanto anota uma aula de cálculo; um negociante fecha contratos na igreja; o mendigo ganha na loteria e é recebido pelo papa; sob o sol do meio-dia absorto a dúvida assalta o pedestre ("E se tudo é um sonho que alguém de outro mundo está sonhando?"). "Os sonhos do acordado", relata o narrador de *Dom Casmurro*, "são como os outros sonhos, tecem-se pelo desenho das nossas inclinações e das nossas recordações [...] a imaginação foi a companheira de toda a minha existência, viva, rápida, inquieta, alguma vez tímida e amiga de empacar, as mais delas capaz de engolir campanhas e campanhas, correndo."[20] Experiências desse tipo não têm a agudez alucinatória da síndrome de Bonnet ou a convicção absoluta do sonho noturno ao ser sonhado, mas a sua realidade e a sua presença em nossa vida mental cotidiana são inquestionáveis.

A frequência, o teor e o vigor do sonhar acordado variam, ao que tudo indica, de pessoa para pessoa e ao longo da vida de cada um. Não seria talvez descabido, contudo, supor que as variações no impulso e na aptidão para embarcar nesse tipo de autoengano intrapsíquico permitem algumas generalizações. A faculdade de sonhar acordado parece ficar mais propícia na fronteira difusa entre o sono e a vigília — logo após despertar ou logo antes de dormir — do que em outras partes do dia. Ela parece, também, manifestar-se de forma bem mais frequente, livre e intensa na infância (brincar e jogar), na juventude (entrega apaixonada) e na velhice senil (terrores imaginários e fervor religioso) do que na idade adulta. É difícil determinar até que ponto o viés ocupacional reflete, cria ou reforça nossas inclinações pessoais; mas há pouca margem para dúvida quanto ao fato de que poetas e artistas em geral tendem a ser mais assíduos e habilidosos no exercício do sonhar acordado do que, digamos, neurocirurgiões, engenheiros e economistas.[21]

O domínio do sonhar acordado na subjetividade humana beneficia-se enormemente de estímulos e catalisadores externos. Exceções, é claro, existem. O poeta latino Horácio descreve, numa de suas epístolas, o caso excepcional de um indivíduo superdotado na arte do sonho acordado:

> Um cidadão bem conhecido da cidade de Argos costumava imaginar que assistia às mais espetaculares representações dramáticas enquanto permanecia sentado, a sós, no teatro vazio, rindo, aplaudindo e divertindo-se animadamente. No mais, ele cuidava perfeitamente bem de seus afazeres — era bom vizinho, anfitrião generoso, amável com a esposa, indulgente com os serviçais, uma pessoa que não se enfurecia se quebrassem uma garrafa e que sabia evitar um precipício ou um poço destampado. Graças aos cuidados dos parentes e ao uso de medicamentos, ele foi finalmente curado. Mas quando o remédio poderoso já tinha feito a sua parte, expelindo os fluidos nocivos, e ele estava recuperado, ele protestou: "Por Pólux! Vocês me arruinaram, meus amigos! De modo algum me salvaram, arrancando-me a alegria e forçando-me a renunciar à encantadora ilusão de meu espírito".[22]

O que se passava na mente do espectador horaciano, antes que os "amigos" a medicassem, jamais saberemos. A diferença entre ele e nós, ao que parece, é que ele era capaz de ao mesmo tempo criar, dirigir, encenar e usufruir, em sua experiência subjetiva, algo que, em circunstâncias normais, é não apenas produzido e consumido separadamente, como envolve o trabalho, o talento e a boa vontade de muita gente. Como uma espécie de santo visionário medieval superdotado, ele reunia no palco e plateia de sua própria mente individual tudo aquilo que, com maior ou menor poder de transporte e encantamento, a ficção narrativa oferece ao espectador comum.

Em condições normais, é claro, e na guerra não menos do que na paz, o espetáculo não pode parar. Onde a demanda existe, a oferta se faz. No consumo e fruição da arte — e da ficção narrativa em particular —, ingressamos no que pode ser visto como uma espécie de espaço sagrado e horário nobre do sonhar acordado. "Um romance", reflete Stendhal, "é como um arco, e a alma do leitor é como o corpo do violino que emite o som." A boa obra de ficção narrativa é aquela que *sonha um sonho por nós*. Ao embarcar no transporte ficcional da arte é como se estivéssemos tirando férias de nossa subjetividade no que ela tem de concreta e pessoal. É como se estivéssemos ganhando um descanso de nós mesmos para sonhar acordados outras vidas, crenças e emoções. Ao viajar pela subjetividade imaginada dos personagens e atores que representam a trama, nós suspendemos temporariamente o jugo do nosso mundo mental — "cárcere do pensar, não há libertação de ti?" — para ingressar no enredo aberto, envolvente e desconhecido que se oferece.

O que busca o consumidor comum de ficção dramática? O genial Diderot responde:

> É sobretudo quando tudo é falso que se ama o verdadeiro, é sobretudo quando tudo está corrompido que o espetáculo é mais depurado. O cidadão que se apresenta à entrada da Comédie deixa aí todos os seus vícios, a fim de retomá-los apenas à saída. Lá dentro ele é justo, imparcial, bom pai, bom amigo, amigo da virtude; vi muitas vezes a meu lado malvados profundamente indignados contra ações que não deixariam de cometer se se encontrassem nas mesmas circunstâncias em que o poeta situava o personagem que abominavam.[23]

A empatia é um dom bem distribuído entre os homens. O animal humano é dotado de excepcional fluência na imitação subjetiva, em sua própria mente, dos estados mentais e sentimentos alheios. O poeta acena, o leitor embarca; o emissor convida, o receptor mergulha.

Entre o apagar e o acender das luzes do espetáculo, o espectador sonha acordado que é outro, como se estivesse sendo sonhado por ele. Não são só a virtude e o bem, aos quais alude com maestria Diderot, que nos movem. O repertório humano transita, quase que num piscar de olhos, do medo à alegria, do amor indizível à traição inominável. De Otelo a Don Juan, de Bovary a Medeia, de Carlitos a Woody Allen, de Macunaíma a Superman — nada que é humano ou sobre-humano parece estranho ao espectador mundano. "A crença derradeira", observa Wallace Stevens, "é se acreditar numa ficção, que você sabe ser ficção, nada mais existindo; a estonteante verdade é saber que se trata de uma ficção e que se acredita nela por vontade própria."[24] É apenas na lógica, não na vida, que contradições não podem existir.

O espectador diderotiano é o simétrico invertido do virtuose horaciano. Ele compra a ficção alheia, usufrui a glicose que consegue, cospe fora o bagaço na sarjeta defronte ao teatro e, findo o espetáculo, retoma tranquilamente o fio de sua vida normal de vícios e enganos medíocres. Recuperado do transe passageiro do sonho desperto, o cidadão que sai pela porta do teatro é exatamente o mesmo que lá entrou. Mas será ele simplesmente um hipócrita? Qual a relação, se é que existe alguma, entre o espectador sublime, capaz de insuspeita grandeza e virtude na escuridão da plateia, e o cidadão rasteiro, capaz de tanta perfídia, esperteza e mesquinharia sob a luz do dia?

Na escuridão da plateia, enquanto o palco se agita, não há lugar para hipocrisia. O espectador está imóvel, calado, a sós em sua subjetividade absorta, sob o efeito de ações, palavras, sons e imagens que o transportam para fora de si. Se ele deixa de ser quem é, transformando-se momentaneamente, digamos, num mártir da ecologia ou numa *femme fatale*, não há nenhuma intenção de enganar quem quer que seja nessa breve e inocente transferência. O sonhar acordado é uma variante do autoengano intrapsíquico. Se o espectador engana alguém ao embarcar de peito aberto num caráter distinto do seu, a lógica da situação implica que ele só pode estar enganando a si próprio.

De volta ao mundo da rua, contudo, o quadro se altera. Ao retomar os afazeres da vida prática, o cidadão diderotiano chacoalha a embriaguez momentânea de suas férias subjetivas e volta a ser quem é. Os olhos se abrem, mas uma certa inocência se vai. A *possibilidade* da hipocrisia e do engano interpessoal estão de novo em cena.

O animal humano, como vimos, desperta desde muito cedo no tempo bíblico e biológico para a manipulação do outro por meio do uso astucioso da linguagem. Se os espectadores identificam-se de forma plena e sincera, na plateia, com os personagens éticos — justos, imparciais, bons pais, bons amigos e amigos da virtude —, mas negam isso em suas vidas práticas, representando papéis que os deixariam profundamente indignados se fossem levados ao palco, como entender essa estranha metamorfose? Seriam eles hipócritas enganadores, agindo de má-fé e calculando seus atos? É duvidoso. Há bons motivos, como argumentarei a seguir, para supor que mesmo aqui um veredicto sumário de falsidade hipócrita revelaria mais um juízo apressado do que conhecimento de causa.

O *primeiro* motivo é um argumento de psicologia moral. A feiúra e o fedor extremos são insuportáveis de perto. Por pior que alguém seja aos olhos de um Diderot ou qualquer outro observador externo, ninguém suporta conviver com uma imagem eticamente repulsiva de si mesmo por muito tempo.

Repare: se os espectadores ficam sinceramente indignados ao verem sua própria maldade representada no palco, então é porque *eles não se veem assim*. O que ofende e agride nos outros, visto de fora, torna-se inodoro e razoável quando é visto e vivido de dentro. A fumaça do automóvel ou do ônibus em que estamos não nos irrita. Os olhos da cobra verde não podem se ver nem aterrar a si próprios. A consideração espontaneamente parcial e carinhosa que cada um tem por si mesmo funciona como um ópio capaz de nos fazer continuar sonhando acordados mesmo quando as luzes do teatro se acendem e o transporte ficcional termina. Ao retomar o fio do seu próprio enredo, o autoengano troca inocentemente de roupa e papel: o bom sonho acordado do espectador calado dá lugar ao mau sonho desperto do cidadão esperto.

O *segundo* motivo para duvidar da tese da simples hipocrisia é um argumento de psicologia evolucionária. Sob uma ótica naturalista darwiniana, mentir e enganar o próximo são propensões universais e inatas do animal humano — mecanismos de sobrevivência e reprodução tão naturais quanto, digamos, transpirar e cortejar. O repertório do engano no mundo natural não humano é apenas o preâmbulo do épico farsesco que está por vir.

O grande problema do enganador é que ele não está sozinho no mundo. Como toda criança logo começa a se dar conta à medida que vai ensaiando e testando contra os pais suas primeiras mentiras, ninguém gosta de ser enganado contra a vontade. O risco de ser pego existe e a punição pode ser severa. Para lograr sucesso, o enganador precisa que os outros lhe deem *crédito*, ou seja, é fundamental que eles acreditem em sua palavra e nas intenções que professa. O seu verniz de credibilidade e honestidade não pode apresentar falhas ou rachaduras suspeitas visto que, como dizia Protágoras reportando-se à pressão exercida pela comunidade sobre o cidadão da *pólis*, "qualquer um que não professe ser justo só pode estar louco".[25] Mentir é uma arte.

A hipótese da psicologia evolucionária é a de que existe uma "corrida armamentista" em curso.[26] Ataque e defesa: assim como o enganador deseja enganar, a vítima potencial do engano deseja prevenir-se dele. A principal arma defensiva nesse embate consiste em antecipar-se à manipulação tramada pelo enganador, pilhando-o no ato enquanto é tempo. A arte da defesa é procurar, detectar e decodificar todos os sinais suspeitos que possam indicar a desonestidade e hipocrisia daqueles com quem interagimos. O que está em jogo não é, evidentemente, uma competição maniqueísta entre uma classe só de hipócritas e outra apenas de vítimas potenciais da hipocrisia alheia. Todos os animais humanos são, em algum momento, enganadores ativos e vítimas de engano; todos estamos intermitentemente enfrentando *ambas* as situações.

A verdadeira competição evolucionária é aquela entre duas estratégias que se enfrentam no palco da vida prática: o enganar ativo versus a ação preventiva do engano. É precisamente aí que o autoengano, agora na fronteira do engano interpessoal, volta a entrar em cena. O bebê humano, como vimos, aprende a enganar antes de falar; o autoengano é a pós-graduação. A criança logo se dá conta de que o choro *sentido*, qualquer que seja a sua causa, é muito mais eficaz em seus efeitos do que o choro superficialmente *fingido*. Mas há um momento no choro fingido, isto é, na mímica do sentimento não vivido, a partir do qual as emoções correspondentes ao choro sentido afloram e tomam conta de fato da mente da criança. Nasceu o autoengano.

O enganador autoenganado, convencido sinceramente do seu próprio engano, é uma máquina de enganar mais habilidosa e competente em sua arte do que o enganador frio e calculista. Qualquer deslize pode ser fatal. Para que sua mente não seja lida e decifrada pelos demais — para que ela não escorregue em lapsos ou se entregue nas entrelinhas, com todas as consequências danosas que isso acarretaria —, o enganador embarca em suas próprias mentiras, deixa-se levar de modo gradual e crescente por elas e, enfim, passa a acreditar nelas com toda a inocência e boa-fé deste mundo. Ele não desperta dúvidas porque não as tem; duvidar agora, quem há de? O espectador horaciano que se cuide. O espectador diderotiano faz na vida o que o ator diderotiano não faz no palco: ele não só cria enquanto atua, mas vive genuinamente o seu papel.

6. A MISÉRIA E A GLÓRIA DO AUTOENGANO

A hipérbole é inimiga da precisão. Mas é difícil resistir a uma sensação de assombro e impotência verbal diante do dano e do sofrimento que a propensão natural do homem ao engano e ao autoengano pode causar. O conhecimento do bem e do mal, por um lado, trouxe os sentimentos da vergonha e da culpa diante de nós mesmos e tirou a humanidade do paraíso edênico; o advento da linguagem e da técnica, por outro, alterou de forma dramática a nossa relação de forças com o mundo natural. Tanto individual como coletivamente, o animal humano transformou-se em milagre e enigma aos seus próprios olhos. Conquistou o privilégio divino de suas potencialidades e a prerrogativa trágica de ser o pior inimigo de si mesmo.

Considere, por exemplo, o labirinto de enganos daquela que foi talvez a mais tenebrosa experiência coletiva até hoje vivida por uma comunidade humana — o nazismo alemão. Enquanto Hitler confidenciava a um colaborador íntimo o seu "especial prazer secreto de ver como as pessoas ao nosso redor não conseguem perceber o que está realmente acontecendo a elas", o mefistofélico Goebbels, ministro da Cultura do Reich, jactava-se de dedilhar na psique do povo alemão "como num piano".

Outros, mais instruídos, ouviam as notas dos seus próprios enganos. Enquanto o filósofo existencialista Heidegger cooperava ativamente com as autoridades nazistas na luta contra o aviltamento burguês da dignidade do *Dasein*, o maestro Furtwängler, estrela-mor da música erudita alemã na época, tinha outros planos: ele imaginava sinceramente (ao que tudo indica) que seria capaz de suavizar a truculência do regime bombardeando a cúpula nazista com execuções primorosas das obras imortais de Bach, Beethoven e Wagner.[27] Eu me pergunto: o que teria dito Diderot diante da cena patética de uma plateia de dirigentes da SS sendo transportada pela batuta de Furtwängler para o universo lúdico e bucólico da "Pastoral"?

O *todo* pode ser igual, maior ou menor que a soma das *partes*; mas ele é inconcebível sem elas. O coletivo não existe por si: ele é a resultante agregada — muitas vezes com propriedades novas — da interação entre um grande número de grupos menores e indivíduos. O autoengano coletivo de grandes proporções, como a Inquisição ibérica, o nazismo e o comunismo soviético, é a síntese de uma miríade de autoenganos individuais sincronizados entre si. O delírio do todo é o resultado da confluência dos delírios das partes. É no microcosmo do indivíduo que encontramos o berço e o *locus* do repertório do autoengano em sua espantosa diversidade.

Ao mesmo tempo, a miséria do autoengano não se reduz ao dano que ele — isolado no indivíduo ou composto em sociedade — pode causar aos outros. Se o risco do enganador calculista é sua detecção, seguida de punição e opróbrio, no caso do autoengano a principal vítima é com frequência o próprio ator. Imagine um homem de certa idade, poeta, que olha para trás, contempla a sua vida como um todo, e não se reconhece no que fez e no que foi:

> *Vivi, estudei, amei, e até cri,*
> *E hoje não há mendigo que eu não inveje só por não ser eu...*
> *Fiz de mim o que não soube,*
> *E o que podia fazer de mim não o fiz.*
> *O dominó que vesti era errado.*
> *Conheceram-me logo por quem não era e não desmenti, e perdi-me.*
> *Quando quis tirar a máscara,*
> *Estava pegada à cara.*
> *Quando a tirei e me vi no espelho,*
> *Já tinha envelhecido.*
> *Estava bêbado, já não sabia vestir o dominó que não tinha tirado.*
> *Deitei fora a máscara e dormi no vestiário*
> *Como um cão tolerado pela gerência*
> *Por ser inofensivo.*
> *E vou escrever esta história para provar que sou sublime.*[28]

A experiência do poeta dramatiza e leva ao extremo uma possibilidade que é comum a todos: será *minha* esta vida? Não se trata aqui de um autoengano *local*, restrito a um ponto cego particular da pessoa, como é, por exemplo, o caso da mãe que idealiza o filho apesar de todas as evidências em contrário a que ela tem acesso — evidências que ela não teria nenhuma dificuldade em assimilar caso dissessem respeito ao filho da vizinha.

Trata-se de um autoengano *global*: a experiência de despertar do próprio passado como de um mau sonho, de perder radicalmente a familiaridade e a complacência consigo mesmo, de estar vivendo uma mentira da qual não se pode escapar. Ao contemplar sua vida do ponto de vista que o momento e o sentimento presentes definem, o poeta é alguém que não mais se encontra ao se perder de si mesmo. O caminho até aqui é nada e deu em nada. Já não sou quem nunca fui, mas não sei ser mais nada.

O poeta, é claro, pode estar enganado — fingindo apenas que é dor a dor que deveras sente. O passado amanhã é outro dia, dissipa-se na aurora a abissal melancolia, e da fonte caudalosa de outro engano pode jorrar uma nova elegia. Isso não elimina, porém, a realidade do autoengano global na existência humana. Se o poeta viveu de fato o que retrata, pouco importa; o importante é que o nervo tocado, este sim, inevitavelmente nos toca. Como profissional do sonhar acordado, a missão do poeta não é acreditar no que sente, mas fazer-nos acreditar que sentimos o que não sentimos. Ou sentimos?

Ninguém determina de antemão e do princípio ao fim o caminho que seguirá na vida. O máximo que fazemos é optar por trechos, com maior ou menor ousadia, à medida que prosseguimos em frente. Ocorre que, a cada novo trecho do caminho, nós nos deparamos com novas realidades e com possibilidades desconhecidas que alteram não só as nossas expectativas sobre o futuro, mas que podem colocar o percurso já transcorrido sob uma nova luz e perspectiva. O conhecer modifica o conhecido.

É por isso que tudo o que vivemos, ou seja, toda a nossa experiência passada e a imagem que temos de nós mesmos são na melhor das hipóteses construções provisórias, sujeitas a revisões mais ou menos drásticas de acordo com o caráter do que vamos descobrindo e vivenciando ao longo de nossa trajetória pessoal. A literatura mostra e a vida comum confirma que experiências críticas em nossos percursos — uma doença grave, uma perda sentida, uma conversão espiritual, uma crise afetiva, um acidente, um grande desafio profissional, uma terapia profunda — podem nos levar a rever profundamente o valor e o sentido do nosso passado e as crenças que alimentamos sobre nós mesmos. Nenhum ser humano pode descartar o risco de, na manhã cansada de um dia anêmico, descobrir-se repetindo em silêncio para si mesmo (sem fingir) o lamento do poeta: "Fiz de mim o que não soube, e o que podia fazer de mim não o fiz".

O valor *negativo* do autoengano é real. Como procurarei mostrar em detalhe nos próximos capítulos, com exemplos oriundos das mais diversas procedências e tradições históricas e culturais, a propensão humana ao autoengano é fonte de inumeráveis danos e malefícios na vida pública e privada. Antes de embarcar, contudo, na análise da miséria do autoengano, vale a pena indagar: *será só isso*? Não haverá também um elemento fértil, aliado da vida e da criação, no dom de enganar a si mesmo?

Vire o mal do avesso. O que aconteceria se o autoengano fosse inteiramente banido da existência e da convivência humanas? Como seria viver num mundo em que a verdade objetiva prevalecesse sempre? Um mundo em que ninguém jamais se enganasse *a* si mesmo (local) ou *sobre* si mesmo (global)? Deixemos o universo do sono e do transporte ficcional da arte de lado — quem poderia negar o benefício da capacidade de mergulhar periodicamente nas ficções do sonho e da arte? —, e concentremo-nos no valor *positivo* do autoengano na vida prática.

Imagine um homem já de certa idade que ganha a vida como funcionário subalterno num pequeno escritório contábil. Observado de fora, na rotina medíocre do seu dia, ele é igual a todos e a ninguém: pó a caminho do pó, um animal de rebanho resignado a cumprir sem brilho o mínimo denominador comum da subsistência biológica. Mas sob a membrana plácida de uma existência monótona e cinzenta esconde-se, porém, um homem subterrâneo — o viver secreto de alguém que desde pequeno, e sem nenhuma razão aparente, alimenta com espantosa assiduidade fantasias selvagens de grandeza e criação literária.

O brilho dessa paixão consome a sua alma; o desejo de consumá-la torna-o cego para tudo o mais. Fiel a si mesmo e ao chamado avassalador que o impele rumo ao infinito da criação poética, ele se descuida do seu futuro prosaico. Não completa os estudos, não aprende um ofício, não faz carreira. Os anos passam, alguns versos se imprimem, mas fama e reconhecimento, em tempos de penúria cultural, quiçá na posteridade. Afinal chega um tempo em sua vida, como em qualquer trajetória humana, em que as certezas dessa longa intoxicação chamada juventude esmorecem. O enxame da dúvida cerca e assalta o poeta:

> *Aproveitar o tempo!*
> *Mas o que é o tempo, que eu o aproveite?*
> *Aproveitar o tempo!*
> *Nenhum dia sem linhas...*
> *O trabalho honesto e superior...*
> *O trabalho à Virgílio, à Milton...*
> *Mas é tão difícil ser honesto ou superior!*
> *É tão pouco provável ser Milton ou ser Virgílio!...*
> *Aproveitar o tempo!*
> *Meu coração está cansado como mendigo verdadeiro.*
> *Meu cérebro está pronto como um fardo posto ao canto.*
> *Meu canto (verbalismo!) está tal como está e é triste.*
> *Aproveitar o tempo!*
> *Desde que comecei a escrever passaram cinco minutos.*
> *Aproveitei-os ou não?*
> *Se não sei se os aproveitei, que saberei de outros minutos?!*[29]

O que move um criador? O que sustenta e impele à frente alguém que se isola do mundo e dos prazeres mundanos para compor versos que ninguém lê e apostar no *nulla dies sine linea* virgiliano? A razão fria é cruel: a probabilidade de aquele homem confuso de meia-idade, obscuro funcionário administrativo, revelar-se um novo Milton ou Virgílio é infinitesimalmente pequena.

"Os homens", alerta o bom senso escocês de Hume, "têm em geral uma propensão muito maior para superestimarem a si próprios do que para se autossubestimarem." Na juventude então, completa seu amigo Adam Smith, o juízo decola: "Em nenhuma fase da vida humana o desprezo pelo risco e a esperança presunçosa de sucesso encontram-se mais ativos do que naquela idade em que os jovens escolhem suas profissões". E, para que não reste sequer o consolo da originalidade no esforço insone do poeta, a voz gelada de Mefistófeles lhe sopra aos ouvidos: "Suma-se, entusiasta do 'original'! Como esta revelação irritaria você: tudo o que um ser humano pensar, seja esperto ou pasmado, foi pensado antes dele no passado".[30]

Tudo, em suma, conspira para que o poeta entregue os pontos, para que reveja sóbria e friamente a sua existência como um desperdício imperdoável — algo para ser renegado e jogado fora como um punhado de versos imprestáveis. E, no entanto, ele *não cede*. Ele dobra a aposta e se agarra ao infinitesimal de uma probabilidade remota, como a um galho débil no precipício de sua vida. Ele faz do absurdo de sua própria ambição inexplicável a matéria-prima da criação poética. Ele se mantém fiel à sua paixão juvenil com a tenacidade de uma aranha e o fervor de um recém-convertido. Com o passar dos anos, ele constrói anônimo a sua obra, pedra sobre pedra, duvidando e recomeçando sempre, sem aplausos, sem prêmios, sem assento em academia. Autoengano?

O enxame da dúvida, como a fala da serpente, era verdadeiro: a honestidade é difícil, boa parte do tempo se perdeu e ele não foi Milton ou Virgílio. Mas se ele se abrisse para aquela verdade, se ele acreditasse nela em vez de derrotá-la num milhão de embates renovados, o que teria sido dele? Álvaro de Campos, é claro, o sonho heterônimo de um funcionário obscuro, teria cometido um suicídio irreal, anônimo e fortuito ainda moço. E o poeta que não era Milton nem Virgílio jamais teria sido Fernando Pessoa.

A racionalidade humana baseia-se em duas operações distintas: o cálculo dos meios e a análise dos fins. Ela permite determinar se o procedimento x é o meio mais adequado para se atingir o objetivo z, e ela ajuda a identificar todos os custos e benefícios associados à obtenção e realização de z. Objetivos que à primeira vista podem parecer atraentes muitas vezes revelam-se indesejáveis à luz daquilo de que teríamos de abrir mão para alcançá-los ou de objetivos alternativos que poderíamos perseguir. A racionalidade é, portanto, um instrumento inestimável quando se trata de evitar equívocos desnecessários — eliminar incongruências entre meios e fins ou erros de avaliação em relação a certos fins. Não é o paraíso, mas nos protege de inumeráveis infernos.

O problema é que o cálculo e a prudência — a sobriedade analítica e a acuidade psicológica do pensamento racional — tornam-nos irremediavelmente *céticos* e *mesquinhos* diante das ambições humanas de criação e grandeza. Escolha qualquer projeto ousado e inovador na arte ou na ciência, na política ou na religião, no mundo esportivo ou empresarial: há uma profusão de razões impecavelmente lógicas e objetivas para não embarcar nele.

"Todas as grandes tentativas", recorda-nos Platão, "são arriscadas, e é verdadeiro o provérbio segundo o qual aquilo que vale a pena nunca é fácil" (*República*, 497 *d*). Apostar na criação, em qualquer campo da atividade humana, é como entrar numa enorme loteria. O custo da aposta tem de ser pago na entrada, levando consigo muitas vezes a melhor parte das esperanças e energias de uma juventude. As chances de sucesso, contudo, são ínfimas, e para cada premiado há uma multidão de perdedores. "Assim a consciência nos torna a todos covardes, e assim o colorido nato da decisão é recoberto pela sombra pálida do pensar."[31] Penso, logo hesito.

Sob o olhar gelado da razão, os meios esfriam e os fins definham. Mas o criador *não cede*. Uma estranha força, mais forte que ele, ilumina, irradia e inflama sua mente. A certeza subjetiva de vitória que o impele à frente, embora falsa para a maioria, fala mais alto que a opressiva probabilidade objetiva de fracasso. "Se o tolo persistisse em sua tolice ele se tornaria sábio." Muitos, é certo, desistem; alguns talvez prematuramente. A capacidade humana de autocontrole e perseverança, assim como a de autoconhecimento, é limitada. O *saber*, como sugere Aristóteles, em oposição ao otimismo platônico, não é condição suficiente do *fazer*: "Eu vejo o melhor caminho e o aprovo, mas sigo pelo pior".[32] O criador, porém, persiste. O falso *ex ante* pode tornar-se verdadeiro *ex post*.

O prodigioso Golias — um guerreiro gigantesco com armadura de bronze, capacete, escudo e lança terríveis — desafia para um combate a dois qualquer nobre ou soldado do exército israelita. Ninguém ousa: o moral das tropas desaba. Aparece um menino chamado Davi e aceita o desafio de enfrentar o temível Golias. Todos duvidam e caçoam, mas ninguém o impede. Armado com cinco pedrinhas redondas, uma funda (versão primitiva do bodoque) e a fé inocente de que Deus está a seu lado, o menino Davi acerta a cabeça do gigante filisteu logo na primeira tentativa — não haveria outra! — e derruba-o morto ao solo. O exército israelita recobra o ânimo, retoma a iniciativa e vence o inimigo (Samuel I, 17). Como dizia o general puritano Cromwell: "O soldado que reza melhor combate melhor".[33] Se do cálculo racional resulta a prudente covardia, do autoengano de Davi — sua inexplicável certeza na vitória e sua temeridade inocente de menino — nasce o milagre humano.

A sorte, sem dúvida, não é tudo. Talento, inteligência e força de vontade contam muito. Mas como pode alguém estar razoavelmente certo de antemão que tem a sorte ou o mérito de possuí-los na proporção adequada? Considere, por exemplo, o seguinte quadro.

A certa altura em sua vida, um corretor de ações francês de meia-idade chamado Paul Gauguin decidiu largar um emprego bem remunerado no mercado financeiro, abandonar esposa e filhos pequenos, desligar-se de tudo e de todos, e ir viver sozinho sua paixão pela pintura e pelo sensualismo dos trópicos nas ilhas remotas do Taiti.[34] Os valores nominais do exemplo, é claro, pouco importam: poderíamos igualmente estar falando de um candidato a mártir cristão na Idade Média; de um filósofo teutônico autoexilado na Londres vitoriana ou em Veneza; ou de um aspirante ao Nobel de Bioquímica em nossos dias. A questão relevante é: o que poderia justificar a ousadia e o sacrifício familiar provocados por uma decisão como essa?

Qualquer que seja a resposta, ela estará dividida em duas partes. Uma coisa é a aposta considerada *antes* da seleção dos premiados. Outra, a aposta *depois* do sorteio e da entrega dos prêmios. Gauguin teve a sorte/sabedoria de ser Gauguin. Não é difícil justificar a sua fabulosa aposta à luz da obra que resultou dela, ainda que o reconhecimento do valor inestimável de seu trabalho no Taiti só tenha ocorrido, como em tantos outros casos, muitos anos após sua morte. Mas e antes?

O problema é que Gauguin, *no momento da aposta*, ainda não era Gauguin — e ninguém poderia saber com um mínimo de segurança que seria. Justificar a sua decisão apenas em retrospecto e à luz do sucesso obtido na empresa é fugir da questão. O milagre de um gênio como Gauguin não pode ser previsto. Se todos os aspirantes à imortalidade artística tivessem uma visão sóbria e realista da sua probabilidade de sucesso, pouquíssimas apostas como a dele seriam feitas e os porões da história da arte, é verdade, não estariam apinhados de Gauguins anônimos em Taitis desconhecidos. Mas e o próprio artista? Não teria ele também desaparecido junto com a multidão de apostadores iludidos? Sua família, talvez, preferisse. Mas e a humanidade?

"Os erros do ser humano tornam-no digno de amor." O maior erro de todos seria jamais errar. Condenar todos os que perderam a aposta só porque perderam-na em retrospecto significaria condenar Gauguin a não apostar — a não arriscar tudo para tornar-se Gauguin. O valor da busca genuína, por mais patética e autoenganada que se revele a posteriori, não depende do valor do resultado alcançado. A aposta vale por si, qualquer que seja o placar do sorteio. A crença ilusória de que conseguiremos realizar muito (ou o impossível) é muitas vezes a condição necessária para que realizemos pelo menos um pouco (ou o possível). "Se as pessoas não fizessem ocasionalmente coisas tolas", anotou Wittgenstein num caderno de trabalho, "nada inteligente jamais seria feito."[35] Sem o autoengano *ex ante* de muitos, a humanidade se privaria do milagre improvável da genialidade *ex post* de poucos. O diamante da imortalidade é a dádiva imprevisível do carvão mortal.

Na economia, como na arte, o viés de certezas incertas é fundamental. A atividade econômica é o espaço privilegiado do exercício da racionalidade instrumental. Mas até onde ela nos pode levar? Considere, por exemplo, a decisão de investir, ou seja, empatar capital próprio ou de terceiros na montagem de um novo negócio, compra de equipamento, treinamento de mão de obra ou criação de um laboratório de pesquisas.

Uma decisão racional seria aquela baseada num levantamento completo de todas as informações relevantes, de modo a eliminar ao máximo a incerteza sobre a viabilidade e o retorno do investimento em tela. Mas como chegar lá? Quanta informação seria necessária para se fazer uma decisão racional?

A informação que se tem não é a informação que se quer.
A informação que se quer não é a informação da qual se precisa.
A informação da qual se precisa não é a informação que se pode
[obter.
A informação que se pode obter custa mais do que se quer pagar.³⁶

Com o saber, é certo, reduz-se a ignorância; mas cresce a consciência da ignorância. O fato é que se todos os empreendedores potenciais agissem como calculistas prudentes, e só fizessem novos investimentos quando estivessem de posse de tudo aquilo de que precisam para estar racionalmente seguros de que não sairão perdedores em suas apostas, o ânimo empreendedor definharia e a economia entraria em séria depressão. O hiato entre o cálculo racional e a ação empresarial é preenchido pelo que lorde Keynes chamou de *animal spirits*:

> [A maior parte das nossas decisões] de fazer algo positivo [...] só pode ser entendida como o resultado de *animal spirits* [...] e não como o fruto de benefícios mensurados multiplicados por probabilidades mensuradas [...] A iniciativa individual somente será adequada no momento em que o cálculo racional for complementado e sustentado por *animal spirits*, de tal modo que a antecipação da perda final que por vezes alcança os pioneiros, como a experiência sem dúvida revela a eles e a nós, seja afastada e posta de lado, assim como um homem saudável afasta a expectativa da morte.³⁷

A cegueira protetora do empreendedor filtra a incerteza e exacerba o brilho da realização. Os *animal spirits* keynesianos — a certeza subjetiva que move o grande realizador empresarial, ultrapassando o cálculo racional e fazendo-o esquecer aquilo que sabe mas não pode lembrar — parecem conter um claro e generoso componente de autoengano.

Os limites da racionalidade fria e o valor positivo do autoengano aparecem também com clareza em situações agudas de adversidade. O dom de mentir com sucesso para si mesmo pode ajudar a manter a chama da vida acesa nos momentos em que a sobrevivência está por um fio. O doente grave ou terminal que entrega os pontos e se rende por completo à probabilidade avassaladora da morte iminente está praticamente morto. Mas o doente que, apesar de toda a evidência em contrário, sustenta no íntimo de sua alma a convicção cega, firme e inabalável de que vai conseguir vencer o mal parece aumentar as suas chances objetivas de recuperação.

O relato pungente do químico e escritor italiano Primo Levi, sobre sua experiência como prisioneiro de guerra dos nazistas no ambiente infernal e absurdamente degradante de Auschwitz, ressalta o valor de sobrevivência da cegueira protetora associada a certos tipos de crença não racional:

> Os não agnósticos, os que mantinham alguma forma de crença, qualquer que ela fosse [...] suportaram melhor as provas do campo de concentração e sobreviveram em maior número [...] Não importava que fé religiosa ou política fosse. Padres católicos ou reformados, rabinos de várias ortodoxias, sionistas militantes, marxistas ingênuos ou sofisticados e testemunhas de Jeová — todos eles tinham em comum a força salvadora da fé que possuíam. O seu universo era mais vasto que o nosso, mais extenso no espaço e no tempo e, acima de tudo, mais inteligível [...] Alguns, nos intervalos dos trabalhos [forçados], tentavam nos catequizar. Mas como se pode, sendo leigo, fabricar para si mesmo ou aceitar de repente uma fé "oportuna" só porque ela é oportuna?

A mobilização radical dos recursos de sobrevivência do organismo em situações de extrema adversidade ajuda a entender a quase total ausência de episódios de suicídio nos campos de concentração. Enquanto se luta desesperadamente, a cada hora do dia, para preservar as condições mínimas de sobrevivência biológica, não há espaço para o "luxo" de uma depressão. Foi apenas após a libertação, quando os ex-prisioneiros puderam afinal respirar, olhar para trás e refletir sobre os horrores e humilhações que suportaram nos campos, que muitos deles entraram em estado depressivo crônico. Foi só a partir desse momento que, paradoxalmente, um grande número de sobreviventes dos campos sucumbiu ao suicídio.[38]

A morte é a fronteira da liberdade. Ela não é o alvo da vida, mas o seu ponto final. Morrer nos priva de um universo de possibilidades à nossa frente: tudo o que ainda *poderia ser*, mas não mais será. A perda, porém, acompanha-nos desde o início da caminhada: tudo o que *poderia ter sido*, mas não foi. Viver é fazer escolhas — é apostar em certo trecho de um caminho ignorado e privar-se de todas as alternativas que vão sendo eliminadas à medida que prosseguimos. O homem que adormece como um cão tolerado pela gerência é um exemplo agudo de como a perda decorrente dos descaminhos e escolhas equivocadas de uma vida pode superar largamente a perda final que a morte representa. "O mundo sempre foi assim ou agora se tornou somente para mim tão triste?" Não é preciso morrer para perder a vida.

Mas enquanto há vida nem tudo está perdido. A hora mais negra é a que precede a manhã. O arrependimento e o remorso por uma vida errada são o luto por um passado não vivido. A depressão temporária é condição de crescimento espiritual — é a hibernação da vida que se recolhe e se prepara para voltar renovada, promessa de porvir. Do ponto extremo da dor, como num parto, rompe a alegria indescritível, a inundação do amor. "Eis que um segundo nascimento, não adivinhado, sem anúncio, resgata o sofrimento do primeiro, e o tempo se redoura."[39] Da morte em vida renasce a vida, como a *giesta*, flor das cinzas frias do Vesúvio. Se o animal humano expulso do paraíso foi punido com a consciência da morte e a vergonha de ser quem é, ele recebeu também da natureza o dom de uma esperança selvagem e inexplicável: a cegueira salvadora e iluminada que nos protege de pensar e de viver plenamente o peso absurdo dos nossos erros e a certeza do nosso fim. Alegria sem razão de viver.

7. AUTOCONHECIMENTO, MODERAÇÃO E AUTOENGANO

O templo de Apolo em Delfos, centro religioso e geográfico do mundo grego, continha duas inscrições lapidares. Uma delas, como será visto no capítulo 2 (seção 4), recomendava a busca incessante do autoconhecimento: "Conheça-se a si mesmo". A outra inscrição estabelecia uma norma a ser observada na vida e na convivência humanas: o princípio da moderação sintetizado pela máxima "Nada em excesso".[40]

Enquanto o primeiro preceito define um imperativo de ordem cognitiva, voltado para o ideal da busca da verdade sobre si mesmo, o segundo é uma injunção de caráter essencialmente prático e prudencial. A toda exaltação arrogante ou imoderada (*hýbris*) corresponde algum tipo de justiça retributiva (*némesis*). O caminho do excesso — a exacerbação das paixões e aspirações humanas — extravasa os limites da nossa condição mortal, agride a ordem divina ou natural das coisas e, por isso, não termina bem.

A relação de vizinhança entre os dois preceitos délficos dá o que pensar. Por um lado, a busca do autoconhecimento e o princípio da moderação apresentam forte *complementaridade*. Há uma profunda relação interna entre eles. O homem que conhece a si mesmo reconhece os próprios limites e, portanto, não exorbita de sua capacidade ou condição. Ao mesmo tempo, aquele que é capaz de identificar e examinar sobriamente os seus próprios sentimentos e desejos consegue, em alguma medida, vê-los de fora e distanciar-se deles, o que reduz o risco de que venham a tiranizar a sua mente ou conquistar um poder exagerado sobre suas ações. Nenhuma falsa certeza subjetiva o levará a tentar ser quem não é ou a ser tragado por suas próprias paixões.

O autodesconhecimento, ao contrário, favorece o excesso. A superestimação de si mesmo, a inflamação do acreditar e a concentração excessiva do querer revelam que o indivíduo está, de alguma forma, *fora de si*, ou seja, perdeu o pé de sua realidade interna. As certezas inexpugnáveis e avassaladoras que o movem comprometem a sua percepção de limites e o seu senso de proporções. "Desejar violentamente uma coisa", observa Demócrito, "é tornar-se cego para o demais" (fragmento 72). Juízo míope, agir descomedido. É da ignorância de si que surgem os piores excessos na vida pública e privada. Se os homens se empenhassem de fato na busca do autoconhecimento, eles naturalmente se tornariam mais equilibrados e temperados em seus entusiasmos e ambições. O "conheça-se a si mesmo", em suma, é o grande aliado epistêmico do "nada em excesso" na vida prática.

Por outro lado, contudo, verifica-se uma poderosa *tensão* na relação entre os dois preceitos délficos. Essa tensão pode ser desdobrada em duas perguntas básicas, ambas decorrentes de uma mesma operação conceitual.

A primeira resulta da aplicação do princípio da moderação à recomendação vizinha do autoconhecimento: até que ponto o "nada em excesso" aplica-se também ao "conheça-se a si mesmo"? É possível exceder-se até mesmo na busca e conquista do autoconhecimento? A segunda pergunta gira a arma moduladora do princípio da moderação contra a sua própria cabeça: até que ponto o preceito "nada em excesso" aplica-se reflexivamente a si mesmo? É possível exceder-se, indo longe demais na tentativa de jamais ir longe demais? Não haverá riscos em pecar também por *excesso de moderação* na vida prática?

São perguntas que nos remetem diretamente à questão do valor do autoengano na existência humana. Se a relação de complementaridade entre o autoconhecimento e a moderação traz à luz o lado sombrio e ameaçador do autoengano, a tensão existente na relação entre os dois preceitos délficos aponta na direção oposta, ou seja, para o que o autoengano tem não só de benéfico e valioso como, talvez, até mesmo de imprescindível em nossas vidas.

A condição humana não comporta demasiado autoconhecimento. Imagine, por exemplo, que um novo remédio — uma versão ultramoderna e sofisticada daquela mesma droga que "curou" o espectador horaciano — permitisse-nos suprimir todas as barreiras epistêmicas e psicológicas que tornam o autoconhecimento tão precário e escorregadio. Ao se tomar a pílula do autoconhecimento, todas as defesas, fissuras e vieses da mente desfazem-se. Onde havia um labirinto úmido, escuro e opaco à introspecção, surge agora um mapa claro, preciso e detalhado de todas as ruas, túneis, becos e logradouros do fluxo interno mental. Nenhuma parte da mente consegue mais mentir, pregar peças, despistar ou se fazer de desentendida para as demais. Como seria a vida subjetiva de alguém que baniu a possibilidade do autoengano intrapsíquico? Alguém incapaz de se enganar *a* si mesmo ou *sobre* si mesmo?

Dotado de uma objetividade perfeita acerca de tudo o que se passa em sua experiência subjetiva, o animal humano "curado" do autoengano jamais se permite embarcar nas construções fictícias e ilusórias de sua mente adormecida ou desperta. Ao mergulhar no universo do sono, não sonha; ao emergir para o cumprimento do mínimo denominador comum da subsistência biológica, idem: nenhum sonho acordado na arte ou na vida prática. Imune aos *animal spirits* keynesianos ou a qualquer fantasia de criação, realização ou grandeza que ele seja incapaz de explicar a si mesmo, ele apenas aposta o seu tempo em projetos racionais, nos quais a probabilidade de sucesso é matematicamente firme e segura.

Ao agir, total transparência. Ele sempre sabe, exatamente e em cada caso, qual a sua verdadeira motivação, o que está fazendo e almejando, e o que pode esperar com realismo daquela ação. O impulso do momento nunca prevalece sobre a visão neutra do longo prazo. Avesso a todo tipo de excesso e entrega, na dança como na ascese, na afetividade como no trabalho criativo, ele entende perfeitamente o conselho salomônico — "Quem confia no próprio coração é um insensato" (Provérbios, 28:26) — e nunca se enreda no autoengano do poeta-amante que diz: "Quando não se ousa amar sem reservas é que o amor já está muito doente".[41]

Na mente do homem "curado" do autoengano não haveria lugar para nenhum pensamento sobre si mesmo, seu futuro e sua capacidade de mudar as coisas que não satisfizesse o mais rigoroso teste de realismo e objetividade. Nenhuma crença, emoção ou vivência subjetiva que o exame de consciência desconhecesse; nenhuma ilusão, confortadora ou não, encontraria abrigo no solo austero de sua racionalidade gelada. Toda concentração excessiva de valor seria imediatamente suspeita. Pertencendo ao universo natural como o ser insignificante e absurdo que ele efetivamente sabe que é — nada além de uma concatenação efêmera e fortuita de circunstâncias acidentais no infinito oceano da matéria —, que tipo de esperança ou sentido ele poderia encontrar em existir?

Sem o autoengano, em suma, que é o animal humano além de uma "besta sadia, cadáver adiado que procria"?[42] A pílula do autoconhecimento e a "cura" radical do autoengano transformam o ser humano não em modelo de virtude e sabedoria, mas num monstro do qual todos os demais homens — para não falarmos, é claro, do próprio "curado" — fugiriam como de um espectro insuportável. Entediado e solitário em seu niilismo impecável, fruto da máxima retidão lógica e cognitiva, sua única saída agora seria buscar num autoengano intraorgânico o antídoto químico que neutralizasse a "cura", desfizesse o engano e lhe restituísse o dom do autoengano intrapsíquico.

Nada em excesso. A ameaça de *h'ybris* seguida de *némesis* também ronda o "conheça-se a si mesmo". O sobreviver, o procriar e o criar humanos têm exigências que ultrapassam o domínio do biológico e a nossa capacidade de compreensão. A alegria espontânea de viver e a atividade criativa dependem de uma disposição à entrega que a racionalidade apolínea, fonte da ética e do conhecimento objetivo, solapa e não sacia. O animal humano cobra sentido no existir: pessoal, coletivo e cósmico. Ao estabelecer limites para o preceito délfico do autoconhecimento, o princípio da moderação se autolimita. Sem exagero, é claro.

2. AUTOCONHECIMENTO E AUTOENGANO

1. CONHECIMENTO: FAMILIARIDADE × OBJETIVIDADE

Não importa o que seja: pergunte a si mesmo se você conhece algo e você terá sérias razões para começar a duvidar. Antes de tudo, cabe indagar: *o que é conhecer?* Depende, é claro, do nosso grau de exigência. Se você passar, por exemplo, uma tarde visitando uma cidade histórica, poderá voltar para casa e dizer que a conhece. Se você passar vários meses nessa mesma cidade, perceberá que as mudanças do clima, as alterações do seu próprio ânimo e as pequenas surpresas de cada dia têm o dom de revelar ângulos e facetas até então desconhecidos. Mas, se você passar alguns anos na tal cidade, estudando o seu passado, pesquisando a evolução de seus prédios e de seu traçado, e buscando entender o significado histórico do que se passou nela, você ficará assombrado com a vastidão do que falta saber. Com o avanço do conhecimento, alarga-se o desconhecido. "Com o saber cresce a dúvida."[1]

Tautologias e truísmos à parte, nenhum saber é final. Qualquer que seja o objeto do conhecimento — uma floresta ou uma indústria, um texto clássico ou um neurotransmissor —, uma coisa é certa: por mais que se conheça, sempre será possível *conhecer mais*. E como o que falta saber, por definição, ninguém sabe o que é, o desconhecido pode ter uma propriedade singular. Nem sempre o que era desconhecido, mas veio a tornar-se conhecido, restringe-se à descoberta de coisas que são meramente complementares ao estoque de saber preexistente. A tensão entre o antigo e o novo — entre o estoque e o fluxo na busca do conhecimento — gera surpresas e anomalias. O novo conhecimento gerado pode alterar radicalmente o nosso entendimento acerca da natureza do saber preexistente e do seu valor de verdade. O conhecer modifica o conhecido. O desconhecido é uma bomba-relógio tiquetaqueando e pronta para implodir (ou não) o edifício do saber estabelecido — uma ameaça pulsando em tudo o que se mantém de pé.

Certeza absoluta, portanto, não há. Afirmá-la seria negar que o desconhecido seja desconhecido. Seria supor *a*) que a fronteira máxima e intransponível do conhecimento foi alcançada ou, no mínimo, *b*) que o que falta conhecer é necessariamente "bem-comportado", ou seja, alguma coisa aditiva e não subversiva *vis-à-vis* o saber preexistente. A primeira hipótese implica um dogmatismo descabido e terminal; a segunda prejulga, de modo injustificado, o que pela sua própria natureza não se pode saber.

Para quem busca o conhecimento, portanto, e não o ópio de crenças bem enraizadas no solo do acreditar, surpresas e anomalias são achados valiosos. A descoberta de um fato surpreendente leva à procura de novos fatos e suscita a formulação de hipóteses e teorias que possam elucidá-lo. A mente aberta ao conhecimento trabalha com um radar alerta, ligado ao anômalo. A surpresa é o estopim do saber, uma janela entreaberta para o desconhecido. Diante dela, o pensamento amanhece e desperta do torpor dogmático. "Uma dificuldade é uma luz; uma dificuldade insuperável é um sol."[2]

Descartar a possibilidade de um conhecimento final e afirmar o caráter hipotético de todo saber não significa, contudo, cair no extremo oposto de que nada é ou pode ser conhecido. Entre a Cila entorpecida do dogmatismo, de um lado, e a Caríbdis desalentada do ceticismo radical, de outro, está a noção de que o conhecimento, embora contingente e nem sempre cumulativo, não só existe como admite gradação: conhecer é uma questão de grau. Nem o sono da rocha, nem a vertigem do rodamoinho. A própria afirmação de que diante de qualquer objeto do conhecimento é sempre possível *conhecer mais* pressupõe a existência de algum critério que permita comparar e ordenar o saber presumido. A questão é: com base no quê? Qual o critério?

Sob a ótica do *senso comum*, conhecimento tem a ver com *familiaridade*. O conhecido, diz a linguagem comum, é o familiar. Se você está acostumado com alguma coisa, se você lida e se relaciona habitualmente com ela, então você pode dizer que a conhece. O desconhecido, por oposição, é o estranho. O grau de conhecimento, nessa perspectiva, é função do grau de familiaridade: quanto mais familiar, mais conhecido. Daí a fórmula: "eu sei = eu estou familiarizado com isso como algo certo".[3] Mas se o objeto revela alguma anormalidade, se ele ganha um aspecto distinto ou se comporta de modo diferente daquele a que estou habituado, perco a segurança que tinha e percebo que não o conhecia tão bem quanto imaginava. Urge domá-lo, reapaziguar a imaginação. Ao reajustar minha expectativa e ao familiarizar-me com o novo aspecto ou o novo comportamento, recupero a sensação de conhecê-lo.

Sob a ótica da abordagem *científica*, contudo, a familiaridade é não só falha como critério de conhecimento como ela é inimiga do esforço de conhecer. A sensação subjetiva de conhecimento associada à familiaridade é ilusória e inibidora da curiosidade interrogante de onde brota o saber. O familiar não tem o dom de se tornar conhecido só porque estamos habituados a ele. Aquilo a que estamos acostumados, ao contrário, revela-se com frequência o mais difícil de conhecer verdadeiramente.

Não é por estar absolutamente familiarizado com a faculdade da visão, por exemplo, que eu conheço algo sobre os processos e mecanismos intrincados que me levam a enxergar as coisas. A humanidade, de fato, conviveu durante centenas de milhares de anos com a experiência subjetiva da visão — a sensação de se estar vendo o que se vê —, sem que ninguém se desse conta de que nada sabia a respeito. Foi só a partir do momento em que alguns homens perderam a familiaridade com a visão e passaram a encará-la como problema — como algo estranho e alheio demandando algum tipo de explicação — que o conhecimento do fenômeno começou a sair do chão. A familiaridade cega.

Na abordagem científica, a *objetividade* substitui a familiaridade e a sensação pré-reflexiva de conhecimento como critério de saber. O grau de conhecimento é função do grau de objetividade: quanto mais objetivo, mais verdadeiro. O grau *zero* do conhecimento, nessa perspectiva, consiste no vale-tudo permissivo e relativista do "assim é se lhe parece". O grau *máximo* é a verdade objetiva que se mantém soberana mesmo que nela não creiam: "A verdade é o que é, e segue sendo verdade, ainda que se pense o revés".[4]

Voltemos ao exemplo da visão. O filósofo pré-socrático Empédocles ousou romper o véu da familiaridade e inquiriu seriamente sobre o que acontece quando enxergamos as coisas. A essência de sua conjectura original era a tese de que, quando vemos algo, são os olhos que atuam e iluminam os objetos vistos. A sensação de estar vendo resulta do fato de, na visão, jatos de luz ou algo equivalente serem emitidos pelos olhos, incidindo sobre as coisas e tornando-as visíveis. A cegueira significa que a luz irradiada pelos olhos cessou. Outros investigadores, contudo, não se deram por satisfeitos. O tiro de misericórdia — simples e fulminante — foi disparado por Aristóteles. Se a tese de Empédocles fosse de fato verdadeira, de tal modo que os olhos projetassem fachos de luz sobre as coisas, então não haveria nenhum problema em enxergar no escuro![5] A partir desse reparo aristotélico, qualquer teoria um pouco mais objetiva da visão precisaria explicar por que isso não acontece.

O que torna uma teoria ou proposição mais objetiva que outra? O que merece crédito? Acreditar não basta. O ponto de partida na análise do conceito de objetividade é a constatação de que o ato de acreditar não se confunde com o ato de identificar e examinar criticamente as razões que nos levam a acreditar naquilo em que acreditamos.

O impulso rumo a uma postura cognitiva mais objetiva está ligado à análise do que pode justificar ou não acreditarmos em algo. A tradição e a autoridade, por exemplo, não passam no teste. Uma teoria ou proposição não se torna mais ou menos objetiva em função de *quem* a afirma ou defende, mas sim em razão *do que* ela afirma ou defende. O sujeito do conhecimento pode ser mais ou menos objetivo no ato de conhecer. Suas ideias e resultados podem ser mais ou menos críveis. A objetividade, contudo, não é propriedade *dele*. Ela é um atributo *daquilo* que ele concebe, elabora, registra e oferece à apreciação pública dos demais.

No que consiste, então, a objetividade? A ideia fundamental é eliminar da busca do conhecimento tudo aquilo que não pertença à realidade *como ela realmente é*. O conhecimento será tanto mais objetivo quanto mais ele for independente do sujeito cognitivo, ou seja, quanto mais ele estiver livre de qualquer traço ou vestígio de subjetividade, e isso tanto no que diz respeito às características individuais de quem conhece como, no limite, à cultura, à sociedade e à própria especificidade do gênero biológico ao qual ele acidentalmente pertence. O ideal da objetividade é a completa anulação da subjetividade na busca do conhecimento.

A verdade subjetiva, baseada no assentimento do sujeito, não se confunde com a verdade objetiva, independente não só da anuência como da perspectiva, constituição e individualidade de qualquer sujeito. Para chegarmos a uma compreensão do mundo *como ele é*, temos que abrir mão do nosso mundo — temos que transcender o nosso ponto de vista pessoal, parcial, irrefletido e limitado para buscar compreendê-lo, o mais possível, de fora, sem nenhum tipo de interferência. Temos que concebê-lo *como se* não existíssemos.

2. A DUPLA EXPULSÃO DA SUBJETIVIDADE

A capacidade para eliminar a subjetividade e todo tipo de viés na busca do conhecimento não tem o caráter de um *fiat* instantâneo. Trata-se de um processo de conquista de graus crescentes de objetividade: um movimento progressivo e assintótico, embora não linear, visando alcançar a verdade objetiva como um ponto móvel no infinito. Muitas das principais descontinuidades na história da ciência resultaram de avanços, mais ou menos repentinos, na capacidade humana de transcender os limites de sua condição epistêmica natural e revolucionar o modo de abstração e a concepção de objetividade vigentes.

Por outro lado, é preciso lembrar também que diferentes tradições na evolução da ciência moderna desenvolveram estratégias distintas de aproximação do alvo comum do conhecimento objetivo. Um mapeamento dessas estratégias, ainda que inevitavelmente sumário e esquemático, permite identificar as duas correntes centrais na evolução de uma concepção objetiva da realidade: o empirismo baconiano e o racionalismo cartesiano.

A mente humana na epistemologia *baconiana* é um covil espontâneo de erros, fantasias, ilusões e refrações insidiosas. Tudo conspira para afastá-la do conhecimento verdadeiro. Vale aqui o alerta cautelar de um fragmento atribuído a Heráclito: "Os olhos e ouvidos são maus testemunhos para os homens quando eles possuem almas bárbaras". É por isso que todo cuidado é pouco para evitar que os "ídolos" tomem conta da mente, "pervertendo e infectando todas as previsões do intelecto".[6]

Os ídolos baconianos — da *caverna* (preconceitos locais), do *teatro* (sistemas filosóficos), do *mercado* (termos da linguagem) e da *tribo* (paixões sub-racionais da natureza humana) — são ameaças permanentes à objetividade do saber. Podemos derrotá-los em batalhas isoladas, mas nossas vitórias sobre eles — e sobre os ídolos da tribo em particular — jamais serão definitivas. O imperativo maior da filosofia baconiana é identificar e suprimir tudo aquilo que desvie a mente de uma apreensão objetiva do mundo, ou seja, a determinação de transcender a todos os vieses, idiossincrasias, desejos subterrâneos, dogmas filosóficos, fetiches linguísticos e fraquezas humanas-demasiado-humanas que grassam soltos em nossa vida subjetiva. As evidências empíricas abertas ao escrutínio público são a grande salvaguarda da mente contra os seus vícios bárbaros e mazelas naturais.

Nas mãos do cientista baconiano em seu laboratório ou no campo de pesquisa, a experimentação agressiva é uma arma que vexa a natureza, cutuca-a de todos os lados e a faz confessar seus segredos. Como dizia Bacon: "A faculdade do sábio interrogar é metade do conhecimento". As observações e evidências recolhidas pelos sentidos são o princípio do saber e a garantia de que produzirá os frutos práticos que o legitimam. A utilidade do conhecimento na solução de problemas e na melhoria da vida humana — e não algum tipo de aderência ou verificacionismo ingênuo — é o teste definitivo da verdade.[7] É pelos seus frutos que se prova a árvore do saber. Mas o fantasma onipresente do engano e do autoengano na coleta, processamento e interpretação das evidências empíricas acossa o experimentador baconiano com a mesma intensidade com que, como veremos, ele atormenta o cogito cartesiano.

Na tradição racionalista, o *nem tudo é o que parece* do empirismo dá lugar à tese radical de que *nada parece o que realmente é*. Foi esse passo decisivo, esboçado originalmente pelos atomistas gregos pré-socráticos e elaborado pela filosofia cartesiana a partir dos avanços e conquistas da física do século XVII, que revolucionou as bases da concepção científica de objetividade.

O que é real? Na filosofia atomista de Demócrito, o mundo tal como nós o apreendemos pelos sentidos não é o mundo tal *como ele é*. Todas as nossas impressões e percepções sensoriais são causadas pela ação das coisas sobre os nossos sentidos, mas o conhecimento assim gerado é de qualidade inferior ("bastardo") em relação ao conhecimento "legítimo", baseado na completa abstração do que é sensível e transitório.

O real, segundo essa perspectiva, é o que permanece quando ninguém lá está. É tudo aquilo que continuaria existindo no universo mesmo que não houvesse filósofos ou seres dotados de sentidos para apreendê-lo. A análise da base física das percepções mostra que os nossos sentidos, não importa quão disciplinados, são como bárbaros, ou seja, excitáveis e enganadores, e que subjacente às informações ilusórias que eles nos trazem está a realidade objetiva dos átomos em movimento. (Uma lenda antiga reza que Demócrito teria cegado os seus próprios olhos para poder pensar melhor.) Embora diferindo entre si quanto ao tamanho e formato, os átomos ("partículas indivisíveis") de que o mundo é feito são destituídos de qualidades sensíveis (cores, sons, cheiros, texturas etc.). No seminal princípio democritiano — "A opinião diz quente ou frio, mas a realidade são átomos e espaço vazio"[8] — está contido o embrião a partir do qual nasceria, 22 séculos mais tarde, a concepção de objetividade do racionalismo cartesiano.

A filosofia *cartesiana* retoma, radicaliza e potencia a teoria do conhecimento dos atomistas gregos. A exigência da máxima certeza e da mais absoluta objetividade na busca do conhecimento demanda em primeiro lugar a "remoção do entulho". O cogito cartesiano arma-se da dúvida sistemática e bane da mente tudo aquilo que possa conduzi-la ao erro ou à obscuridade. Ao duvidar de sua própria existência, toca-se o fim da linha e o princípio do saber: a certeza certa de *estar duvidando*.[9] A dúvida acerca da natureza do mundo, por sua vez, conduz à busca de uma concepção da realidade que evite a armadilha das aparências enganosas e supere a limitação dos pontos de vista parciais e idiossincrasias individuais. O projeto cartesiano visa à elaboração de uma concepção do real que seja ao máximo isenta das noções e juízos irrefletidos que nos circundam e livre das peculiaridades e conteúdos particulares (memórias, desejos, sensações etc.) que povoam a mente de cada um.

O resultado desse esforço de abstração é um conceito de realidade no qual os objetos do mundo físico são dotados de extensão, figura, peso e movimento — as "qualidades primárias" irredutíveis de tudo o que existe ocupando espaço —, enquanto tudo o mais é recolhido à vala comum das "qualidades secundárias" que povoam a subjetividade de cada um.

Não é só a beleza que está nos olhos de quem a vê. Todas as sensações de dor e prazer, tudo o que pensamos, sentimos e sonhamos, todas as nossas percepções sensoriais de luz, cor, som, gostos, cheiros, calor e frio, em suma, tudo o que é mental não pertence à realidade objetiva e está para ela assim como, para retomar a analogia sugerida por Descartes em *Le monde*, o *nome das coisas* está para as próprias *coisas*. O calor não está na chama, a doçura não está no doce. Se alguém roçar levemente uma pluma em sua axila ou sola do pé, você sentirá uma sensação formigante de cócegas. A realidade, dirá Descartes, é a ação da pluma sobre a pele e o nervo e toda a cadeia de processos neurológicos mensuráveis que essa ação deflagra. Os efeitos subjetivos dela — nossa experiência íntima dessa fricção inocente — não passam de cócegas mentais.[10]

Nada é o que parece. O medo de ser enganado por aparências falsas e o temor de se deixar enganar por sua própria mente levaram Descartes a erigir a dúvida como método e a certeza indubitável como alvo. O que garante que toda essa empresa cognitiva não seja, também ela, outro engano? O garantidor da confiabilidade da razão humana, segundo o autor das *Meditações*, seria em última instância uma divindade não enganadora cuja existência e perfeição poderiam ser a priori demonstradas. Mas, se a fonte de legitimidade da estratégia cognitiva cartesiana estivesse limitada a essa (in)certeza teológica, sua concepção de objetividade não teria passado de uma hipótese especulativa entre outras ou mera curiosidade filosófica. Não foi o caso. O modelo de abstração radical esboçado pelos atomistas gregos e aperfeiçoado pela filosofia moderna revelou-se uma abordagem espantosamente fértil na história da ciência.

Uma das chaves do sucesso científico da abstração cartesiana foi o seu encontro e feliz cruzamento com a recém-descoberta geometria analítica. De um lado, as qualidades primárias da *res extensa* — extensão, figura, peso e movimento — prestam-se admiravelmente à mensuração e manipulação matemática. Ao mesmo tempo, a descoberta da geometria analítica (em larga medida fruto do gênio matemático do próprio Descartes) demonstrou a possibilidade de relacionar de modo rigoroso a esfera dos números e equações, na álgebra, com o universo das formas espaciais, na geometria.

Isso permitiu que, pela primeira vez, fórmulas numéricas e figuras geométricas funcionassem como duas linguagens, capazes não só de se comunicarem entre si mas, o que é crucial, de serem traduzidas uma na outra, com a geometria analítica servindo de chave mestra da tradução. O encontro da *res extensa* faminta de quantificação, de um lado, com a aptidão voraz do instrumental da geometria analítica, de outro, inaugurou um caminho prodigiosamente frutífero na busca do conhecimento.[11] O impulso à objetividade deflagrado por essa conquista revelou-se uma das forças mais vigorosas e indomáveis já descobertas pela humanidade. As repercussões práticas e intelectuais do tipo particular de abstração no qual ela se apoia estão longe de se esgotarem.

A concepção particular de objetividade do racionalismo cartesiano é claramente mais ambiciosa e reducionista do que a do empirismo baconiano. A vertente experimental na ciência moderna não tem a sofisticação formal da tradição matemática nem a pretensão de reduzir tudo o que existe no universo à física e tudo o que é físico às suas qualidades primárias irredutíveis. Sua forte vocação reducionista, contudo, ainda que menos ambiciosa em termos teóricos e de corte mais pragmático, é inequívoca. Também ela persegue — ao seu modo e com suas armas — o mesmo ideal de máxima objetividade e completa publicidade dos resultados. O denominador comum entre a parábola dedutiva do racionalismo matemático cartesiano, de um lado, e a lâmina indutiva do experimentalismo pragmático baconiano, de outro, é a dupla expulsão da subjetividade do domínio do saber científico.

Primeiro porque, em ambas as vertentes, a mente do sujeito do conhecimento precisa ser disciplinada e depurada de todos os vestígios de sua subjetividade, isto é, de tudo aquilo que a afaste do caminho da mais absoluta objetividade no ato cognitivo. Nosso mundo mental — subjetivo e pessoal — é uma pedra no caminho do conhecimento do mundo.

E *segundo* porque, nas duas tradições, a abstração que preside à busca do conhecimento resulta numa concepção de realidade na qual não há lugar para o mental, ou seja, na constituição de um universo objetivo que é regido por leis próprias, indiferente à vontade humana e desprovido de subjetividade. O publicamente observável tem de ser explicado pelo publicamente observável. O passível de demonstração tem de ser demonstrado a partir de premissas aceitas e por meio de procedimentos publicamente examináveis. Não há nada externo à nossa mente que corresponda às nossas experiências subjetivas do que se passa nela. Nosso mundo não cabe no mundo.

3. AUTOCONHECIMENTO: LIMITES DO REDUCIONISMO CIENTÍFICO

Até aqui examinamos a questão do conhecimento do mundo externo à nossa mente. O autoconhecimento transforma o sujeito em objeto. O alvo é a busca da verdade objetiva não sobre *aquilo* que se apresenta para ser conhecido, mas sobre *aquele* que se debruça sobre o desconhecido: o sujeito que conhece, reconhece desconhecer e deseja conhecer mais. O que acontece quando o sujeito do conhecimento volta-se da natureza externa para si próprio?

Se a intenção é produzir um saber confiável, a primeira coisa a fazer é examinar-se o mais objetivamente possível. Nada mais natural, portanto, do que mobilizar para a busca do autoconhecimento todo o arsenal cognitivo da observação controlada, experimentação, inferência e modelagem, em suma, todo o aparato criado e aperfeiçoado pela ciência moderna com o intuito de aumentar o grau de objetividade do saber. Armado até os dentes, o sujeito se debruça sobre si mesmo como objeto e indaga: até onde a abordagem rigorosamente científica do autoconhecimento pode nos levar?

A resposta, assim como o empreendimento, é paradoxal. Sob um certo ângulo e em certo sentido, a busca de conhecimento objetivo sobre nós mesmos — o entendimento estritamente científico do ser humano sobre si próprio — não só já progrediu espantosamente como promete transformar e revolucionar de forma ainda mais radical a nossa autocompreensão e autoimagem. Ninguém pode dizer, a esta altura, o que nos aguarda e até onde se poderá chegar ao longo desse caminho.

Mas, por outro lado e em outro sentido, o projeto de submeter o autoconhecimento humano aos rigores da abordagem científica esbarra numa séria limitação intrínseca — uma deficiência inerente à sua própria constituição interna e que nenhum avanço do saber científico, pelo menos nos moldes em que ele se deu até hoje, parece capaz de superar. Essa limitação, identificada e analisada de forma brilhante pelo filósofo norte-americano Thomas

Nagel, faz da abordagem científica — uma autoestrada gloriosa no conhecimento objetivo do mundo — um verdadeiro beco sem saída quando se trata de contribuir para o avanço do autoconhecimento, ou seja, quando o que está em jogo não é o mundo *como ele é*, mas sim o *nosso mundo*.

Fixemo-nos, outra vez, no problema da experiência visual. De Empédocles à energia eletromagnética dos fótons incidindo sobre o nervo óptico, o progresso é visível a olho nu. Melhor: os avanços recentes no campo da neurociência (anatomia, fisiologia e química cerebrais) permitem um mapeamento bastante rigoroso e detalhado dos processos ligados à percepção visual. O que ocorre, por exemplo, quando você sobe ao topo de uma montanha, crava os olhos na paisagem e enxerga, digamos, um vale verdejante ladeado por montanhas? Uma descrição científica do fenômeno, em linguagem não excessivamente técnica, poderia ser a seguinte:

> Encontram-se envolvidos nessa visão muito mais do que a retina e os córtices visuais do cérebro. De certo modo, a córnea é passiva, mas tanto o cristalino como a íris não só deixam passar a luz, como também ajustam suas dimensões e forma em resposta à cena que presenciam. O globo ocular é posicionado por vários músculos de modo a detectar objetos de forma eficaz, e a cabeça e o pescoço deslocam-se para a posição adequada [...] Todos esses ajustamentos dependem de sinais vindos do cérebro para o corpo e de sinais correspondentes do corpo para o cérebro. A seguir, os sinais sobre a paisagem são processados dentro do cérebro. São ativadas estruturas subcorticais, como os colículos superiores; são também ativados os córtices sensoriais iniciais e as várias estações do córtex de associação, assim como o sistema límbico que se encontra interconectado com elas. Quando o conhecimento relativo à paisagem é ativado no interior do cérebro a partir de representações dispositivas em diversas áreas, o resto do corpo também participa do processo. Mais cedo ou mais tarde, as vísceras são levadas a reagir às

imagens que você está vendo e àquelas que a memória está criando internamente, relativas ao que vê.[12]

Olhos, corpo e cérebro interagem de modo complexo e, por fim, quer dizer, em frações de segundo, você se dá conta de que *contempla uma bela paisagem*. O conhecimento dos mecanismos intrincados subjacentes à sensação de estar vendo não nos é diretamente acessível. Ele é o resultado de um enorme esforço de investigação científica. A experiência direta do sujeito — aquilo a que ele tem acesso ao mirar a paisagem — é a sensação visual associada a ela ou, mais especificamente, a imagem mental particular que ele forma ao observar o céu, o vale e as montanhas. Mas o que é isso? Qual a natureza da sensação visual *subjetiva* de quem está vendo alguma coisa? O que uma abordagem científica — e a neurociência em particular — poderia nos dizer sobre isso?

Que a imagem subjetiva da paisagem na mente esteja correlacionada de alguma forma com a configuração neurológica particular que lhe é subjacente seria difícil negar. A existência ou não de uma relação unidirecional de causalidade entre o cerebral e o mental é uma questão em aberto e sobre a qual o avanço do conhecimento científico poderá lançar novas luzes.

Mas o que parece realmente inconcebível é a noção de que a experiência subjetiva seja idêntica à configuração objetiva correspondente no cérebro ou possa ser de algum modo reduzida a ela. Não é. Há um hiato intransponível entre o *ver de fora* da abordagem científica e o *ver de dentro* de quem sente, pensa e vê. Por mais que avance a análise objetiva dos processos neurológicos, por mais que se aprimorem as técnicas de observação da ressonância magnética, da eletroencefalografia e da neurovisualização em geral, o conhecimento científico gerado continuará sendo inescapavelmente *externo* à experiência de quem está sendo investigado.

Voltemos, por um instante, a mirar o vale verdejante. Eu estou vendo a paisagem e vivendo internamente aquele momento. Sou tomado, por exemplo, por um sentimento difuso e radiante de esperança em relação ao futuro; por uma sensação de cansaço e tristeza roendo as entranhas; pelo rosto e pela presença invisível de alguém que amei e partiu; por uma pontada de culpa por não estar trabalhando — o conteúdo particular da vivência não importa. Se um supercientista estivesse me observando naquele exato momento — um investigador munido de faculdades indutivas e dedutivas milhares de vezes superiores às de qualquer Bacon ou Descartes que tenha passado pelo planeta e aparelhado com tudo o que a mais fina tecnologia médica virá a oferecer no futuro — o que ele poderia conhecer sobre mim?

Sem dúvida ele teria um modelo detalhado e um mapa ultra-atualizado das alterações químicas e elétricas nos bilhões de células nervosas do meu cérebro. Mais: ele poderia, talvez, prever com exatidão os movimentos *físicos* de meus olhos, membros e corpo no espaço. Mas conseguiria o supercientista saber o que estou sentindo e pensando naquele momento, o que vai pela minha mente em minha própria experiência interna? Saber como é para mim, a partir do meu ponto de vista subjetivo e pessoal, estar vendo aquela paisagem e estar sendo tomado por esta ou aquela vivência?

É bastante provável que não. E a razão, como argumenta Nagel, é o fato de minha experiência subjetiva pessoal estar fechada no interior de minha mente de uma forma que a torna inapreensível por qualquer outro observador, e isso independentemente da maior ou menor sofisticação de seu aparato perceptivo.[13] Minha vida subjetiva — tudo o que sinto, penso, sonho ou percebo — está dentro de minha mente com um tipo de interioridade que é de caráter distinto do modo como meus neurônios estão dentro de meu cérebro e este, por sua vez, dentro de minha cabeça. Se um neurocirurgião abrir o meu cérebro, ele poderá examinar objetivamente o que há lá dentro. A mente, contudo, não pode ser aberta e nem o mental diretamente examinado. Mesmo que alguém conseguisse projetar numa tela de alta definição uma imagem em tudo idêntica à que estou vendo enquanto contemplo a paisagem, ele teria apenas *a sua visão* da minha visão do vale, não *a minha própria visão*.

Mas se o foco de interesse cognitivo não é apenas a imagem visual, mas a esperança, o cansaço, a saudade ou a culpa que me invadem ao contemplar a paisagem, notamos que nem ao menos isso é possível. Pois o que temos nesses casos são vivências internas, ou seja, processos mentais que, por estarem ainda mais afastados de qualquer tipo de existência independente da experiência de quem os têm, nem sequer se prestam a uma hipotética projeção visual do que vai pela mente. A concepção científica de objetividade, em suma, condena o investigador a uma postura cognitiva que faz do objeto do conhecimento uma superfície vazia de experiência e destituída de subjetividade. Não há nada de errado com isso, é claro, até onde já se chegou e pode chegar. O problema é que o mundo em que vivemos — o mundo vivido por dentro — pertence a outro mundo.

Um subproduto curioso desse argumento, vale notar, é que ele permite encarar a teoria da visão de Empédocles sob uma nova luz. A visão *vista de fora* não é a visão *vista de dentro*. A luz objetiva dos fótons pode permanecer exatamente a mesma — o fotômetro o atesta. O ânimo, contudo, é caprichoso, e "entre o contentamento e a desilusão, na balança infidelíssima, quase nada medeia". Se estou sombrio e melancólico naquele instante, a paisagem que enxergo escurece — os tons murcham, o céu resseca e o sol é anêmico. Mas, se a alegria e a expansividade se acendem no meu peito, o sol explode as cores, o céu convida e a luz invade o mundo. As coisas objetivamente consideradas podem ter peso, volume, estrutura atômica e tudo aquilo que os instrumentos científicos conseguirão medir. Mas a subjetividade humana é soberana em seus domínios e não cede as suas prerrogativas. Mudou a paisagem ou mudei eu? A luminosidade vivida não reflete a luminosidade medida. Ninguém, é verdade, enxerga no escuro. Mas a luz que de fato importa e a luminosidade das coisas vistas, como intuiu Empédocles, dependem muito do estado mental de quem vê.

A conclusão básica do argumento sobre o hiato entre a objetividade perseguida pela ciência, de um lado, e a subjetividade da experiência humana, de outro, é a tese de que não se pode esperar do progresso do conhecimento científico o que ele não pode oferecer. O saber estritamente científico do homem e da ação humana promete avançar muito, o que é ótimo, mas o que se pode esperar dele — e isso tanto sob a ótica do autoconhecimento como no domínio da reflexão ética sobre como viver e o que fazer de nossas vidas — parece fadado a ser pouco.

Embora o caminho à frente seja ainda longo e incerto, nada descarta de antemão a possibilidade de que a ciência chegue um dia a mostrar de modo convincente — nenhum saber é final — que *nada é o que parece*: assim como o homem primitivo viveu num mundo de sonho em relação aos fenômenos da natureza, também nós ainda vivemos num mundo de sonho em relação a nós mesmos e pouco ou nada sabemos sobre as causas verdadeiras de nossas ações na vida prática. O avanço do saber científico no autoentendimento humano poderá revelar que muito — ou, no limite, a totalidade — do que imaginamos *estar fazendo* por vontade e iniciativa próprias em nossas vidas está, na verdade, *sendo feito em nós* pelo funcionamento autonômico do sistema nervoso e por uma sucessão de configurações físico-neurológicas em nossos cérebros. Se isso ocorrer algum dia, o que é imprevisível, o nosso autoengano a nosso respeito terá sido cósmico. Não será a primeira vez, contudo, nem provavelmente a última, que o homem parecerá absurdo e inexplicável aos olhos do próprio homem.

Até aí, apesar do incerto, nada a objetar. O grave equívoco é imaginar que o avanço da ciência, baseado no modo de abstração que lhe é peculiar, trará respostas para perguntas que ela não tem como formular. Não é apenas o fato, por si relevante, de que a mente não é igual, nem se reduz, ao cérebro. É a constatação capital de que tudo aquilo que mais nos interessa na busca do autoconhecimento — o universo subjetivo dentro do qual transcorre a nossa existência e no qual estamos mergulhados até bem mais que o pescoço — não se presta à abordagem desenvolvida com enorme sucesso pela ciência para lidar com o mundo observável tal *como ele é*.

Vivemos, de modo indeclinável, imersos em subjetividade. As perguntas fundamentais do autoconhecimento — quem sou? o que realmente desejo? o que devo fazer de minha vida? qual o sentido de tudo isso? — estão fora do escopo e do projeto constitutivo da ciência. Imaginar que ela será algum dia capaz de atender à nossa demanda por autoconhecimento, valores e inteligibilidade é como esperar que um transmissor de fax interprete o sentido de um texto ou que um cego de nascença nos ilumine sobre a natureza das cores.

4. DIÁLOGO, MAIÊUTICA E AUTOCONHECIMENTO

Conheça-se a si mesmo. A exortação-desafio inscrita no portal do principal templo do mundo grego, o oráculo de Apolo situado em Delfos, não é um preceito cunhado por Sócrates mas expressa admiravelmente a essência de sua filosofia.[14] O empreendimento socrático nasce de uma rejeição aberta ao reducionismo pré-socrático e propõe uma reorientação fundamental no objeto, na estratégia e no propósito da busca do conhecimento. Enquanto seus predecessores, como Demócrito e Anaxágoras, buscaram essencialmente investigar a constituição e os princípios que regem a natureza externa, procurando explicações objetivas para o que é permanente e transitório no *kósmos*, Sócrates proporá que o estudo do mundo natural e do homem enquanto ente natural é de importância menor diante da verdadeira missão da filosofia, que é conhecer e transformar o ser humano enquanto ser moral.

Por que o autoconhecimento? "A vida irrefletida não vale a pena ser vivida" (*Apologia*, 38 *a*). Sócrates vê um mundo equivocado ao seu redor e vislumbra um mundo de possibilidades à sua frente. À vida cega, febril e desorientada de seus concidadãos, ele opõe o ideal de uma outra vida — de um viver movido não pelo brilho efêmero de falsos valores como o poder, o prestígio, o amor carnal e a riqueza, mas pela ambição de ser melhor do que se é e pela busca sem tréguas do aperfeiçoamento da alma. O autoconhecimento é o caminho que leva de um viver ao outro. Se a vida errada e irrefletida é a consequência inevitável do autodesconhecimento satisfeito consigo mesmo, a vida ética pressupõe o empenho e a capacidade do homem de buscar de forma contínua e incessante a verdade sobre si. O vínculo interno entre o imperativo do autoconhecimento e o ideal da vida ética no projeto socrático aparece com clareza no comentário de Guthrie ao *Primeiro Alcibíades* (128 *b*-129 *a*):

> É preciso entender a natureza e o propósito de alguma coisa antes que se possa fazê-la, cuidar dela ou repará-la adequadamente. Da mesma forma, na vida, nós não podemos adquirir a arte do autoaperfeiçoamento, a menos que entendamos primeiro aquilo que nós mesmos somos. Nosso dever primeiro, portanto, é obedecer à ordem délfica do "Conheça-se a si mesmo", "pois uma vez que conheçamos a nós mesmos poderemos aprender a cuidar de nós mesmos, mas de outro modo jamais conseguiremos".[15]

Como pode alguém tornar-se melhor — viver à altura do seu potencial e alçar à plenitude de uma existência humana —, se não sabe *quem é* ou *o que almeja*? O conhecimento de si modifica o conhecido. Ao avançar na busca do autoconhecimento, argumenta Sócrates, o indivíduo não só aprimora a sua competência para discernir entre certo/melhor e errado/pior em questões envolvendo escolha moral — "Há mais risco em comprar saber do que em comprar comida" (*Protágoras*, 314 *a*) —, como passa a agir de acordo com o saber adquirido. A conclusão socrática, compartilhada por Platão mas rejeitada por Aristóteles, é a de que o *saber* é condição necessária e suficiente do *fazer* — quem sabe não erra —, uma vez que o conhecimento do que é certo do ponto de vista ético é sempre seguido da ação certa. A validade dessa equação, como veremos mais à frente (capítulo 4, seção 5), é duvidosa. Fixemo-nos, por ora, na noção socrática de autoconhecimento.

Como procede Sócrates? Uma apreciação clara da fragilidade da palavra impressa como veículo de persuasão moral e o temor de ser mal entendido levaram Sócrates a jamais registrar por escrito o seu pensamento e a optar pelo diálogo vivo como estratégia de interlocução. O método dialógico, adotado pelo filósofo, é o da aproximação progressiva da verdade por meio de uma troca ágil de perguntas e respostas (*élenchos*). A dinâmica da troca segue, na maioria dos casos, um padrão definido.

Em nenhum momento Sócrates se apresenta como o portador de um credo positivo ou doutrina a ser inculcada na mente do interlocutor. A essência do *élenchos* consiste em um duplo movimento: render a ignorância e extrair luz da escuridão. A mente do outro é o *locus* privilegiado da ação. O interlocutor socrático é instado a reconhecer um duplo autoengano: ele imagina e confia saber o que de fato não sabe, mas ele também sabe mais do que imagina saber. Enquanto o Sócrates *qua* "mosca irritante" pica a ferida e puxa o véu do falso saber, insuflando dúvida e perplexidade em quem lhe dá ouvidos, o Sócrates *qua* "parteiro do saber" abre o âmago do outro e dá à luz conhecimentos que estavam latentes e ocultos em sua mente. "Aqueles que frequentam a minha companhia", reflete o filósofo, "nunca aprenderam algo de mim; as diversas verdades admiráveis que eles trazem à luz foram descobertas por eles próprios dentro de si" (*Teeteto*, 150 c-d). *Maiêutica*: arte de partejar.[16]

A confissão socrática de absoluta ignorância — imortalizada no dito "Só sei que nada sei" (*Apologia*, 23 a-b) — contém um evidente elemento de exagero e irônica malícia (*eironeía*). Certo ou errado, não importa, Sócrates acredita que sabe muitas coisas, nem todas triviais: ele confia saber que o mundo a seu redor está aquém do que deveria ser; que a vida filosófica é o *télos* de uma alma bem formada; e que a morte refletida vale a pena ser morrida.

O ponto, contudo, é que a dúvida sincera jamais o abandona. O elemento que acaba predominando, ao menos nos diálogos mais claramente socráticos do *corpus* platônico, é o caráter inconclusivo da busca e a extraordinária dificuldade de se encontrar terra firme na arte do autoconhecimento. No *Fedro* (229 e-230 a), por exemplo, Sócrates reage à sugestão de empreender uma investigação nos moldes da ciência pré-socrática, a fim de elucidar uma suposta ocorrência enigmática no mundo natural, evocando mais uma vez o preceito délfico e admitindo a sua completa ignorância a respeito de si:

> Eu, de minha parte, certamente não disponho de tempo para a empresa e digo-lhe o porquê, meu amigo. Eu ainda não

pude, até este momento, "conhecer-me a mim mesmo", como a inscrição em Delfos recomenda, e enquanto durar esta ignorância parece-me ridículo investigar assuntos remotos e alheios. Consequentemente, não me preocupo com tais coisas, mas aceito as crenças correntes sobre elas, e dirijo as minhas investigações, como acabei de dizer, para mim mesmo, a fim de descobrir se sou de fato uma criatura mais complexa e inflada de orgulho do que Tifão [monstro mítico de cem cabeças], ou um ser mais gentil, mais simples, que os céus abençoaram com uma natureza serena e não tifônica.[17]

Igualmente, nos momentos que antecedem à sua execução sob as ordens do tribunal ateniense, Sócrates reafirma sua confiança na superioridade da vida filosófica e na imortalidade da alma, mas alerta não só para a sua própria falibilidade — "Vocês [Simias e Cebes] devem importar-se pouco com Sócrates mas muito mais com a verdade" (*Fédon*, 91 *b-c*) —, como, de modo mais abrangente, para a precariedade de todo o mortal saber. As idas e vindas do argumento, o *páthos* da hora derradeira que se aproxima e o aflorar de dúvidas e incertezas no transcorrer do diálogo levam o filósofo a uma atitude não de desalento cético, mas de sóbria esperança: "Não admitamos em nossa alma o pensamento de que provavelmente não há nada robusto e bem fundamentado em argumentos racionais, mas admitamos sim, ao invés, que nós ainda não somos robustos e que devemos batalhar com virilidade para tornarmo-nos assim" (*Fédon*, 90 *d-e*).[18]

A orientação fundamental da filosofia socrática não é a busca do autoconhecimento como um fim em si, mas como o caminho que leva e se incorpora ao aperfeiçoamento do ser. O autoconhecimento é a base de todas as virtudes socráticas — moderação, coragem fria, justiça e consistência intelectual —, da mesma forma como o desconhecimento de si é a fonte das piores aberrações morais.

O diálogo *externo*, conduzido pelo filósofo, é a ocasião episódica de uma transformação na mente do interlocutor, a qual, sendo bem-sucedida, originaria um diálogo *interno* do sujeito, este sim permanente e capaz de sustentá-lo no rumo da vida ética. A estratégia a partir da qual Sócrates desenvolve a esgrima dialética da conversação consiste em tocar o nervo sensível e escavar as falsas certezas de cada um. O reconhecimento, por parte do interlocutor, de sua inconsistência e do seu desconhecimento de si funciona como a rendição da guarda na operação-partejo.

Conheça-se a si mesmo: o tipo de saber demandado pelo preceito délfico não se confunde com a busca de um conhecimento objetivo como o que nos trouxe à neurociência e à era nuclear. Seria difícil estabelecer com um mínimo de rigor, como veremos, a existência de progresso palpável no autoconhecimento em sentido socrático do iluminismo grego para cá. Se o saber científico do mundo externo nunca é final, o conhecimento que temos de nós mesmos parece estar condenado a ser para sempre inicial. A simples existência da maiêutica socrática — para não falarmos da pletora de abordagens terapêuticas em psicologia direta ou indiretamente tributárias dela — é um testemunho contundente da opacidade da mente humana para o próprio indivíduo. Ao contrário dos saberes positivos que o tempo assimila, destrói e ultrapassa, a injunção socrática do autoconhecimento tem o dom da eterna atualidade.

5. INTROSPECÇÃO E AUTOENGANO: EPISTEMOLOGIA

Monstro ou anjo, Calígula ou Francisco de Assis, todo homem é protagonista do seu próprio enredo. Os outros nos veem e ouvem, leem, julgam e interpretam nossos atos e palavras. Mas eles não têm acesso ao que se passa em nossa mente enquanto agimos, escrevemos e falamos. Tudo aqui é inferência e analogia; tudo é esforço da imaginação empática, mais ou menos precário. Por mais que se busque viver a experiência interna do outro, alguém passando fome ou dando à luz por exemplo, o centro de gravidade de nossa mente continuará sendo a nossa própria experiência subjetiva: a nossa imagem mental do que seria estar vivendo a fome ou as dores do parto de alguém. Ninguém se move de si. Quando se trata dos processos e estados mentais de cada um, não é apenas o neurocientista, com sua sofisticada parafernália clínica, que está condenado a ver de fora — é a humanidade inteira, menos o próprio sujeito.

Cada indivíduo, portanto, está singularmente situado para saber de si e examinar os conteúdos de sua própria mente. A autoridade cognitiva do sujeito — das afirmações que ele faz na primeira pessoa do singular — aparece com máxima força nos casos em que o que está em jogo é a ocorrência de percepções e sensações simples. Se estou sentindo calor, dor, tesão ou sono, por exemplo, é difícil imaginar que possa estar enganado sobre isso ou que alguém possa me corrigir nesse ponto.

Posso, é verdade, estar equivocado acerca da especificação exata da sensação ou não encontrar uma palavra adequada para descrevê-la — a capacidade de discernir percepções internas e nomeá-las tem um componente de aprendizagem análogo ao que ocorre no caso das impressões sensoriais externas. Mas, mesmo que eu esteja, no limite, sonhando ou alucinando determinada sensação, tudo o que alguém pode fazer é tentar me acordar ou mostrar que a causa dela é imaginária; não que ela inexiste ou que não a sinto. Ao acordar ou deixar de alucinar eu reconheço o autoengano, mas a realidade da sensação *enquanto ela foi vivida* permanece inexpugnável.[19]

O problema cognitivo da introspecção aparece de forma aguda, contudo, quando o que está em jogo não são conteúdos simples, como uma dor de dente, mas a busca de autoconhecimento em sentido amplo. O acesso privilegiado de cada indivíduo à sua própria mente — seus pensamentos, desejos, fantasias, emoções, valores e intenções — continua existindo, mas a segurança das percepções e sensações simples se foi.

As perguntas básicas do autoconhecimento — quem sou? o que realmente sinto, desejo e acredito? o que pretendo fazer de minha vida? — parecem conter um elemento intratável que as torna singularmente escorregadias e avessas a um encaminhamento confiável do ponto de vista cognitivo.

Exceções, é claro, existem. Sartre, por exemplo, com a empáfia dos que já se conhecem o suficiente para pontificar sobre os outros, supunha ser "bastante fácil descrever a vida interior de Baudelaire".[20] Outros, contudo, a começar do próprio poeta, não tiveram a mesma facilidade. De Montaigne a Darwin, de Calvino a Nietzsche, de Teresa de Ávila a Diderot, de Adam Smith a Dostoievski e da psicanálise à sociobiologia, a conclusão básica dos que se dedicaram seriamente à busca do autoconhecimento parece bem sintetizada na sentença do filósofo austríaco Wittgenstein: "Nada é tão difícil quanto não se enganar a si próprio". É sintomático que Nietzsche — o pensador que, segundo Freud, mais longe e corajosamente teria avançado, em todos os tempos, na rota do autoconhecimento — tenha afinal concluído:

> Aquilo que os homens têm mais dificuldade em compreender, desde os tempos mais remotos até o presente, é a sua ignorância acerca de si mesmos! Não só no que diz respeito ao bem e ao mal, mas no que concerne a coisas muito mais essenciais! A ilusão primordial segundo a qual saberíamos, e saberíamos precisamente e em cada caso, como se produzem as ações humanas, ainda continua viva [...] Desse modo, nós somos necessariamente estranhos para nós mesmos, nós não nos compreendemos, nós estamos fadados a nos mal entender, para nós a lei "não há ninguém que não seja desconhecido de si mesmo" vale para toda a eternidade.[21]

Como explicar a dificuldade e a precariedade do autoconhecimento na condição epistêmica natural do homem? Por que a opacidade da mente de cada um quando ela volta a si e busca honestamente autocompreender-se? Não tenho, obviamente, a pretensão de oferecer respostas satisfatórias para uma questão que provavelmente continuará fornecendo assunto para controvérsias enquanto restarem filósofos no mundo dispostos a controverter. "Não vos expliqueis nunca", recomenda sabiamente Diderot, "se quereis vos entender." Acredito, entretanto, que valeria a pena examinar de forma mais detalhada alguns dos principais obstáculos no caminho do autoconhecimento, tendo em vista a sua centralidade para a análise do autoengano e, como procurarei mostrar no resto do capítulo, a sua estreita ligação com ele.

A epistemologia do autoconhecimento introspectivo é marcada por diversas peculiaridades e anomalias que podem ser analisadas separadamente. Considere, inicialmente, o relato expressivo feito por Montaigne a partir de sua própria experiência:

> Não somente o vento dos acontecimentos me agita conforme o rumo de onde vem, como eu mesmo me agito e perturbo em consequência da instabilidade da posição em que esteja. Quem se examina de perto raramente se vê duas vezes no mesmo estado. Dou à minha alma ora um aspecto, ora outro, segundo o lado para o qual me volto. Se falo de mim de diversas maneiras é porque me olho de diferentes modos. Todas as contradições em mim se deparam, no fundo como na forma. Envergonhado, insolente, casto, libidinoso, tagarela, taciturno, trabalhador, requintado, engenhoso, tolo, aborrecido, complacente, mentiroso, sincero, sábio, ignorante, liberal, avarento, pródigo, assim me vejo de acordo com cada mudança que se opera em mim. E quem quer que se estude atentamente reconhecerá igualmente em si, e até em seu julgamento, essa mesma volubilidade, essa mesma discordância. Não posso aplicar a mim mesmo um juízo completo, simples, sólido, sem confusão nem mistura, nem o exprimir com uma só palavra.[22]

Nada é igual a nada. O colorido é particular, mas o problema enfrentado por Montaigne é universal. O autoconhecer modifica o conhecido. Na observação do mundo externo, em condições normais, o objeto tem uma existência separada e independente do sujeito, o que abre espaço para que tentemos entendê-lo *como ele realmente é*. Na introspecção jamais é assim.

A percepção interna que temos dos nossos processos e estados mentais e do tipo de pessoa que somos não se dá por meio de órgãos sensoriais, como é o caso na apreensão da realidade externa, mas por meio de um processo mental reflexivo que é parte integrante de nossa própria mente e que, ao ser acionado, termina modificando e criando uma nova realidade interna. Por mais que eu busque sair de mim e encontrar um ponto de vista externo, que me permita um saber isento e fidedigno de minha vida mental/emocional ou de meu caráter, não tenho como deixar de sujeitar o objeto de minha introspecção à minha própria subjetividade. A observação de si interage e funde-se rudemente com o observado. A interpretação é o texto.

O problema da interferência do sujeito no objeto, vale notar, não é exclusivo do autoconhecimento introspectivo. O princípio da incerteza na física quântica e na teoria especial da relatividade descreve situações em que as propriedades de um objeto — como, por exemplo, a energia e a posição de uma partícula — não possuem valores definidos até o instante em que elas sejam observadas e medidas. O observar fixa o observado; o medir precipita a medida.

Mas no caso específico da introspecção não é apenas o grau de virulência do princípio da incerteza que é inusitado. Também a natureza da interferência é distinta da que se verifica nas áreas problemáticas da física. A contaminação do processo cognitivo não se dá, por assim dizer, *de fora para dentro*, como um vírus que molda o organismo, mas *de dentro para fora*, como um anticorpo segregado pelo organismo e que o torna imune a qualquer pretensão mais séria de objetividade. O princípio da incerteza sofre aqui uma espécie de mutação ou "salto quântico" pelo qual os estados mentais flutuantes do observador — as circunstâncias internas e a configuração particular de sua subjetividade no momento da introspecção — interferem poderosamente no ato cognitivo.

Uma evidência empírica sugestiva, ainda que inevitavelmente indireta, da interferência de estados mentais no processo introspectivo aparece em experimentos de reconhecimento da própria voz baseados no método da condutividade dérmica. Nossos processos mentais — sensações, emoções, pensamentos etc. — têm o dom de provocar, por meio de secreções glandulares sutis, alterações na capacidade da nossa pele de oferecer resistência à passagem de corrente elétrica em pequenas quantidades.

Ao ouvirmos uma voz gravada, por exemplo, qualquer que ela seja, a eletricidade conduzida pela pele aumenta. Ao ouvirmos *nossa própria voz* gravada, a condutividade dérmica aumenta ainda mais, e isso é objetivamente registrado e medido por um instrumento chamado polígrafo. O surpreendente é que quando somos convidados a identificar uma voz gravada, dizendo se ela é ou não a nossa própria voz, nossas respostas são em média *menos* certas do que as registradas pelo polígrafo. O que se verificou a partir de testes exaustivos é que os erros de identificação não são aleatórios, mas estão estreitamente relacionados com o estado mental do sujeito. Enquanto estados depressivos e de baixa autoestima tendem a nos fazer errar pelo não reconhecimento da voz, mesmo quando ela é nossa, estados eufóricos e de elevada autoestima tendem, ao contrário, a nos fazer reconhecer erroneamente, como nossas, vozes que não nos pertencem.[23]

A interferência da subjetividade aparece aqui nas variações da capacidade de identificar corretamente a própria voz gravada. O autoengano está na inconsistência entre as respostas oferecidas pela condutividade dérmica e medidas pelo polígrafo, de um lado, e as respostas dadas oralmente pelo sujeito, de outro. É como se o corpo soubesse corretamente, embora ignorando saber, aquilo que a mente ignora, embora acreditando saber.

No experimento, contudo, a voz, apesar de nossa, está vindo de fora. Imagine agora o que acontece quando se trata de reconhecer e procurar entender não alguma coisa unívoca e externa, como a própria voz gravada, mas a cacofonia de vozes silenciosas que povoam a nossa mente; quando o que está em jogo é a miríade caleidoscópica de estados e processos mentais/emocionais cuja simples designação linguística é problemática.[24] Escolha o seu próprio caminho: pecado original, alienação, inconsciente, gene egoísta. Os mapas diferem, as metáforas se alternam e as soluções teóricas se multiplicam na história das ideias, mas a experiência do labirinto interno é essencialmente a mesma: "O coração humano possui tantos interstícios nos quais a vaidade se esconde, tantos orifícios nos quais a falsidade espreita, e está tão ornado de hipocrisia enganosa que ele com frequência trapaceia a si próprio".[25]

A dificuldade do autoconhecimento introspectivo e a propensão ao autoengano parecem decorrer não apenas de forças psicológicas poderosas (como argumentarei na próxima seção), mas também de fatores inerentes à situação epistêmica do sujeito. São esses fatores que aumentam a vulnerabilidade do autoconhecimento à interferência advinda dos estados mentais da pessoa (*princípio da incerteza aguda*) e, ao mesmo tempo, restringem seriamente a margem para a adoção de medidas cautelares e preventivas contra o risco de forte contaminação.

Nossas conclusões sobre nós mesmos, não importa quais sejam, são o produto de uma parte de nossa mente interagindo com outras partes dela por caminhos e de maneiras que pouco compreendemos. Portanto, sejam quais forem as nossas conclusões ao percorrermos as ruas, túneis e edifícios da cidade interior na qual nascemos — e da qual jamais sairemos até o último dos nossos dias —, haverá sempre boas razões para manter as janelas da dúvida entreabertas e o ambiente arejado.

Uma ilustração simples e facilmente generalizável pode ajudar a tornar mais clara a natureza do problema. Imagine que alguém, por exemplo eu, resolve em um dado momento de sua vida *questionar a própria honestidade*. Divido-me: quero saber quem sou. Pergunto-me: tenho sido honesto comigo mesmo ou tenho trapaceado, mentido, fugido sorrateira e dissimuladamente da raia toda vez que questões embaraçosas afloram à consciência?

A pergunta em si, seria cômodo crer, exala honestidade. "Aí está alguém", confabulo satisfeito comigo mesmo, "sinceramente empenhado em examinar os recessos de sua mente e acertar as contas consigo." Armadilha ingênua. Ninguém mais que o desonesto precisa convencer-se de que é honesto. Por que essa súbita urgência em se saber honesto ou não? O coroamento da desonestidade é a convicção íntima e sincera — a boa consciência revigorante — de que se é, tudo considerado, honesto. A pergunta em si não trai, portanto, qualquer indício de honestidade meritória. Ela desperta, isto sim, uma ponta de suspeita. "Aí está alguém precisando fazer um balanço mal explicado para convencer-se de alguma coisa."

Desmontada a primeira armadilha, a questão permanece. Como saber? "Ninguém é bom juiz em causa própria." Por que não seguir a excelente recomendação aristotélica e buscar uma resposta de fora, dada por alguém que não seja tão parcial em relação a mim mesmo quanto eu próprio? Mas, para que o juiz imparcial possa dizer-me se costumo ou não ser honesto comigo mesmo, ele precisa saber *como sou por dentro* — como tenho pensado, como cheguei a acreditar no que acredito, como enfrentei temores e dilemas, por que agi quando agi, como e por que tomei algumas decisões delicadas na vida etc.

Não seria preciso, é claro, relatar absolutamente tudo que sei sobre mim, apenas o essencial. Bastaria uma confissão aberta e corajosa, um testemunho franco até a medula, ao estilo das autobiografias que nos prometem abrir o jogo, contar tudo, cavar no coração da ferida, mas com uma diferença crucial. Não seria uma confissão feita em público, com um olho no leitor, padecendo da terrível ambiguidade de chamar a atenção sobre si para confessar ao mundo, em letra impressa e prosa impecável, as fraquezas, deslizes e vaidade do autor. Não. Seria um encontro privado e sob estrito sigilo. Um abrir-se ao outro mais próximo do confessionário ou do divã do que da confissão autobiográfica como gênero literário.

A estratégia da confissão esbarra, contudo, em grave circularidade. Suponha que eu seja, no fundo, desonesto comigo mesmo. Se isso for de fato o caso, então a confissão não será confiável. Serei capaz de mentir sem me dar conta disso, ora esquecendo espontaneamente um detalhe crucial aqui, ora omitindo inadvertidamente uma informação relevante ali. Confessar é relatar; relatar é selecionar; selecionar é avaliar; avaliar é julgar: minha confissão será o reflexo, mais ou menos polido, dos juízos viesados e clandestinamente fraudulentos que constituem a minha desonestidade. Mas o problema todo é que não sei, nem tenho como saber, se este é o caso. Se preciso contar tudo a um interlocutor neutro para saber se sou ou não honesto comigo mesmo, isso é uma prova clara de que desconfio de mim. Mas, se desconfio de mim a ponto de ter que buscar um juízo externo, então como confiar no relato confessional que faço?

A qualidade da introspecção da qual dependem a confissão e o juízo externo é indeterminada. Se eu pudesse fixar e saber o seu grau de veracidade, a ideia de pedir ajuda de fora seria ociosa e eu não precisaria dar-me ao trabalho de buscá-la. Mas, como isso não é possível, o resultado da introspecção será duvidoso e qualquer juízo emitido com base nele será precário. E mais: a última palavra, de qualquer modo, continuará sendo minha. A autoridade de qualquer juízo externo dependerá sempre do meu próprio assentimento! Se o interlocutor disser que sou honesto e não tenho com que me preocupar, posso concluir que meu relato deve ter sido falho ou foram muito lenientes comigo. Mas se ele disser, ao contrário, que sou desonesto e não passo de um inveterado oportunista em relação a mim mesmo, nada me impede de sair com a sensação sincera de que transmiti uma impressão errada ou de que foram excessivamente duros, puritanos e rigorosos comigo. Conclusões honestas?

Desfeita a ilusão do juízo externo, volto a mim e à questão inicial. A familiaridade é inimiga do conhecimento. Mas no caso do autoconhecimento introspectivo não é apenas a familiaridade incestuosa e, por vezes, sufocante — "Que cansaço da própria imaginação" — que prejudica o processo cognitivo. O que agride é a absoluta ausência de um termo de referência.

Nenhum ser humano jamais saberá o que é ser outro ser humano (ou outro ser). A experiência interna do seu próprio caso *é a única e é tudo* que cada um pode ter. Se pretendo saber se costumo ou não ser honesto comigo mesmo, não há como transferir-me, ainda que momentaneamente, para o íntimo subjetivo de outra pessoa, de modo a poder ganhar um mínimo de contraste e perspectiva em relação a minha própria mente. É como se o acesso privilegiado que tenho aos meus processos mentais fosse pago — e, mais que pago, extorquido — à custa da total exclusão da experiência direta de qualquer outra manifestação de vida subjetiva que não a minha. Posso juntar-me ao filósofo estoico Epicteto e dizer sem medo de errar: "Eles falam mal de mim? Ah, se me conhecessem como eu me conheço!".[26] Mas, se o desconhecimento alheio traz alívio, o isolamento e o precário conhecimento que temos de nós mesmos geram perplexidade e apreensão.

A análise da epistemologia da introspecção recomenda cautela na fixação de crenças. O sol da certeza é virtual garantia de escuridão. Sou honesto? Qualquer resposta incisiva e convicta é contraditória ou altamente suspeita. Se a resposta for um *não* retumbante, ela carrega em si a semente de sua própria negação. Afinal, como alguém tão desonesto consigo pode assumir-se honestamente como tal?[27] Conclusão otimista: não sou tão mau assim!

Mas se a resposta for um *sim* radiante e cheio de si, o sinal de alarme dispara e o cheiro de autoengano logo se faz sentir. A introspecção é *um passo* adentro: divido-me e procuro observar-me com atenção. É uma parte de mim buscando monitorar e conhecer as outras. Mas ao analisar esse movimento, estou dando um *segundo passo* adentro. Quero, agora, examinar-me no ato introspectivo, ou seja, observar-me enquanto observo a mim mesmo: estarei sendo honesto ao responder com segurança que sou honesto?

Há razões epistêmicas de sobra para duvidar. A pergunta inicial — sou honesto? — revela que desconfio de mim. Mas, se desconfio do *todo* mental a ser observado, por que devo confiar na *parte* de minha mente convocada a destacar-se das outras e observá-las? Quais as credenciais daquilo que em mim monitora e busca conhecer e julgar o resto de mim? O que me protege ou garante contra o potencial oportunismo do observador? Nada garante. Antes de aceitar qualquer juízo, seria preciso indagar da *parte* o mesmo que se indaga do *todo*. Quem guarda o guardião? Quem audita o auditor? A regressão é infinita. O sol da certeza me enche de dúvida. Quando a desonestidade está fraca e anêmica ela deseja parecer honesta; quando ela está forte e exuberante ela nos convence de que já o é.

6. MOTIVAÇÃO E AUTOENGANO: PSICOLOGIA MORAL

Na abordagem científica dos fenômenos, voltada para o ideal da máxima objetividade, a validade de uma teoria ou previsão é confirmada (ou não) pelo curso observável e público dos eventos. A ocorrência de um eclipse lunar e o funcionamento do hipotálamo são processos naturais que independem do que possa pensar ou sentir quem os examina.

A subjetividade humana, contudo, da qual nos damos conta por meio da introspecção, não se presta a um tratamento análogo. A validade de nosso conhecimento acerca de nossas experiências e caráter depende apenas de nossa capacidade interna de discernimento e não pode ser desmentida por nada externo à nossa mente. A observação do poeta (descontada a melancolia) é impecável: "Somos nossa memória, somos esse quimérico museu de formas inconstantes, esse montão de espelhos rotos".[28]

As experiências subjetivas vividas, quaisquer que sejam, têm o mesmo estatuto epistemológico dos sonhos. Só o próprio sujeito tem acesso à sua memória e, mesmo para ele, não há como distinguir rigorosamente entre o vivido no recesso da mente, de um lado, e a recordação do vivido, de outro. O que sentia enquanto mirava a paisagem? Se o lembrar modifica o lembrado, a que recorrer? Lembrar de novo!

Essa característica peculiar da condição epistêmica natural do homem não nos condena ao autoengano perpétuo, mas nos torna extremamente vulneráveis a ele. Todo esforço de autoconhecimento é afetado, em alguma medida, pelo princípio da incerteza aguda. O sentimento analisado não é o sentimento sentido ("cansa sentir quando se pensa"). O desejo meditado e refletido não é o desejo desejante e pode torná-lo indesejável. Se, por algum motivo, tornamo-nos conscientes de estarmos fazendo algo — cantando, beijando ou lendo por exemplo —, então já não estamos inteiramente fazendo aquilo. Nossos estados mentais e as configurações flutuantes do ânimo afetam pesadamente a nossa autoimagem e as crenças que alimentamos sobre nós mesmos. A melhor proteção contra o risco onipresen-

te de autoengano — supondo, é claro, que vale a pena proteger-
-se dele — é tentar elucidar e entender os seus mecanismos internos e a dinâmica de sua ocorrência na formação de crenças.

O argumento epistêmico (seção anterior) descreve as barreiras e armadilhas do autoconhecimento e a nossa consequente vulnerabilidade, em princípio, ao autoengano. A abordagem da psicologia moral procura determinar a direção predominante e os conteúdos particulares das crenças enganosas que formamos sobre, ou para, nós mesmos. A epistemologia é o leito, a psicologia são as águas. O princípio da incerteza aguda escancara o flanco do autoengano, mas a invasão é comandada por forças de natureza psicológica. Se o lado epistêmico do problema tem um caráter universal e possivelmente inseparável da condição humana, a dimensão psicológica é contingente e particular aos seres humanos concretos, embora seja possível conjecturar a existência de padrões com forte predominância estatística no mundo pré-reflexivo da vida prática. O desafio é flagrar, identificar e analisar tais padrões.

Como entender a propensão ao autoengano? As reflexões do "homem subterrâneo" retratado por Dostoievski oferecem um bom ponto de partida:

> Nas lembranças de cada homem há coisas que ele não revelará para todos, mas apenas para seus amigos. Há outras coisas que ele não revelará mesmo para seus amigos, mas apenas para si próprio, e ainda somente com a promessa de manter segredo. Finalmente, há algumas coisas que um homem teme revelar até para si mesmo, e qualquer homem honesto acumula um número bem considerável de tais coisas. Quer dizer, quanto mais respeitável é um homem, mais dessas coisas ele tem.[29]

A situação descrita, vale notar, tem um quê de paradoxo: como pode um mesmo homem *ter* lembranças e temer revelá-las, não para os outros, mas para si próprio? Se alguém *teme* revelar algo a si mesmo, então não sabe o que é; mas se, como diz o narrador, trata-se de "lembranças", então elas já foram reveladas para o sujeito e não há razão para que ele as tema. A lógica paradoxal e a aparente agressão ao princípio de não contradição no conceito de autoengano são o tema central do capítulo 3 e por isso não nos deteremos nesse ponto agora. Suponhamos que a última classe de lembranças — aquela que escondemos de nós mesmos — tenha sido de alguma forma esquecida pelo sujeito e fixemo-nos não no *como*, mas no *porquê* do autoengano. O que se teme chegar a saber sobre si mesmo? Que forças internas ao sujeito podem estar motivando tal temor?

Os círculos concêntricos do ocultamento de si descritos pelo "homem subterrâneo" têm um centro comum. Na mente de cada indivíduo há coisas que ele prefere que estranhos não saibam e, mais perto do centro, coisas que os íntimos não devem saber. Mas há também coisas que ele próprio — o centro alerta que determina o que os outros devem ou não saber — *prefere não saber*. O autoengano, do ponto de vista psicológico, é a continuação do engano interpessoal por outros meios.

A ideia básica aqui é a de que o centro precisa, de alguma forma, proteger-se para preservar ou apreciar o valor de sua existência. Há uma *resistência interessada*, por parte do sujeito, que filtra não só o conhecimento que os demais poderão ter de seus processos mentais, mas que também bloqueia, em alguma medida, o acesso que ele mesmo tem do que se passa em sua mente. A rendição da guarda — o eventual colapso dessa resistência protetora do centro — implicaria uma dupla perda: a perda da respeitabilidade perante os que estão fora e a perda do respeito perante si mesmo, ou seja, daquela sensação interior de que se é "honesto e respeitável".

Há muita coisa em jogo. A condição epistêmica natural do homem torna a nossa vida mental opaca à introspecção. Mas a fonte das sombras e refrações que, em maior ou menor grau, distorcem a imagem que formamos de nós mesmos e de nossas motivações na vida prática é de natureza psicológica e moral. Qualquer que seja a métrica de valor relevante em cada caso particular, o indivíduo deseja parecer para os demais — e, principalmente, para aqueles que contam — melhor do que ele se sabe ser.

A opinião dos outros, contudo, por mais importante que seja para cada um, torna-se vazia e insípida se não estiver bem ancorada e sustentada pela opinião que temos de nós mesmos. Na ausência de luz própria, a luz refletida não brilha nem aquece. A opinião dos outros é, no fundo, a nossa: é a opinião que temos das opiniões dos outros sobre nós. *Parecer bom* — cuidar e zelar para que sejamos respeitáveis perante o mundo e merecedores da aprovação alheia — não basta. O decisivo é *sentir-se e acreditar-se bom*. O ponto cardeal para o indivíduo a sós consigo é convencer-se sinceramente de que ele é honesto no que conta por dentro e, tudo considerado, merecedor da aprovação interna e alheia. O fulcro do autoengano não está no esforço de cada um em parecer o que não é. Ele reside na capacidade que temos de sentir e de acreditar de boa-fé que somos o que não somos.

Nada explica tudo. As águas do autoengano bebem de muitas fontes. Se o desejo de pensar bem de si mesmo leva-nos com frequência ao autoengano, o mesmo se aplica à contingência simétrica e oposta de uma propensão mórbida à autocondenação ou ao desprezo e repugnância por si próprio. A hipótese aqui, contudo, é a de que em condições normais de temperatura e pressão prevalece a força poderosa e insinuante do amor-próprio, ou seja, a tendência, até certo ponto natural e salutar, de proteger o centro do que possa ameaçá-lo ou feri-lo. Como nos lembra o verso perspicaz de Sófocles, na imortal tragédia *Édipo rei*, "é doce manter nossa mente fora do alcance daquilo que a fere" (linhas 1390--1). A parcialidade associada à inflação do amor-próprio, de um lado, e a efervescência mental provocada por apetites, paixões e motivações arrebatadoras na vida prática, de outro, são fatores de primeira ordem na psicologia moral do autoengano.

A experiência subjetiva na qual vivemos mergulhados não é um experimento controlado nem se presta ao método experimental. Como tornar claros e evidentes, nessas circunstâncias, os enganos que alimentamos e as mentiras que contamos para nós mesmos? Uma primeira aproximação pode ser buscada na própria história da ciência. A luta sempre renovada contra os *ídolos da tribo* baconianos, assim como o impulso cético que encurralou o cogito cartesiano, levando-o à certeza final da *dúvida duvidante*, são em larga medida evidências de que, mesmo na província austera da busca do saber científico, há uma resistência interessada operando nos recessos do processo cognitivo — uma preferência surda e insinuante por nós mesmos que pode comprometer a objetividade dos resultados. Um exemplo concreto e bem documentado de como a propensão a mentir para si mesmo é uma ameaça constante nos subterrâneos da ciência é o relato feito por Darwin de sua luta incessante para resistir à maré montante do amor-próprio e para domar o seu pensamento.

O ideal da objetividade cobra do sujeito do conhecimento uma disciplina que não é apenas técnica e intelectual. A ética é imprescindível. A *boa conduta* da mente no esforço cognitivo requer, entre outras coisas, a honestidade de não se dar como sabido o que se ignora, o respeito à evidência e a disposição de não facilitar as coisas para si mesmo. Os apontamentos juvenis de Darwin, publicados postumamente como "cadernos metafísicos", revelam o empenho do biólogo em observar-se a si mesmo e disciplinar a mente na busca do saber objetivo sobre o mundo natural.

O claro reconhecimento da existência de águas subterrâneas e traiçoeiras sob a superfície plácida da mente consciente é uma nota constante nas reflexões do jovem Darwin: "A possibilidade de o cérebro estar tendo sequências inteiras de pensamentos, sentimentos e percepções separadas da mente em seu estado normal é provavelmente análoga à dupla individualidade implicada pelo hábito, quando atuamos inconscientemente com relação ao eu [*self*] mais energético".[30]

A necessidade de submeter sua própria mente a padrões mais rigorosos de autodisciplina e a experiência recorrente da dificuldade de fazê-lo levaram Darwin a implementar, em sua prática científica, o que ele chamaria, anos mais tarde, de sua "regra de ouro" metodológica, a saber: toda vez que ele se deparasse com algum fato empírico ou argumento contrário àquilo em que ele tendia a acreditar, ele não devia confiar na memória mas forçar-se a registrá-lo *prontamente e por escrito*. Pois a tendência espontânea de sua memória, justificaria Darwin em sua *Autobiografia*, era driblar sua vontade de avançar o saber e obliterar do campo de atenção consciente, sem que ele se desse conta, tudo aquilo que pudesse ameaçar o supostamente sabido. O espírito da regra de ouro darwiniana, é curioso notar, transparece de maneira cristalina no conselho de Wittgenstein a um ex-aluno: "Você não conseguirá pensar decentemente se não quiser ferir-se a si próprio".[31]

O reverso da disposição de lutar contra a maré montante do amor-próprio na busca do conhecimento é a capitulação da mente que se entrega e se deixa levar pela doce vazante do autoengano. Quando as águas profundas se agitam e desgovernam, a lógica naufraga e o intelecto, por mais formidável que seja, vira joguete na correnteza do acreditar.

Foi assim que Boyle, um dos pais da química moderna, teve o raro privilégio de morrer eufórico com a "descoberta" da fórmula alquímica para transformar metais comuns em ouro, deixando a cargo de um intrigado amigo (Locke) o segredo do inescrutável tesouro.[32] Foi assim que Hobbes logrou sua memorável "prova" matemática da quadratura do círculo, tendo ainda que defendê-la, a ferro e fogo, da contestação e do ataque vil dos "invejosos" geômetras de Oxford.[33] E foi assim que Hegel conseguiu conceber o inconcebível e transformar a evidência fóssil de espécies biológicas extintas em "amostras de arte primitiva", para preservar intactas as bases do monumental pesadelo gótico que é sua *naturphilosophie*.[34] Na distância entre o desejo de saber e descobrir, de um lado, e a crença autoenganada do sabido e descoberto, de outro, esconde-se a diferença entre o admirável e o grotesco nos anais da ciência.

Se o autoengano na vida especulativa é apenas risível, o autoengano na vida prática pode ser trágico. O fervor religioso, por exemplo, com frequência mobiliza aquilo que um homem tem de melhor e de mais elevado para colocá-lo a serviço do que há de pior e mais abominável. Da mesma fonte sincera de onde brota o sacrifício e a abnegação genuína pelo próximo parece nascer, também, a espantosa e atroz cegueira que santifica, aos olhos do crente, a brutal perseguição e extermínio do semelhante. Combinação análoga de grandeza e perversidade — de uma superestrutura "divina" no acreditar a serviço de uma infraestrutura "demoníaca" no fazer — parece acompanhar, *mutatis mutandis*, os casos mais aberrantes de entusiasmo ideológico e fanatismo político. O grau de cegueira, nesses casos, é função direta da força do acreditar.

Um padrão de conduta recorrente nos tempos da Lisboa inquisitorial revela até que ponto pode chegar o autoengano do fanatismo religioso. As sentenças dos autos de fé continham uma cláusula pela qual os hereges que fizessem uma retratação convincente recebiam o "privilégio" de serem enforcados *antes* de serem lançados às chamas. Para o público devoto, contudo, tamanha indulgência era descabida. Tomados de uma fúria divina e de um sentido irreparável de justiça, os fiéis frequentemente atropelavam a decisão das autoridades, sequestravam o herege e garantiam a todos o espetáculo público e incomparável da queima do penitente em carne viva.

Haverá exemplo mais patético que este de como o prazer diabólico e inconfessável com o sofrimento alheio pode se fazer passar, na subjetividade do crente, pela mais piedosa e imaculada boa-fé? Os conteúdos e pretextos particulares mudam, mas as motivações primárias e padrões de conduta nem tanto. Não deixa de ser sombriamente irônico e perturbador que Himmler, o dirigente nazista responsável pela execução de ações criminosas em larga escala, como o programa de extermínio na Polônia, fosse conhecido por seus pares na alta cúpula nazista como "nosso Inácio de Loyola".[35]

O que dizer diante da monstruosidade insana de tais atrocidades? O melhor, talvez, seja lembrar *sempre* que a distância que nos separa da repetição de situações extremas de perseguição, opressão e crueldade pode ser menor do que gostaríamos de imaginar. Há um fio secreto ligando o autoengano trágico de coletividades tomadas por imagens delirantes de justiça, regeneração e superioridade, de um lado, e o autoengano pedestre e prosaico do cotidiano individual, de outro. Ambos parecem ter muito a ver com as inumeráveis parcialidades que afetam, em maior ou menor grau, as percepções que temos de nós mesmos e os juízos que fazemos sobre nossas motivações. O autoengano coletivo em grande escala é a resultante trágica e grotesca de uma multidão de autoenganos sincronizados entre si no plano individual.

Há situações extremas que, vistas de fora e de longe, parecem-nos — e de fato foram — absurda e inexplicavelmente desumanas. Mas elas não pareceram assim aos olhos de todos aqueles que, de dentro e de perto, as viveram, as justificaram para si mesmos e as perpetraram. Era gente terrível, covarde, assustada e sinistra, porém tão humana quanto qualquer outra gente. A experiência de situações de extrema adversidade na história da humanidade — guerras, fomes, epidemias, hiperinflações, tiranias, pânicos, catástrofes etc. — revela, com raras exceções, comportamentos e traços de caráter que desmentem as ilusões que alimentamos sobre nós mesmos em tempos de paz e normalidade.

A pergunta desagradável é: quantos de nós teríamos sido "os outros", os inexplicavelmente desumanos, omissos e cruéis? Quantos de nós teríamos agido como eles agiram em circunstâncias análogas? É provável que os mais suspeitos e perigosos sejam, precisamente, aqueles que não têm e não se permitem nenhuma dúvida. O pior cego é o que está seguro e convicto de que *vê*. Não há nada mais fácil do que apontar os erros, preconceitos e fanatismo dos outros enquanto permanecemos cegos e insensíveis para os nossos próprios.

A passagem do micro ao macrocosmo do autoengano — o fio secreto unindo na mesma trama a realidade individual da parcialidade de cada um por si próprio e a resultante agregada de um mundo estranho e errado — aparece de forma clara e inadvertidamente sugestiva no poema "Viajando num carro confortável", de Bertold Brecht:

> *Viajando num carro confortável*
> *Por uma estrada chuvosa do interior*
> *Avistamos ao cair da noite um homem rústico*
> *Solicitando-nos condução com um gesto humilde.*
> *Tínhamos teto e tínhamos espaço e seguimos em frente*

E ouvimos a mim dizer num tom de voz árido: "Não,
Não podemos levar ninguém conosco".
Tínhamos avançado já boa distância, um dia de viagem talvez,
Quando subitamente fiquei chocado com esta voz minha
Com este comportamento meu
E todo este mundo.[36]

O viajante-protagonista olha para trás, reflete e não se reconhece no que fez. Dois momentos, duas vozes: a primeira, que nega ajuda no momento em que a oportunidade de oferecê-la se oferece; e a segunda, que conta o ocorrido e não se reconhece na outra voz. A voz audível, entre aspas no poema, que nos causa repugnância, e a voz silenciosa que narra, expressa remorso, condena este mundo errado e conquista a nossa simpatia ao castigar a outra.

O problema, contudo, é a relação *no tempo* entre essas duas vozes. A situação descrita no poema, cabe indagar, assinala a conversão do viajante? Ela registra a passagem definitiva de uma voz egoísta que morre (a primeira) para uma voz generosa que nasce e toma o lugar da outra (a segunda)? Ou ela ilustra, antes, um padrão de alternância estratégica entre duas vozes aparentemente opostas, mas no fundo siamesas? Até que ponto a comoção sincera e a reflexão sutilmente confortadora da segunda voz garantem que a outra voz foi mesmo silenciada e que, da próxima vez, será diferente?

Nossos sentimentos e autoimagem têm a propriedade singular de se ajustarem, sem nos darmos conta, às circunstâncias que nos cercam. Mais que fácil, é doce imaginar-se firme, generoso e solidário no abstrato, enquanto a tentação de não sê-lo é remota e o desafio é apenas hipotético.[37] Por que não banhar-se ao sol da autoaprovação e de uma imagem generosa de si mesmo enquanto a tempestade anda longe? O tempo, contudo, vira. E, quando ele vira — quando a oportunidade concreta por fim se oferece de provarmos na prática que somos de fato tudo aquilo que imaginamos ser —, a voz que ouvimos deixa, com frequência, de ser a nossa. Ações falam. E o que nossas ações falam nem sempre é o que nos acostumamos a ouvir, em silêncio, enquanto o futuro é algo em aberto, a promessa, generosa, e o desafio, remoto.

No fundo, é como se o motorista do carro, para retomar a metáfora automobilística, desligasse o farol alto nos momentos críticos, quando ele é efetivamente testado, e ficasse só com o farolete moral ligado. Atravessado o trecho mais delicado da viagem — passado o momento em que a prova de fogo do caráter por fim tem lugar —, a segunda voz entra em cena para estranhar a outra, reparar o dano e restaurar o status quo da autoimagem. Assim, farol alto e farolete alternam-se estrategicamente ao longo da estrada, garantindo o pior de dois mundos: a boa consciência do mal.

O carro é confortável e o mundo um lugar estranho. Mas o conflito entre as duas vozes do poema é, talvez, mais aparente que real. Pois elas podem ser, perfeitamente, aspectos complementares e inseparáveis — dois lados — da mesma voz: a voz *boa* enquanto a oportunidade de fazer o bem é confortavelmente abstrata e a voz *má* nos momentos em que ela é incomodamente concreta. "O tempo", diz Guimarães Rosa, "é o mágico de todas as traições."[38] Mais à frente no caminho da vida, o nervo exposto de outro dilema em outra estrada, chuvosa e noturna, vai cobrar definições: ação ou omissão? Será diferente da próxima vez?

7. ENGANAR O PRÓXIMO COMO A SI MESMO?

Dúvidas não mentem. Pergunte-se se você se conhece a si mesmo e você terá sérias razões para começar a duvidar. A familiaridade cega. As características epistemológicas peculiares do autoconhecimento introspectivo, de um lado, e a presença insinuante de forças psicológicas poderosas, de outro, tornam a busca do conhecimento de si uma empresa formidavelmente difícil e escorregadia. O que espanta, contudo, é a quase irrefreável propensão humana, presente em certa medida e em certos pontos sensíveis em cada um de nós, de fechar a porta da dúvida e perder inocentemente a chave. O autoengano não é a ignorância simples de não saber e reconhecer que não sabe. Ele é a pretensão ilusória e infundada do autoconhecimento — o imaginar que se é sem sê-lo, o acreditar convicto que seduz e ofusca, a fé febril que arrebata, a certeza de saber sem saber.

Existem, é claro, gradações. A ignorância constitutiva da condição humana é no seu conjunto invencível — o que diríamos de alguém que afirmasse conhecer-se a si mesmo perfeitamente? —, mas ela pode ser mitigada. O "conheça-se a si mesmo" socrático, assim como o ideal de absoluta objetividade científica, é um ponto móvel no infinito, uma bússola no labirinto que é a vida vivida e vista de dentro. O caminho que ela aponta, contudo, é um norte rumo ao qual temos de seguir com humildade, reconhecendo a dúvida e recomeçando sempre.

Se as verdades assintoticamente objetivas da ciência são rasas, porém progressivas, as verdades assumidamente subjetivas do autoconhecimento são profundas, porém abortivas. Se o saber científico nunca é final, o conhecimento que temos de nós mesmos parece condenado a ser eternamente inicial. Toda vitória é parcial, toda conquista, provisória, e toda certeza, suspeita. Situações extremas e aberrantes de autoengano — episódios aparentemente distantes da experiência comum — fornecem pistas valiosas sobre as nuvens tóxicas e gases inebriantes que rondam, com sua carga radioativa, todo coração humano.

Considere, por exemplo, o fenômeno da intoxicação do amor-próprio a que chamamos *vaidade*. Há pessoas mais ou menos vaidosas no mundo. Um caso limite e pitoresco é o *paradoxo de Stalin*.

Ao revisar para publicação a sua biografia oficial, escrita por funcionários do partido, o ditador soviético ordenou que fosse inserida a seguinte sentença: "Stalin jamais deixou que seu trabalho fosse prejudicado pela mais leve sombra de vaidade, presunção ou idolatria".[39] O paradoxo agride: negar assim a vaidade é afirmá-la aos berros! Ao negar pública e peremptoriamente a própria vaidade, Stalin acaba revelando ao mundo que ele era possuído por ela de forma brutal. A questão é: para quem, afinal, está mentindo o ditador? Para si mesmo ou para o público leitor?

O hipócrita é calculista — ele mede os efeitos de seus atos e coloca-se na posição do outro para acertar a pontaria. Se Stalin estivesse sendo apenas hipócrita, isto é, se a sua intenção fosse enganar de forma cínica e deliberada o público leitor, ele muito provavelmente teria se dado conta da contradição em que tropeçava e não diria o que disse *como disse*. Ao negar, como faz, sua vaidade, o ditador revela estar tomado por ela a tal ponto que não pode admitir nem para si mesmo que a possui. Ele precisa mentir para si próprio para evitar o desprezo por si mesmo. O autoengano aqui é de tal ordem que prejudica a inteligência e a capacidade de enganar o outro.

A vida de cada um é vivida de dentro. Todo indivíduo, do mais autocentrado e antropocêntrico ao mais altruísta e ecocêntrico, é protagonista do seu próprio enredo. Por mais que tente, ninguém consegue *ser o outro* para si mesmo. Mas aos olhos dos demais, entretanto, *os outros somos nós*. Há um conflito entre a visão que temos do mundo e de nós mesmos, a partir de nós mesmos, de um lado, e a visão que os demais têm, a partir de suas próprias perspectivas internas e individuais, do outro. Os piores excessos do autoengano na vida prática e na convivência comunitária estão frequentemente ligados à parcialidade resultante da exacerbação do primeiro ponto de vista (interno às primeiras pessoas) em detrimento do segundo (interno às demais pessoas). Por pior que seja aos olhos dos outros, nenhum homem consegue suportar uma imagem horrível e repugnante de si mesmo por muito tempo.

A parcialidade no juízo vem de baixo e do fundo. É desagradável, mas é fato biológico: o odor do nosso próprio excremento não nos ofende tanto quanto o dos demais. O mau cheiro é a merda dos outros. Remova a parcialidade louca de cada homem por si próprio, desafia Erasmo no *Elogio*, "e ele federá nas suas próprias narinas, passará a considerar tudo o que diz respeito a si mesmo imundo e repugnante". "Conhecer-me a mim mesmo", indaga Goethe na mesma linha, "de que me há de servir? Se a mim me conhecesse, desatava a fugir."[40] Não é à toa que o "homem subterrâneo" teme e prefere não saber.

Mas o paradoxo de Stalin, vale frisar, apenas leva ao paroxismo uma parcialidade que, em doses suaves e homeopáticas, é inseparável da condição natural do homem. "Por muito que examine minha vaidade", observa com acuidade o poeta Drummond, "não lhe vejo o mesmo tom desagradável da dos outros, o que é uma vaidade suplementar."[41] Na sobriedade madura dessa perplexidade desarmadora está, talvez, o melhor antídoto contra a intoxicação do amor-próprio.

O homem que odeia a si mesmo é incapaz de amar alguém. O imperativo cristão de "amar ao próximo como a si mesmo" parte da premissa do amor-próprio, o que é realista, e propõe que estendamos aos outros, e, no limite, a todos, o amor que sentimos por nós mesmos. O problema é que amar igualmente a todos equivale a não amar ninguém. Distribuir o amor de forma rigorosamente igualitária significaria destruí-lo. Quem diz que ama o próximo como a si mesmo não pensa no que diz ou está mentindo — alimenta-se e dorme regularmente enquanto tem gente passando fome na esquina.

Mas assim como o ideal cristão de amar ao próximo como a si mesmo esbarra numa impossibilidade lógica e prática, a análise do autoengano mostra que também aqui há limites. Se o amor-próprio vem primeiro, o autoengano, ao que parece, não fica atrás. Como veremos no próximo capítulo, o autoengano, ao contrário do engano interpessoal, não pode ser deliberado, planejado ou voluntariamente perpetrado. É logicamente impossível enganar o próximo como a si mesmo.

3. A LÓGICA DO AUTOENGANO

1. A QUADRATURA DO CÍRCULO

Há um quê de quadratura do círculo no conceito de autoengano. Enganar o outro não é problema: a ética sofre, mas a lógica não grita. A criança mimada choraminga, o sedutor entoa lisonjas e jura amor eterno, o demagogo promete, o sonegador burla o fisco, o governante corrupto simula espírito público, o autor *manqué* plagia e o craque catimbeiro se contorce de dor no gramado. A arte de manipular o outro em benefício próprio admite gradações quanto à sofisticação da trama e pode ser perigosa, mas não tem mistérios. Nenhuma contradição ou curto-circuito lógico está em jogo. A credulidade da vítima é a grande aliada — o crédito fácil e barato — do enganador.

Ao enganar *o outro* eu busco manipular as crenças e o comportamento alheios por meio de sinais que falseiam a realidade. A mentira simples é um bom exemplo. Se alguém me mostra um *círculo* e pede que eu relate a outrem o que vi, posso perfeitamente mentir e dizer que se tratava de um *quadrado*. Como a outra pessoa não viu e confia em mim, ela acredita. A assimetria de informação que existe entre nós é o que me permite fazer do círculo um quadrado na mente de meu interlocutor. O autoengano não é assim. O espinho lógico da mentira que contamos para nós mesmos, qualquer que ela seja, é que agora trata-se de algo muito mais delicado, um verdadeiro solo acrobático sem a rede protetora da assimetria informacional: a quadratura do círculo *em minha própria mente*.

À primeira vista, a noção de autoengano esbarra em grave contradição. Para que eu me engane com sucesso, dentro do modelo proposto, é preciso que eu minta para mim mesmo e, ainda por cima, acredite na mentira. Mas como pode alguém simultaneamente não acreditar e acreditar em algo? Como aceitar de bom grado a mentira que tento contar-me? Como saber, por exemplo, que era um *círculo* o que vi há pouco e, ao mesmo tempo, conseguir convencer-me de fato de que era um *quadrado*? Seria como acreditar no que não acredito ou fingir não saber o que sei. Quando tento mentir para mim mesmo, sei o que sei, sei que estou mentindo e perco o crédito que meu interlocutor, no exemplo da mentira interpessoal, depositara em mim. É como tentar fazer cócegas em si mesmo: não funciona. O círculo não quadra.

Conclui-se, então, que o autoengano é apenas uma quimera incoerente, o equivalente lógico do círculo quadrado na geometria, da pedra filosofal na química ou do moto-contínuo na física? A menos que me engane (ou autoengane), creio que não. O paradoxo do autoengano — a agressão ao princípio da não contradição implícita na ideia de se acreditar na própria mentira — de forma alguma compromete a realidade e a eficácia dos inúmeros mecanismos pelos quais, nas mais variadas e insuspeitas situações da vida prática, logramos nos enganar a nós mesmos. O nervo exposto da contradição não está no autoengano enquanto tal, mas na ideia de que ele pode ser analisado nos moldes do simples mentir ou do enganar alguém.

Ninguém é bobo. Se nós conseguíssemos mentir à vontade para nós mesmos — mentir sem peias e sem fronteiras — não haveria limites para aquilo em que seríamos capazes de sinceramente acreditar. As carências do corpo — comer, beber, dormir e cuidar da saúde — teriam ainda que ser atendidas. Mas as demandas da imaginação seriam saciadas com a mesma facilidade com que respiramos. Para que ir ao cinema ou assistir TV? Cada um poderia cunhar para si mesmo a moeda falsa da gratificação subjetiva. Uns viveriam em estado permanente de graça, outros teriam orgasmos múltiplos ao devanear. Por modéstia, é claro, e por temor da incompreensão e inveja alheias, ninguém precisaria ficar sabendo; mas eu viveria na certeza íntima de ser o primeiro ser humano a entender o Antigo Testamento e de haver composto, em outra vida e sob o véu do anonimato, *A criação*, atribuída a Haydn. Se mentir para si mesmo fosse tão fácil como respirar, quantos não viveriam sinceramente como deuses sobre-humanos no olimpo artificial da sua subjetividade? Ao contrário, porém, do que a fórmula nietzschiana nos faria supor — "É o baixo-ventre que impede o homem de considerar-se um deus"[1] —, a raiz da dificuldade parece estar mais em cima, isto é, não nos apelos mundanos do abdômen, mas nos limites estabelecidos pela lógica para a fixação de crenças.

Obviamente, há limites para o que somos capazes de nos fazer acreditar. Como diz o poeta, "é difícil ter visões comendo merda". A mentira aberta, se ela entra em campo, derrota-se a si mesma. Mentir pressupõe a *intenção não revelada* de falsear a realidade, e isso independentemente do valor de verdade do que se diz.[2] Mas, sendo ela verdadeira ou falsa, a mentira aberta, contada em silêncio de si para si, fracassa porque traz estampada na fronte o desígnio explícito de falsear. No fundo, é como se alguém da sua maior intimidade puxasse-o para o canto da sala e dissesse: "Veja, confio em você como em meu melhor amigo e por isso vou abrir logo o jogo. O que vou lhe dizer agora é mentira, isso mesmo, mentira, uma coisa que nem eu engulo, mas não importa: você tem que acreditar em mim!". Por mais boa vontade que se tenha, é pedir demais.

A dinâmica da quadratura do círculo em minha própria mente difere da que conduz ao efeito análogo na mente de meu interlocutor. O autoengano é incompatível com a intenção consciente de enganar-se a si próprio. Pela sua própria natureza reflexiva e autorreferente, ele não pode ser deliberado ou planejado de forma calculada, como são os exemplos mais notórios de blefe, trapaça, fraude e engano de terceiros. A noção de autoengano voluntário e deliberado — no sentido em que o mentiroso trama e calcula sua próxima mentira — é uma contradição lógica.

O *hipócrita interior* que nos habita em segredo é um animal distinto do *hipócrita social* que nos ronda e assedia. Como um sedutor sutil e insinuante, mas astuciosamente dissimulado e oblíquo, ele sabe que "a melhor maneira de persuadir consiste em não persuadir".[3] A mentira que contamos em silêncio para nós mesmos não mente, seduz. Ela se reveste do semblante da verdade para melhor mentir.

A peculiaridade do autoengano como fenômeno mental advém do fato de que, ao contrário do engano interpessoal, ele é uma ocorrência intrapsíquica. Não se trata, neste caso, da mente X enganando a mente Y, mas de nossa própria mente individual se enganando *a si* mesma sobre alguma coisa específica (autoengano local) ou se enganando, de forma mais abrangente, *sobre si* mesma (autoengano global). Nas situações concretas da vida prática, é claro, a quadratura do círculo do autoengano — uma figura obviamente estilizada e extrema desse mecanismo particular de formação de crenças — pode assumir os mais diversos contornos e conteúdos.

Há casos em que a identificação do autoengano parte do próprio sujeito. A essa categoria pertencem confissões como, por exemplo, a de Thomas de Quincey refletindo sobre seu envolvimento com drogas ("Eu sabia muito bem dos riscos, mas desgraçadamente subestimei a sua urgência e gravidade") ou a de Francis Bacon durante o inquérito parlamentar que o condenou por corrupção ("Minha alma tem sido uma estranha no curso de minha peregrinação").[4] Em outros casos, a ocorrência de autoengano é atribuída ao sujeito pelo observador. São situações como, por exemplo, a de um doente terminal que nega sinceramente para si mesmo, e até a morte, o diagnóstico de sua moléstia ou, ainda, a do candidato a cargo público que se acredita, com a melhor das intenções e absoluta boa-fé, capaz de realizar promessas nas quais ele mesmo, como eleitor ou observador imparcial, jamais acreditaria.

A diferença entre enganar o outro e enganar-se a si mesmo, vale frisar, reside no fato de que o autoengano é, por natureza, uma ocorrência passiva, ou seja, fechada à atenção consciente e sujeita a uma lógica peculiar. Nele não há lugar para a deliberação, a má-fé e o cálculo frio característicos dos casos mais claros de logro e tapeação interpessoal. Se a luz da atenção consciente é o farol do hipócrita social — uma mentira puxa a outra e todo cuidado é pouco para não ser pilhado no pulo —, ela é fatal para o trabalho subterrâneo e anônimo do hipócrita interior.

O duque de La Rochefoucauld — um observador sutil das astúcias e dos mecanismos não racionais da psique humana na vida prática — sugere uma passagem natural e suave do engano interpessoal ao intrapsíquico: "Nós estamos tão acostumados a nos disfarçar dos outros que acabamos nos disfarçando de nós mesmos".[5] Mas um exame mais acurado dos dois fenômenos revela a existência de uma descontinuidade entre ambos. A diferença específica do autoengano é que ele, em contraste com o engano interpessoal, nunca é consciente ou deliberado. As mentiras que contamos para os outros *podem ser* — e com frequência são — escolhidas e premeditadas. As que contamos para nós mesmos *jamais o são*. Ninguém escolhe o disfarce íntimo ou a mentira secreta com que se ilude, se ludibria e embala a si mesmo. O autoengano viceja em câmara escura. A eficácia de seu processamento mental, como um filme por revelar, não admite claridade.

Isso não significa, é claro, que toda vez que alguém engana alguém isso ocorra de caso pensado. Muito pelo contrário. Qualquer bebê aprende a lidar com o poder que a arma do choro e da birra tem sobre o sistema nervoso dos pais muito antes de se dar conta do que está fazendo. Como vimos no capítulo 1 (seções 1 e 2), o mundo natural oferece um espetáculo inesgotável de estratégias de camuflagem, mimetismo, despistamento e engano na luta pela sobrevivência e reprodução. As relações verbais entre adultos humanos não ficam atrás. O alerta machadiano em *Dom Casmurro* vem a calhar: "Quantas intenções viciosas há assim que embarcam, a meio caminho, numa frase inocente e pura! Chega a fazer suspeitar que a mentira é muita vez tão involuntária como a transpiração". O problema, contudo, como descobre o herói-narrador machadiano nessa mesma obra, é que no caso do autoengano a lógica da situação é outra: "Mas o que pudesse dissimular ao mundo, não podia fazê-lo a mim, que vivia mais perto de mim que ninguém".[6]

O engano interpessoal, é certo, é com frequência involuntário. Mas nada em sua lógica interna exige que seja obrigatoriamente assim. Ao contrário: a partir de um certo grau de complexidade, ele passa a cobrar, sob pena de ser exposto à execração pública, uma atenção consciente redobrada de quem o pratica. O hipócrita social, em qualquer área de atividade, que por descuido perca o pé das pretensões que ostenta, tropece na consistência do papel que representa ou se enrede na teia de suas próprias mentiras perde o crédito e está falido. No caso do autoengano, contudo, vale o oposto: o caráter essencialmente involuntário e espontâneo do processo é indispensável. Se por qualquer motivo o facho da atenção consciente o ilumina e a mentira se revela no que é, o autoengano perde o apelo, murcha e definha. O círculo adormecido desperta. A crença no círculo enquadrado se dissipa como as imagens de um filme velado.

Tentar *forçar* o autoengano é o equivalente reflexivo de tentar *obrigar* alguém a acreditar em algo: não funciona. A camisa de força, o choque e o psicotrópico; a solitária, o torniquete e o paredão; o chicote e o chocolate; as labaredas do inferno e o paraíso prometido — diante da mente refratária de um homem não há poder no mundo que não confesse a sua impotência. A carne mutilada padece, a voz audível repete e o corpo cerimonial simula, mas o que se passa na mente calada da vítima ninguém vê. A cidadela do acreditar é inexpugnável. Para o bem ou para o mal, quem põe na cabeça crer em algo não pode ser mentalmente contido. Como um jogador dostoievskiano, nada o detém. Ele é capaz de apostar até o último rublo da autoconfiança e do amor-próprio na certeza avassaladora de que na próxima roleta está a salvação.

O fiasco grotesco das experiências de doutrinação ideológica e "regeneração moral" no século XX é um testemunho eloquente da precariedade de toda tentativa de se forçar a fé, o "bem comum" ou o que quer que seja na cidadela do acreditar. É provável que a violência inaudita da "revolução cultural" chinesa e a meticulosidade do policiamento político na ex-União Soviética — até o uso de simples máquinas de fotocópia pelo cidadão comum era submetido a estreita vigilância — tenham contribuído não para quebrar, como pretendiam os poderosos, mas para exacerbar a resistência surda e cínica do povo. Quem contra a vontade é "convencido", cala e obedece mas não se dá por vencido.

O resultado é que décadas de doutrinação cerrada e absoluto controle sobre os meios de comunicação de massa não fizeram de russos e chineses "bons marxistas" — cidadãos disciplinados, desalienados, amantes do trabalho e servos do "bem comum". O que parece prevalecer nesses casos é uma espécie de lei de Newton das paixões sufocadas: a toda ação repressora corresponde uma reação igual e contrária. O retorno do reprimido, quando as comportas se rompem, é um espetáculo constrangedor. Nada disso, contudo, surpreenderia o imperador estoico Marco Aurélio. Instado a implantar por força da autoridade política a *pólis* ideal platônica na Roma do século II d.C., ele refletiu: "Nunca alimente a esperança de tornar realidade a *República* de Platão [...] Quem pode mudar as opiniões dos homens? E, sem que mudem os seus sentimentos, o que se pode fazer senão transformá-los em escravos relutantes e hipócritas?".[7]

A impotência do poder não se restringe ao trono, palanque, cátedra ou púlpito. O mesmo tipo de resistência surda à pressão de cima tende a prevalecer na dinâmica do autoengano. Querer não é poder. A mente humana é capaz de façanhas virtualmente milagrosas quando se trata de apostar no imponderável ou enquadrar o círculo — nem o céu a limita. Mas ela é por igual refratária a interferências abertamente intrusivas e calculadas, não importando de onde venham, no processo de formação de crenças. Quando se trata de ocupar e dispor da cidadela do acreditar, a autoridade central — externa e interna — é anêmica. Se desejo convencer-me de alguma coisa na qual não acredito, ou desfazer-me de algo em que não consigo deixar de acreditar, o máximo que posso fazer é buscar *mecanismos indiretos* que me conduzam à crença desejada. O repertório é fértil, mas mesmo aqui existem limites mais estreitos do que imaginamos em relação ao que pode ser alcançado.

2. LIMITES DO COMPORTAMENTO PROPICIATÓRIO

A principal avenida aberta para deflagrar processos físicos e mentais involuntários é a adoção de comportamento propiciatório adequado. Considere, por exemplo, a diferença entre *piscar* e *chorar*. O primeiro é simples: piscamos milhares de vezes por dia, e sempre que algum objeto se aproxima abruptamente de nossos olhos. Tudo se passa sem esforço algum, de modo espontâneo, no silêncio da natureza. Mais que isso: basta uma breve pausa para perceber que posso, num piscar de olhos, desligar o piloto automático que comanda o abrir e fechar de minhas pálpebras e transformá-las em servas obedientes de minha escolha e vontade conscientes. Pisco para saber se estou acordado, pisco sinalizando cumplicidade e pisco repetidamente buscando conter a lágrima inoportuna.

Mas, quando se trata de choro, a coisa complica. O funcionamento das glândulas lacrimais é caprichoso e não se presta à obediência exemplar das pálpebras. Choro quando choro e não quando quero. Não choro quando devia e choro quando não devia. A gripe forte e o cisco fazem meus olhos lacrimejarem — um transeunte poderia imaginar que choro —, mas a gargalhada também. Se pretendo submeter a secreção de lágrimas aos ditames de minha capacidade de escolha, logo percebo que os decretos, alvarás e ordens régias de minha vontade consciente são inoperantes. "Mas chorar agora, por quê?" A única saída é tentar me pegar de surpresa, por trás, mas sem me lembrar do que estou buscando fazer; é driblar e manipular o sistema, colocando-me em situação propícia para atingir o efeito desejado.

A interferência física é um golpe vil e sujo mas, dentro de seus limites, fatal: cortar cebolas e inalar gás lacrimogêneo são tiro e queda. Para o neurocientista crasso, o caso está encerrado. Choro é secreção, ponto final. Outros, no entanto, questionarão: "Mas é realmente *choro* isto?". "A linguagem", objetaria um psicólogo, "engana." "Nem todo lacrimejar aparente", ele argumentaria, "corresponde à experiência subjetiva de se estar chorando. Quando falo em choro penso em lágrimas, é verdade, mas principalmente na emoção incontida de quem chora, seja de tristeza, de alegria ou sabe-se lá por quê — o chorar 'na sinceridade de quem chora sentindo-se chorar' de que falam os poetas. O que temos aqui não passa de secreção mecânica, um pseudochoro, como as lágrimas de glicerina vertidas num dramalhão mexicano."

O ponto é válido, mesmo sabendo que não há nada nele que um neurocientista mais refinado não possa assimilar. "De fato", diria, "a linguagem comum confunde aqui coisas distintas. Se projetarmos lado a lado, numa tela de alta definição, o que se passa no cérebro de alguém cortando cebolas e o que ocorre no de alguém chorando de tristeza, veremos que são estados neurológicos inteiramente diferenciados, não obstante terminarem ambos, como aliás tanta coisa nesta vida, em secreção lacrimal. Se você deseja reservar o termo *choro* para o segundo tipo de evento apenas, este que faz as luzes na tela acenderem e as cores de determinadas redes neurais ligadas ao sistema nervoso ficarem mais berrantes, não há o que objetar."

Desfeito o equívoco, a questão permanece. De um modo ou de outro, se aceitamos restringir um pouco o que se entende por choro, a solução física *à la* cebola e gás fica descartada. O problema é *chorar de verdade*: como resgatar a soberania da escolha e vontade conscientes, minada pela teimosa recusa da mente em atender aos meus apelos e comandos para que me ponha prontamente a chorar? Novamente, o caminho é tentar chegar por trás. Processos involuntários não são passíveis de deliberação direta, mas nem por isso escapam da possibilidade de serem facilitados e indiretamente provocados. Se desejo transpirar, faço exercício físico ou vou à sauna — é tão fácil como mentir e ninguém vai alegar que não seja transpiração legítima. Se o desafio é chorar e, mais que isso, precipitar em mim a experiência subjetiva associada ao choro físico, a saída é fazer tudo o que estiver ao meu alcance no sentido de predispor-me e induzir-me a esse estado.

Dois caminhos básicos se oferecem para chegar lá: o transporte situacional e o mergulho introspectivo. Nenhum deles, é claro, garante o efeito desejado com a mesma eficácia implacável dos agentes químicos causadores do choro mecânico. Mas ambos, em compensação, trazem a promessa da experiência genuína, capaz de satisfazer tanto o psicólogo humanista como o *scanner* da neurociência. As duas estratégias, entretanto, acabam esbarrando no mesmo tipo de restrição recursiva que torna o comportamento propiciatório, na situação genérica do autoengano, uma arte tão sutil.

No *transporte situacional* você identifica, com base em experiências passadas, os contextos e ambientes externos que têm o dom de torná-lo suscetível ao choro. Por exemplo: situações de infortúnio humano desesperado ou de dor e sofrimento com os quais se pode estabelecer forte empatia são suficientes para, em boa parte dos casos, disparar o gatilho do choro. A dificuldade é que, embora o mundo esteja sempre repleto de situações desse tipo, e muita gente tenha que enfrentá-las, por dever de ofício, sem se permitir nenhum laivo de comoção, seria artificial ao extremo, para não dizer cínico e repugnante, servir-se delas com o intuito deliberado de testar uma hipótese especulativa. A própria enormidade da ideia, se levada a efeito, quase fatalmente faria abortar no ato qualquer chance de atingir o desígnio original. Na melhor das hipóteses, um arrepio de vergonha. Talvez nem isso.

A candidata mais óbvia para nos proporcionar o transporte situacional pretendido é sem dúvida a arte. Livros, peças, filmes, rituais religiosos e canções com frequência nos conduzem à vizinhança de emoções mais absorventes, e por aí a coisa pode acontecer. O coloquial da língua inglesa, vale notar, possui inclusive um termo específico — *tear-jerker* ("puxador de lágrimas") — para denotar esse filão específico da produção artística. No meu caso particular e, ao que parece, no da maior parte das pessoas que conheço, o cinema e o teatro são as formas de arte com maior poder de empuxo lacrimal. Se eu quiser chorar hoje à noite, mas sem ter que tentar nada mais introspectivo e doloroso, minha melhor chance é consultar a programação de cinema/teatro e apostar no transporte situacional da fita/peça escolhida.

O caminho das pedras rumo à rolagem das águas é o *mergulho introspectivo*. Posso forçar-me a passar a noite reabrindo feridas mal cicatrizadas do meu passado, revivendo os detalhes pungentes dos episódios mais tristes de minha vida, revirando o baú de ossos ou puxando angústia, à meia-luz, com aquela amiga tão próxima e propensa à melancolia. Uma boa garrafa de vodca, um cigarro e um quarteto tardio de Beethoven, desses que fazem gemer as pedras, também viriam a calhar. Chegarei lá? A estação de ânimo pela qual estou passando e o humor do dia contarão muito. Mas independentemente disso, e de forma geral, é impossível dizer. O fato inelutável é que o grande problema dessa empreitada toda — o calcanhar de aquiles de todo e qualquer tipo de ação propiciatória de crenças e estados mentais — é o elemento de premeditação que, em maior ou menor grau, contamina o processo.

A condição *sine qua non* do sucesso da operação é conseguir sinceramente esquecer o que estou tentando fazer. O efeito líquido tanto da ida ao cinema como da autoabsorção lúgubre dependerá crucialmente da minha capacidade de abstrair a artificialidade do projeto e embarcar sem reservas na emoção do momento — a trama emprestada do transporte situacional ou o drama evocado do mergulho introspectivo. Se por algum motivo eu não conseguir me desligar da razão que me traz ao cinema para assistir àquele filme, ou que me faz passar a noite insuflando a tristeza, a consciência intermitente do caráter premeditado de tudo aquilo inibirá o embarque e as águas não vão rolar. Seria como se alguém acendesse a luz do cinema, a cada dez minutos, durante a projeção do filme, ou como se o celular tocasse no instante exato em que a emoção pudesse aflorar. Não é à toa que ninguém consegue fazer cócegas em si mesmo.

A magia do transporte situacional na arte — e no cinema e no teatro em particular — é que ela nos faz esquecer de nós mesmos e sentir sem estar sentindo. Mas o ponto arquimediano que sustenta a jornada é algo ainda mais singular. A arte tem o dom não só de nos fazer esquecer e sentir, mas de nos fazer *esquecer que estamos esquecendo* e de nos fazer *não sentir que sentimos sem sentir*. É este segundo elemento — o enquadramento do círculo implícito em esquecer que estamos esquecendo e não sentir que sentimos o que não sentimos — que a consciência intermitente da premeditação bloqueia.

Quando, por qualquer motivo, o interruptor da atenção consciente não desliga e as luzes internas da mente alerta teimam em ciscar e zunir, o transporte e o mergulho são anêmicos ou não convencem. O vento não sopra, o periscópio enguiçado não desce. É como rezar sem ter fé, trepar sem tesão ou trabalhar como autômato do dever; é a missa para o incrédulo, o baile de carnaval para o deprimido e o terreiro para o racionalista. Nem tudo, entretanto, termina em lágrimas — o radar do psicólogo se acende detectando um cliente prospectivo enquanto a tela do neurocientista perde o brilho e a emoção...

Da fé ao sono e do amor ao choro, o mesmo princípio afeta qualquer tentativa de governar de cima ou autoinduzir crenças e estados mentais e emocionais em relação aos quais somos passivos. Quem contra a vontade se autoconvence, peleja e insiste mas não muda o que sente. Se você quer ser mais natural, então você não pode lembrar-se a cada instante de sua pretensão de sê-lo. Se você quer dormir mas não consegue, você precisa adormecer a atenção ao problema até que a onda do sono encubra sua mente. Quando Kant descobriu que seu velho criado, Lempe, andava bebendo e furtando, sentiu sua confiança traída, dispensou o empregado e tomou a decisão categórica de esquecê-lo. Apanhou o caderno em que anotava as coisas que deveria lembrar e rabiscou: "O nome Lempe deve ser esquecido para sempre!". Desse tropeço tipicamente kantiano escapou Wittgenstein ao advertir: "Mas, para alguém dilacerado pelo amor, uma hipótese explanatória não ajudará muita coisa — ela não trará a paz".[8]

O interruptor mental da entrega e do abandono é um bicho arisco. A posição da chave não pode ser livremente escolhida. Mais que impotente, o dedo intrusivo da vontade consciente é, com frequência, contraproducente. Nosso repertório de ações propiciatórias é diversificado, mas sujeito a restrições inibidoras. O uso e abuso de agentes químicos e ficcionais externos está intimamente ligado à delicadeza e dificuldade de operações desse tipo. "É uma exigência da natureza", reconhece Goethe com argúcia, "que o homem, de tempos em tempos, se anestesie sem dormir; daí o gosto de fumar tabaco, beber aguardente ou fumar ópio."[9] Alguns, é certo, parecem bastar-se a si mesmos. Mas como o dom atribuído por Baudelaire a Rousseau — "Jean-Jacques conseguiu se intoxicar a si próprio sem precisar de haxixe" — é com certeza muito raro, os mercados florescem.

"Três quartos das demandas existentes no mundo", observou o crítico social inglês John Ruskin em 1870, "são românticas

— baseadas em visões, idealismos, esperanças e afetos; e a regulação da carteira é, na sua essência, a regulação da imaginação e do coração." A passagem do tempo e o crescimento da capacidade produtiva do homem confirmaram o acerto do vatícinio de Epicuro no século IV a. C: "A riqueza demandada pela natureza é limitada e fácil de ser obtida; aquela demandada por fantasias ociosas estende-se ao infinito".[10] A imaginação engole o estômago. A escalada do recurso a catalisadores químicos e ficcionais no mundo contemporâneo — a busca frenética e insaciável de situações e estados mentais que tragam o alívio da anestesia desperta do duplo esquecer — é uma evidência avassaladora da demanda por processos que nos permitam a um só tempo dirigir e soltar, controlar e largar as rédeas sobre nós mesmos.

3. O PARADOXO DA MORTE ANUNCIADA

Mentir para si mesmo e acreditar na mentira requer talento. Esquecer que se mente e sentir o que não se sente não bastam. A quadratura do círculo exige que se dê um passo além. Para que a mentira *cole*, é preciso esquecer que estamos esquecendo e não sentir que estamos sentindo o que em nós não sente. O poeta fingidor, mestre na arte de se transportar por inteiro e mergulhar sem reservas nos abismos do eu profundo e dos outros eus, é um artista consumado no *looping* do autoengano. Ele finge, é verdade, mas "finge tão completamente que chega a fingir que é dor a dor que deveras sente". Contudo, ele não está sozinho. O leitor hipócrita, irmão de Baudelaire, é sua alma gêmea. Se o ator dramático age e chora sem sentir, o espectador sente e chora sem agir. Um é o negativo fotográfico do outro. Como diria Pessoa: "Sentir? Sinta quem lê!".[11]

Na prática, o que torna as mentiras que contamos para nós mesmos mais palatáveis e fáceis de digerir é o fato de que existem mentiras e mentiras. A mentira simples, como a que faz do círculo um quadrado, é um caso limite. O passado é dotado de maior ou menor plasticidade na memória humana, mas ele não pode ser diferente do que foi. Os fatos, é claro, podem ser revisitados, reinterpretados e até criminosamente adulterados à exaustão. Mas o simples fato de que são tratados como *fatos* significa que, de alguma forma, *estão lá*. O passado é lenha calcinada; o futuro é promessa de combustão.

Ao se admitir que o passado existiu e que uma sucessão de fatos, sejam eles quais forem, trouxe-nos até aqui, há o reconhecimento implícito de que agora é tarde demais para escolhê-los ou mudá-los. Se eu acabei de ver um círculo e admito para mim mesmo tê-lo visto, isso impõe limites à fixação de crenças. Só a passagem do tempo, o desejo subterrâneo de acreditar o contrário e, quem sabe, o surgimento de uma nova teoria sobre "quadrados elipsoidais" — uma espécie de versão geométrica da "biologia proletária" soviética — poderão algum dia alterar esse fato em minha memória.

Mas, quando se trata do *futuro*, a história é outra. Se existe alguma coisa irremediavelmente fechada quando contemplamos o passado, existe algo curiosamente *aberto* quando vislumbramos o futuro. A frase anterior a esta é um fato bruto — só enquanto o livro não estiver impresso ela poderá ser relida, mantida, corrigida ou cortada (não foi!). A próxima sentença, contudo, esta que lhe pede um minuto de atenção, está por ser criada — ela precisa dizer que, até este exato momento, ela ainda não estava escrita, mas foi sendo arrancada, palavra por palavra, de um universo virtualmente infinito de possibilidades semânticas e gramaticais definidas pela língua portuguesa. A sentença anterior a esta, recém-saída do nada, pede apenas que eu a leia e não seja demasiado complacente com ela. A próxima sentença, contudo, está no ar. Ela me interroga e se esconde onde não está. Põe-me a olhar no vazio, fechar momentaneamente os olhos ou rezar.

O que *foi* ou *não foi* não pode ser mudado. O que *será* ou *não será* ninguém sabe ao certo. Na experiência subjetiva que temos do tempo, os futuros não percorridos (sentenças jamais escritas) pertencem à árvore do passado de uma forma distinta dos troncos e galhos vividos (sentenças escritas). Os galhos futuros (sentenças a serem escritas) não pertencem a essa árvore ainda, mas ao porvir. Nada descarta a possibilidade, porém, de que estejamos enganados, ou seja, de que o futuro seja, na verdade, tão fechado quanto o passado.

Para uma inteligência laplaciana, conhecedora de todas as forças e leis causais que animam o universo e dos estados e das configurações completas de todos os objetos que o constituem, passado e futuro se equivalem. Eles são apenas dois nomes — separados entre si pela ignorância humana quanto ao segundo — de um mesmo fluxo temporal indiferenciado. O universo seria um livro pronto e editado no qual tudo, até o menor detalhe, sempre esteve escrito, e no qual uma nota de rodapé minúscula e tortuosa daria conta de uma pitoresca espécie de bípedes sublunares que se sonhou um dia sócia minoritária do devir e parceira da criação.[12]

A conjectura laplaciana, vale notar, não implica um universo determinista no qual só o que de fato acontece pode acontecer. Ela é igualmente compatível com a noção de um mundo probabilístico, ou seja, no qual os eventos — passados ou futuros, não importa — ocorrem e se distribuem de acordo com probabilidades objetivas de ocorrência; um mundo, portanto, no qual mais coisas poderiam de fato acontecer do que na realidade acontecem. Se no universo determinista um observador externo onisciente é capaz de prever o que necessariamente será o caso, no probabilístico ele conhece a distribuição das frequências objetivas de todas as possibilidades e, desse modo, será capaz de prever rigorosamente a probabilidade de ocorrência de cada uma delas ao longo do tempo. O livro não está escrito de antemão, mas o que se escreve nele não passa pela autonomia das nossas mãos. O que a conjectura laplaciana põe em xeque é a crença de que o animal humano esteja genuinamente escolhendo o que faz ou deixa de fazer na vida.

Aceite-se ou não, contudo, a ideia de um universo fechado à escolha humana, não há como incorporá-la à nossa realidade. A onisciência laplaciana transcende a condição humana e, o que é mais sério, parece ficar a cada dia mais fora do nosso alcance, à medida que o avanço do conhecimento científico traz mais perguntas que respostas, mais perplexidades que certezas. Se a nota de rodapé referente ao *Homo sapiens* está escrita em algum lugar, uma coisa é certa: caso a humanidade venha a ter a chance de examiná-la algum dia, a controvérsia sobre o seu verdadeiro sentido exigirá um volume pelo menos tão alentado quanto o dedicado ao próprio universo.

Se a conjectura de um universo fechado é verdadeira, então o autoengano da humanidade é absoluto. A sensação subjetiva de liberdade que temos ao agir no mundo não passa de uma ficção patética e arrogante. O animal humano seria no fundo tão responsável pelos movimentos de seus músculos voluntários quanto pelas secreções do seu pâncreas ou pela chuva que cai.

O fato inescapável, porém, é que o futuro, em contraste com o passado, parece-nos genuinamente *aberto*, e as tentativas de nos convencermos a nós mesmos do contrário não criam raízes no solo do acreditar. Adeptos ou não do determinismo ou de noções equivalentes como hipótese especulativa, terminamos todos agindo — inclusive os supostos deterministas — como coautores da trama dos capítulos inéditos de nossas vidas e como sócios-gerentes, se não do devir cósmico-universal, pelo menos de nossos microdestinos coletivos e individuais. Se o determinismo é falso, como tudo em nossa experiência subjetiva nos faz crer, então o autoengano não é absoluto e universal — o autodesconhecimento humano não chega a tanto! Ele é uma contingência de seres falíveis e limitados na arte do autoconhecimento.

A assimetria na percepção humana do tempo ajuda a entender uma classe importante de autoenganos. O passado é plástico, o presente efêmero e o futuro incerto. O autoengano pode ser a negação do passado ou do presente — a quadratura, na memória ou na percepção, do círculo vivido. É o caso, por exemplo, da vítima de anorexia que se percebe obesa apesar de sua imagem esquálida no espelho ou do viciado que nega a existência do seu problema. Mas ele também se projeta sobre o futuro, afirmando o que não será e manipulando a visão do círculo a enquadrar. O caminho das Índias no autoengano sobre o futuro — a bússola nas mãos do hipócrita interior que nos espreita — é a indeterminação lógica de afirmações feitas no presente acerca de acontecimentos futuros. Pela abertura lógica do que desconhecemos e ainda será, nasce uma família numerosa de autoenganos.

Suponha, para efeito de raciocínio, a possibilidade de viajar no tempo. Imagine alguém que, tendo se oferecido como cobaia humana num experimento pioneiro do gênero, foi transportado para a tarde do dia 10 de fevereiro de 2016 e por coincidência (a tecnologia é nova e ainda não permite definir local e hora da remessa) acabou presenciando um acontecimento trágico que lhe interessa muito de perto: naquele dia você sofrerá um acidente automobilístico no quilômetro 137 da rodovia Rio-Santos, entrará em coma e morrerá em seguida. O viajante retorna ao presente e comunica aos cientistas tudo o que viu. Os responsáveis pelo projeto deliberam e decidem por fim procurar você e colocá-lo a par da triste notícia. Refeito do choque, você toma duas decisões solenes: evitar a todo custo aquela estrada e nunca mais tocar num automóvel.

Está armada a encrenca. Note bem: você não está a salvo ainda. Pode ser que a *pré-visão* do viajante tenha já incorporado tudo o que ocorreria depois que você foi avisado. Uma história plausível poderia transcorrer assim. Com a passagem dos anos, você começou a ter sérias dúvidas sobre aquela maluquice toda. Primeiro o tal cobaia-viajante sofreu um surto psicótico e nunca mais recuperou a lucidez, se é que chegou a possuir alguma. Mas a gota d'água foi quando o projeto "Viagem no tempo" foi interrompido, meses depois, em meio a alegações de fraude científica e desvio de verbas. Com tudo isso, e tendo passado o zelo inicial do primeiro arroubo, você foi imperceptivelmente relaxando a atenção e fazendo concessões. Para encurtar a história: quando chegou a tarde fatídica lá estava você, no carro de um amigo, feliz e esquecido a caminho do Carnaval na praia. Estava escrito — é preciso contar o fim?

Uma outra possibilidade, igualmente plausível, é que, apesar de toda a confusão cercando o projeto, você preferiu agir com a máxima prudência e conseguiu passar o Carnaval de 2016 a bordo de um navio no Japão. O relato do viajante sobre sua morte estava certo no momento em que foi feito, você apostou nele e, exatamente por isso, conseguiu fazer o que ninguém até então tinha feito antes — mudar objetivamente o futuro. O único problema é que a sua salvação nos deixa às voltas com um belo quebra-cabeça lógico.[13]

No dia 11 de fevereiro de 2016 o relato profético do viajante no tempo terá se revelado, de uma vez por todas, verdadeiro ou falso. Se você morreu como estava previsto, ele disse a verdade. Mas, se você escapou dessa, então ele tinha mentido, no sentido de que o seu relato terminou se mostrando contrário à verdade. A primeira dúvida é saber se a pré-visão do viajante diz respeito a um futuro possível entre um número indefinido de outros futuros ou se ela descreve algo que, quer você queira quer não, não poderá deixar de acontecer. Mas o espinho lógico da questão é o caráter do relato original do viajante: verdade ou mentira?

Difícil decidir. Se você *morreu* de fato naquele acidente, o relato era verdade antes e depois da tragédia — o determinista sorri e a lógica suspira aliviada. O viajante esteve sempre certo, embora você tenha se enganado duas vezes: primeiro ao supor que era capaz de mudar o próprio destino quando não era e, depois, por ter se permitido escorregar até a obliteração do alerta em sua memória. Mas se você *não morreu* naquele acidente, o relato era rigorosamente verdadeiro no momento em que foi feito e até a véspera da tarde fatídica, mas acabou se revelando falso quando chegou a hora — o determinista resmunga e a lógica apita.[14]

O que é verdadeiro no mundo contemplado desde o seu início pode não sê-lo no mundo contemplado em retrospecto, desde o fim. Tendo tido acesso cognitivo privilegiado ao epílogo de sua vida, você não gostou do que leu. Tudo o que estava escrito era verdade e você teve a sabedoria de acreditar nela. Foi graças a isso que você conseguiu cortar algumas frases, corrigir outras e melhorar o fim. O viajante não estava mentindo: a prova disso é que a sua pré-visão mostrou-se falsa! O relato original era, simultaneamente, verdadeiro e falso. Falso *porque* verdadeiro. A verdade mentiu.

4. CENAS DE UM DESPERTAR NEGOCIADO

A pré-visão da viagem no tempo é um caso limite de predição verdadeira na dimensão da busca de conhecimento sobre o futuro. Mas não é preciso ir tão longe. O paradoxo da morte anunciada põe em relevo e descreve todo um espectro de situações nas quais a existência de alguma competência cognitiva para prever corretamente o futuro altera o nosso conhecimento e, por conta disso, dá margem a ações corretivas que negam a previsão original. Ao contrário das profecias que se autorrealizam — aquelas que, apesar de improváveis de início, acabam por se tornar verdadeiras na medida em que nos levam a crer e agir com base nelas —, trata-se aqui de uma classe de prognósticos que se autodesmentem, ou seja, é a sua própria condição de verdade *ex ante* que abre o caminho para que se tornem falsos *ex post*.

A indeterminação lógica de crenças e afirmações acerca do que está por acontecer é um trapézio que nos convida a inacreditáveis e silenciosas proezas. Do esforço nem sempre vitorioso para despertar na hora desejada até a jura de amor eterno, proferida no leito ardente da paixão, é dessa mesma semente lógica que germinam uma fauna e flora exuberantes de autoenganos. Alguns exemplos prosaicos de ocorrências desse tipo, colhidos na horta da vida prática e no tumulto inocente das paixões, ajudam a elucidar os mecanismos da quadratura do círculo em ação.

Sono é hábito. Quando ele está bem enraizado, adormecer e despertar são quase automáticos. O relógio de dentro adere ao relógio de fora. Mas, quando a rotina se quebra e o hábito do sono descarrilha, a vontade consciente precisa ser mobilizada. O ato de adormecer passa a depender de comportamento propiciatório adequado (no limite um agente químico soporífero) e o ato de acordar passa a exigir o contrário — não a entrega às pulsões subterrâneas do corpo, mas a afirmação da vontade soberana contra a sedução envolvente do sono. Considere o meu próprio caso. Quando tenho compromissos externos (dar aulas, participar de um evento ou reunir-me com alguém logo cedo), raramente sucumbo à tentação de dormir além da hora. Os outros me protegem de mim.

Mas, quando o compromisso é interno — quando se trata apenas da intenção estritamente pessoal de aproveitar melhor o dia —, medidas mais drásticas precisam ser tomadas. Aí começa a luta.

Se o despertador ficar ao lado da cama, ao alcance da mão, sou capaz de silenciá-lo praticamente dormindo. A saída recomendada pela experiência é colocá-lo a certa distância da cama, de modo a que eu seja obrigado a ficar de pé e caminhar alguns passos para poder desligá-lo. Quando o estratagema funciona, o passo seguinte é a pia, água fria no rosto, e aí a vitória está consolidada. Ocorre, contudo, que nem sempre o esquema dá certo. Há dias e, por vezes, estações inteiras em que a correnteza do sono leva vantagem e me carrega semidesperto de volta à cama. A vitória do sono, nessas ocasiões, passa invariavelmente por uma negociação rápida, viscosa e fulminante. É espantoso quanta erva daninha e maria-sem-vergonha é capaz de pulular, em questão de segundos, na mente de alguém zonzo e entorpecido de sono.

A primeira rodada é toda clemência. Peço a mim mesmo, imploro até: "Só mais um pouquinho, quinze minutos, meia hora no máximo!". A segunda etapa é a profusão instantânea de boas razões. Não que eu as invoque todas ao mesmo tempo ou em cada ocasião. Há toda uma arte sutil na marcação da dança, mas elas estão lá, prontas para entrar em cena. E como sabem fazê-lo! Afinal, "o que são quinze minutos?"; "não se deve interromper o sono alfa"; "não seja puritano!"; "a cabeça descansada rende melhor"; "posso trabalhar até mais tarde hoje à noite"; "exagerei na bebida ontem"; "só para terminar aquele sonho"; "preciso mesmo de umas férias"... Quando a razão da vez entra na caçapa certa, o contrato está pronto: "Ok, fechado, mas nem um minuto a mais!". Conquistado o direito ao minissono extra, o prazer é mais intenso. Quando desperto novamente (o relógio ficou longe da cama), mais de duas horas se passaram! Resignado, concluo que a manhã se foi. Perdido por um, perdido por mil...

Na noite anterior, a intenção de levantar cedo. Na tarde seguinte, o remorso por ter perdido a hora e a certeza reconfortante — embora nada certa — de que amanhã será diferente. A ladeira da preguiça é escorregadia e nós a descemos lentamente, passo a passo, a maior parte do tempo de costas. A marcha lenta da caminhada — o caráter incremental do processo — é parte do mecanismo pelo qual sutilmente neutralizamos, para nós mesmos, a culpa e a má consciência do hábito que se instala. Quando nos damos conta, por algum motivo, da distância percorrida, ele já deitou raízes. Extirpá-lo agora é tarefa dura que requer, além de perseverança, um ato de força autoritário que é o avesso da ação propiciatória de processos mentais e emocionais involuntários. As promessas solenes e resoluções categóricas que costumam acompanhar tais movimentos traem a falta de firmeza que é a sua perene ameaça.

A indeterminação lógica das crenças e afirmações sobre o futuro afeta todo o universo do prometer. Quem é capaz de garantir de antemão que uma promessa será cumprida? O simples fato de que uma promessa *precisou ser feita* é sintomático — ele indica que pairam dúvidas quanto à sua realização. Considere, por exemplo, as repetidas promessas que me faço todas as vezes em que a sedução do sono me cerca de manhã. Se elas fossem uniformemente falsas, não me enganariam por muito tempo. Dormindo a manhã toda ou não, eu não daria um pingo de crédito a elas. Ocorre, entretanto, que nem sempre é assim. O grande álibi do autoengano é o fato de que muitas vezes — mas sem que eu seja capaz de prever de antemão ou saber por quê — a promessa de dormir só mais uns quinze minutos é efetivamente cumprida. O despertador tocou, o sono bateu e a promessa do minissono extra se abriu: verdade ou mentira?

Em no máximo meia hora tudo estará claro. Se eu despertar na hora prometida e começar o dia, terei conseguido o melhor de dois mundos: satisfiz todas as razões — legítimas ou não — para não bancar o puritano, aproveitei a manhã e, como bônus adicional, subi um degrau na ladeira da virtude. A promessa era verdadeira. Mas, se eu não acordar e terminar enredado nos lençóis macios dos "quinze minutos, meia hora no máximo!", a promessa terá se revelado falsa. Menti?

O ponto básico sobre o qual se sustenta aqui o autoengano é parente próximo do paradoxo da morte anunciada: a promessa era razoavelmente verdadeira *no momento em que foi feita*, mesmo que o curso posterior dos acontecimentos tenha se encarregado em torná-la falsa. A verdade *ex ante* do que foi prometido é condição *sine qua non* da sua falsidade *ex post*. Sobre a sinceridade da promessa original e o caráter genuíno de minha intenção de obedecê-la não há lugar para dúvida. Se eu a soubesse falsa, não acreditaria nela e não me permitiria voltar para a cama. A promessa revelou-se falsa porque era verdadeira, ou seja, tinha tudo para ser de fato verdadeira e foi recebida como tal. Foi precisamente por ter dito a verdade ao fazê-la que dei crédito a ela e terminei engatando marcha à ré, voltando a adormecer e escorregando um degrau na ladeira da preguiça. A verdade mentiu.

A verdade que mente é uma inocente culpada. *Inocente* porque verdadeira — ou pelo menos não totalmente implausível — no momento em que é proferida; e *culpada* porque falsa quando a hora chega. Isso não a exime, contudo, de um grau variável de inocência culpada. O maior cúmplice do hipócrita interior é a disposição generosa de acreditar do ouvinte. Toda credulidade, é claro, tem limites. Se eu resolver que de hoje em diante dormirei no máximo quatro horas por noite, a promessa será recebida às gargalhadas pela plateia interior. "Qual a próxima?" O que é mais intrigante na armadilha ocasional dos quinze minutos de sono é a capacidade regenerativa — verdadeiro dom de fênix — da propensão a acreditar na verdade que sabe mentir.

A incerteza *ex ante* do resultado, é certo, ajuda muito. A facilidade espontânea de acreditar naquilo que vai ao encontro de nossos desejos, idem. A fome de sono do corpo, como é natural, alimenta e embriaga a mente de vontade de dormir. Mas o peso indutivo da experiência acumulada na memória, em anos de convivência íntima com negociações viscosas desse tipo, deveria reequilibrar a balança e recomendar o máximo de cautela diante de novos contratos parecidos. Quando chega a hora, contudo, a indução dorme o sono dos justos e perde a hora e a vez na balança. Quando a indução acorda, no final da manhã, tudo o que lhe resta é colher mais um exemplo para a sua formidável coleção. O triunfo do autoengano não é apenas fazer esquecer. A quadratura do círculo é a arte inocente e culpada de esquecer — ainda que somente nos instantes que contam — que esquecemos. Esquecer para lembrar.

5. DELÍCIAS E ARMADILHAS DO AMOR-PAIXÃO

A inocência culpada do autoengano torna-se mais culpada, mas nem por isso menos inocente, nos casos em que a quadratura do círculo faz parte de um enredo de engano interpessoal. Há várias combinações possíveis do ponto de vista lógico. O caso limite é o do engano interpessoal baseado na dupla coincidência do autoengano recíproco e cruzado. É extremamente difícil, em situações desse tipo, saber quem engana quem. De um lado está o autoengano M e o seu formidável arsenal de verdades apetitosas que mentem. De outro está o alvo perfeito: o autoengano W com o seu imbatível apetite por mentiras deliciosas que creem sinceramente no que dizem. M é o simétrico invertido de W: o encontro da fome com a vontade de comer e vice-versa.

Qualquer forma de apetite mais aceso e intenso é um prato cheio para o banquete do autoengano. A privação, seja ela real ou imaginária, costuma acender um desejo veemente e ofuscante por aquilo de que carecemos. Idealizar o que nos falta é uma propensão quase inerente à natureza humana. A mais doce canção de liberdade vem do cárcere. O exílio engrandece a pátria. Os pobres não riem da riqueza dos ricos. "Para aqueles que suam pelo pão diário", observou Keynes muito antes da instituição do generoso salário-desemprego europeu, "o ócio é um prêmio ardentemente desejado — até que eles o conquistam."[15] A garota de Ipanema, com seu corpo dourado e tão cheio de graça, é sempre a "que vem e que passa", nunca a que fica.

A voracidade e o foco dos apetites humanos admitem extraordinária diversidade. O que leva uma pessoa a fazer loucuras pode deixar a outra indiferente. Ultrapassado o patamar das premências biológicas mais elementares — um domínio de contornos menos nítidos do que *prima facie* pareceria —, as demandas da nossa imaginação não conhecem fronteiras. Existem dois poderosos núcleos de interesse, entretanto, para os quais converge uma parte expressiva das ações e expectativas humanas: o apetite por *sexo e amor* na vida privada e o apetite por *poder, riqueza e proeminência* na vida pública. Ao redor desses dois vetores gravitam vigorosas e obstinadas paixões na dinâmica de qualquer sociedade. Não surpreende, portanto, que também sejam, cada um a seu modo, espaços privilegiados para a fixação involuntária de crenças e o exercício do prometer autoenganado.

Os antigos não se enganavam ao representar Cupido — a divindade alada dos laços e enlaces amorosos — como um flecheiro de ótima pontaria mas olhos vendados. O amor é cego. Os amantes apaixonados que ousam se amar sem reservas tendem a ficar cegos de amor. Vivem aqui como se estivessem lá, com uma percepção reduzida da realidade e de si mesmos, possuídos pelo momento sublime e inexprimível que estão vivendo. É como se estivessem *fora de si* — embriagados por poções wagnerianas, hipnotizados pelo fascínio de Circe ou enfeitiçados por encantamentos como o que, segundo a lenda, enlouqueceu Lucrécio.[16] Os apaixonados perdem o sono, dançam na chuva e ouvem estrelas. Tudo o que ressalta *é com eles* ou quer vê-los chorar, loucos um pelo outro. Unidos na manhã radiante do amor-paixão vitorioso, nada de mau os alcança — exceto os seus próprios enganos.

A paixão entre os sexos, quando ela explode, é o nada que é tudo. Os amantes parecem movidos por um impulso secreto que os faz genuinamente idealizar um ao outro e encontrar tanta beleza quanto é possível — e impossível — um no outro. Quando a cobra pica e o sangue ferve, a avalanche das emoções desgovernadas arrasta consigo tudo o que estiver no caminho. Os amantes suplicam, imploram, juram amor eterno. Declamam em prosa e verso a sua confiança incondicional um no outro. A certeza íntima de que nunca amarão assim novamente é arrebatadora. O escape da partícula alucinada do tesão adquire a urgência de uma tempestade tropical e dionisíaca. Baco festeja, Vênus se despe. A carícia é bênção, o beijo é reza e a cópula é comunhão. O que está escrito seria pecado negar — era o que tinha de ser. Há momentos que redimem o existir.

O único problema, é claro, é que o êxtase (grego *ékstasis*: "fora de si") dos amantes não dura para sempre. O amor-paixão é amor mortal — eterno *enquanto* dura, infinito *enquanto* brilha. Na manhã seguinte de algumas semanas ou meses de sexo ardente, o sol da certeza já não brilha e as sombras da dúvida começam a se adensar. A tirania libertadora oprime, a esperança desafogada sufoca e a beleza luminosa embaça. A ilusão disparada na largada, ao tomar fôlego, descobre-se esgotada. Aos amantes só resta o caminho amargo da desilusão cicatrizante e da volta à mesmice machucada de si. A memória do milagre, contudo, não se rende. O escape da partícula alucinada na mente pode ser fogo-fátuo, mas a radiação que emite enseja espantosas mutações.

O prometer apaixonado engana mas não mente. A melhor maneira de enganar o outro consiste em estar autoenganado. O amante M e seu amor W formam um par perfeito — o apelo da paixão é mais forte que eles. Ambos acreditam sinceramente um no outro e em si mesmos. Oferta e procura. O enganar de M é convincente porque ele, autoenganado, engana sem precisar enganar: ele diz a verdade e "a verdade é seu dom de iludir" (Caetano Veloso). W, justiça seja feita, até que esboça alguma dúvida — "Sim, mas depois? O que será de nós dois? Seu amor é tão fugaz e enganador!" (voz feminina no "Tabuleiro da baiana", de Ari Barroso). A vontade de acreditar, contudo, é mais forte que o medo: "No amor quem governa é o coração" (idem).

Mas e se M e W pudessem, desde o início, ver o fim: como veriam o princípio? Onde a verdade, onde a mentira: no amor que principia ou no que se desfaz? No acender violento ou no apagar da velha chama? A paixão desde o início não é a paixão desde o fim. Considere o jovem apaixonado que jura amor eterno ou o cônjuge infeliz no casamento que promete, no calor do leito, divórcio em breve e núpcias a seguir. Estarão mentindo? Quanto ao cumprimento efetivo do que foi prometido, só o tempo dirá. Mas da integridade da intenção e do valor de verdade da promessa, no momento em que é feita, como duvidar? A lógica paradoxal do jurar apaixonado é flagrada por Shakespeare na peça dentro da peça encenada em *Hamlet*. A promessa de amor e fidelidade eterna da rainha, o rei, implacável, replica:

> *Acredito sim que penses o que dizes agora;*
> *Mas aquilo que decidimos, não raro violamos.*
> *O propósito não passa de servo da memória,*
> *De nascer violento mas fraca validade,*
> *E que agora, como fruta verde, à arvore se agarra,*
> *Mas quando amadurecida, despenca sem chacoalho.*
> *Imprescindível é que nos esqueçamos*
> *De nos pagar a nós mesmos o que a nós é devido.*
> *Aquilo que a nós mesmos em paixão propomos,*
> *A paixão cessando, o propósito está perdido.*[17]

A queda da fruta madura ao solo — propósito verdadeiro que se torna falso — é a quadratura do círculo: o embriagar-se e cair em si do amante; a inocência culpada que se flagra mas volta a si, ressurgida das cinzas, do inocente culpado. Há verdades que mentem. Loucura, sim, mas não desprovida de método. O soneto shakespeariano fere a lógica mas é fiel à vida: "Quando meu amor jura que ela é feita da verdade, acredito, sim, no que diz, embora saiba que está mentindo".[18]

Nem sempre o coração que temos é aquele que imaginamos ter. Nossas motivações prosaicas e veementes — como, por exemplo, o desejo sexual intenso por alguém — são hábeis na arte de se fazer passar, antes de mais nada para nós mesmos, por sentimentos nobres e propósitos elevados. Seria exagero, talvez, dizer que a confiabilidade do que é prometido está inversamente correlacionada com o grau de ênfase e fervor da promessa. Mas diante de arroubos insistentes como "te juro meu amor, agora é pra valer", "você tem que acreditar em mim" ou "eu sei que vou te amar" é difícil evitar a suspeita de que há algo de podre no sublime reino da paixão.[19]

O milagre, como sempre, é a anestesia desperta do duplo esquecer. À pulsão obstinada do amante meteórico corresponde um remorso anêmico — a ressaca é passageira e o peso da indução é como a pluma no olho do furacão liberto. Fênix ressuscitada está pronta para alçar voo. Virgem feito criança, é como se fosse a primeira vez. Na arte do amor-paixão, o mestre consumado do prometer autoenganado é o que pensa em silêncio consigo: "Quando o amor que sinto jura a mim mesmo que é todo verdade, acredito, sim, no que diz, e ai de quem suspeite falsidade!".

6. A HIPNOSE DE UMA BOA CAUSA

O universo paralelo do amor-paixão na vida privada é a paixão pelo poder e proeminência na vida pública. Na política e no mundo dos negócios, assim como na religião, na arte ou em qualquer outro reino hierárquico deste mundo, as exigências da vida prática impõem suas próprias leis. Como no amor, o começo é caprichoso, o primeiro passo fatal. Sai a flecha, entra o ferrão: a proverbial mosca azul da ambição é cega e certeira como Cupido. Da sua picada distraída surge a coceira inclemente que irrita, agita, sacode o equilíbrio e dá asas à imaginação dos homens. "Por que não eu?"

Muitos se acreditam chamados, mas poucos se fazem escolher. A luta na arena competitiva da busca de votos, adesões, preferências e aplausos humanos é jogo duro. Tanto a falta de gás como uma combinação imprópria de calor e luz podem ser fatais. Apostar alto, lutar, não desistir, batalhar sem trégua, persistir na lide e ir além são condutas que demandam não só doses cavalares de motivação, mas — o que é menos sabido — toda sorte de façanhas, *loopings* e saltos acrobáticos do acreditar.

O imperativo número um da pessoa ambiciosa em qualquer área de atividade é *acreditar em si própria*. Fingir não basta. A hipocrisia social pode dar conta do recado quando se trata de satisfazer o padrão de comportamento identificado por La Rochefoucauld ao afirmar que, "para alcançar sucesso no mundo, fazemos tudo o que podemos para parecer bem-sucedidos".[20] Até aí o engano é simples: a prática do autoelogio e da ostentação, mais ou menos sutil, dos próprios méritos é o que os gregos chamavam de "tocar a própria flauta" e que nós, no Brasil, poderíamos chamar de "bater no próprio tambor". O *poseur* sofisticado sabe que não pode exagerar na dose e chega ao requinte de simular certa inibição ao se exibir.

Mas convencer-se a si mesmo — no início e ao longo da jornada — de que vale a pena apostar alto numa determinada estratégia de ascensão e liderança na vida prática é outra história. Para embalar o ouvido interno e empolgar a plateia interior, a música precisa vir de dentro. Ela precisa seduzir e nos convencer sinceramente de que sabemos o que queremos, merecemos o que pleiteamos e estamos justificados, aos nossos próprios olhos, em nutrir tais pretensões. Poucos homens, ao que parece, sofrem de inapetência ou falta de boas razões quando se trata de uma real perspectiva de poder. Mas se o querer é, por qualquer motivo, inconvicto e ilegítimo para nós mesmos, o balão não enche. A ambição não cola e não decola.

A busca e o exercício do poder na vida pública obedecem a um singular princípio. Nenhum líder (ou candidato a tal) inspira mais confiança em seus liderados (ou seguidores potenciais) do que aquela que ele mesmo deposita em si e demonstra ter. Se nem eu aposto em mim, quem apostará? Se não me tenho em alta conta e se não estou absolutamente convicto daquilo em que acredito, como esperar que os outros me respeitem ou acreditem no que digo? Duvidar de si é, para o líder, duplamente nocivo: a dúvida não só arrefece o entusiasmo e mina a inspiração do líder, como ela ainda inspira a desconfiança e inocula o desânimo entre os liderados. Para o homem de ação picado pela mosca, deixar transparecer desconfiança em relação a si mesmo equivale a broxar em público. Mas não há o que temer. O acreditar convicto e as certezas rijas como as cerdas do javali são, para ele, tão naturais e involuntários quanto piscar e transpirar.

O caráter espontâneo e docemente viesado do processo de formação de crenças na mente do líder engajado aparece com clareza em casos de disputa sobre temas polêmicos. A honestidade e a racionalidade fria recomendam que nos esforcemos em buscar e dar o devido peso aos melhores argumentos *contrários* às causas que esposamos. Na república austera da busca do conhecimento objetivo, convicções são párias e certezas inabaláveis não têm direito à cidadania. O corolário disso é que toda crença e toda adesão a causas de qualquer natureza deveriam ser tentativas e abertas à revisão crítica. "A obstinação e a convicção exagerada", dizia Montaigne, atônito diante dos entusiasmos e das guerras santas de seu tempo, "são a prova mais evidente da estupidez."[21]

A lógica aplaude e agradece, sem muito ardor, é claro, mas uma questão delicada permanece: aonde se chega assim, com tamanha retidão cognitiva, na arena implacável e fortemente competitiva da vida pública? Pensar *contra* si mesmo — buscar sem piedade aquilo que complica a vida de nossas mais caras e guarnecidas crenças — pode ser um tônico valioso do ponto de vista do saber, mas é um veneno letal quando invade a fortaleza do acreditar. Pensar *a favor* de si mesmo — cultivar e repisar as crenças que tanto nos revigoram por nelas acreditarmos — tem o efeito oposto. Se o calor de certezas bem enraizadas é inimigo da luz, não existe aliado ou combustível mais poderoso da ação. Premido entre os imperativos conflitantes do saber e do agir, o líder engajado não hesita. Nossas causas estão acima de qualquer suspeita e o hipócrita interior não dorme no ponto. O autoengano é a boa consciência da quadratura do círculo.

Um dos mecanismos mais eficazes na fixação de crenças favoráveis às nossas metas e ambições é a seletividade espontânea da atenção e da memória. Os resultados obtidos pela psicologia experimental em testes sistemáticos reproduzem de forma controlada aquilo que cada um pode observar a seu redor.

Do aborto à pena de morte e da esterilização gratuita à eutanásia, escolha uma causa polêmica e encontre um grupo de pessoas com posições firmes em relação a ela. Apresente em seguida, para cada membro do grupo, dois argumentos *a favor* da causa em questão e dois *contrários*, sendo que, em cada caso, um desses argumentos é bastante plausível, enquanto o outro beira o absurdo de tão implausível. Passado um pequeno intervalo de tempo, pergunta-se: de que argumentos se recordarão espontaneamente essas pessoas? A hipnose da boa causa é cega, mas certeira. Não importando o lado em que estejam na polêmica, o padrão básico de assimilação e memorização é comum: as pessoas tendem marcadamente a se lembrar dos argumentos plausíveis que sustentam a sua posição e dos absurdos que se opõem a ela. E é só. Tudo, é claro, com a maior naturalidade e boa-fé deste mundo...[22]

A hipnose da boa causa, qualquer que ela seja, produz no indivíduo uma espécie de cegueira protetora. No caso da política econômica, como observa Marshall, ela tem o dom de "tornar as pessoas aptas a enxergar apenas e precisamente aquelas partes da verdade econômica que estão de acordo com a sua política, e a permanecerem honestamente cegas para aquelas que não estão".[23] A honestidade e a boa-fé da cegueira são a senha do autoengano e sua condição essencial de eficácia.

O varejo positivista das pequenas causas, contudo, não passa de espetáculo menor e acanhado diante do que ocorre no atacado dialético das paixões revolucionárias. No drama épico do devir histórico, não há lugar para amadorismo. A certeza íntima e inabalável de que a verdade foi encontrada e está do nosso lado faz milagres. Na manhã radiante do seu raio ordenador, os equívocos e descaminhos monstruosos do passado desvanecem. Épocas inteiras se desnudam. Milênios de experiência histórica convergem obedientes para a síntese de uma fórmula. Os sacrifícios dos que padeceram para que chegássemos até aqui ganham sentido. Nada foi em vão. O futuro, agora, está ao alcance da mão. Quando a pólvora das circunstâncias é farta, basta a centelha para detonar a explosão.

O indivíduo é o nada que é tudo. O revolucionário vive fora de si, possuído por uma verdade que o transcende. Ele é o porta-voz terrestre da Providência, como Cromwell; ele é a encarnação humana e incorruptível da Vontade Geral, como Robespierre; ele é o instrumento de ponta do qual a História se serve para avançar em sua marcha dialética, como Lenin. A urgência de suas certezas é mais forte que ele. Seus olhos brilham, o fervor incontido eletrifica sua voz, o corpo fala e o coração pensa. A confiança mágica e contagiante que o inspira arrebata multidões. Como um jogador dostoievskiano, ele aposta alto, aposta tudo na certeza de que a vitória final tem a força irresistível de uma fatalidade. Nenhum sacrifício é demais. "Se você pensar na Revolução", recomenda Lenin, "sonhar com a Revolução, dormir com a Revolução por trinta anos, você está fadado a conquistar a Revolução um dia."[24]

Um dos traços mais recorrentes no autoengano revolucionário é o recurso a autoridades mais altas que sancionem ações e golpes mais baixos. Ovos do espírito, omelete da revolução. O convite ao filósofo Cícero, no *Júlio César* de Shakespeare, para que se juntasse aos conspiradores, emprestando o grisalho de sua sabedoria e o verniz de sua virtude ao assassinato de César, é emblemático. Deuses e profetas mortos, entretanto, são mais dóceis: "A autoridade dos mortos não aflige e é definitiva". Cromwell derrubou a monarquia britânica brandindo a Bíblia; um aiatolá revolucionário encontrará tudo o que precisa no Alcorão; a seita japonesa "Verdade Suprema" tirou do quietismo budista a sanção espiritual para atacar com gás venenoso o metrô de Tóquio. Robespierre, o incorruptível, implantou o terror e operou a guilhotina invocando citações mal pinçadas da teia moral rousseauniana, enquanto Lenin, como veremos a seguir, valeu-se do ardil da *Aufhebung* para um memorável exercício de quadratura erudita do círculo.[25]

Em seu exílio suíço, nos meses que antecederam a Revolução Russa, Lenin penetrou fundo nos segredos da lógica hegeliana e chegou à seguinte conclusão (registrada por escrito em seus cadernos filosóficos postumamente publicados): "É impossível entender inteiramente *O capital* de Marx, e principalmente o seu primeiro capítulo, sem haver estudado e entendido integralmente *toda* a *Lógica* de Hegel". "Consequentemente", concluiu o líder bolchevique com lógica impecável, "meio século depois nenhum dos marxistas entendeu Marx!!"[26] Ao voltar para a Rússia, portanto, no bojo da crise revolucionária que lhe abriu as portas do poder, Lenin podia banhar-se ao sol delicioso de uma certeza íntima e inabalável — ele era o primeiro marxista a verdadeiramente entender Marx! E mais: como a *Lógica* de Hegel continua desafiando a capacidade de compreensão de várias gerações de especialistas em lógica dedicados a ela, é provável que Lenin tenha sido não apenas o primeiro, mas também o último ser vivo a desvendar o hieróglifo da "bíblia da classe operária". Afinal, como dizia Nietzsche, tendo possivelmente Hegel em mira, "todo pensador profundo teme ainda mais ser entendido do que ser mal entendido".[27]

Toda revolução é promessa de futuro. É por isso que as paixões revolucionárias, tal qual o amor-paixão, têm especial vocação para o autoengano. A faísca, é claro, requer a pedra oposta — ela é acesa pelo impacto. O pano de fundo do espetáculo de fogo e fúria é a crise desenganada do antigo regime. Onde cresce o desespero, cresce também a busca desesperada de salvação. De um lado, está o arsenal de verdades apetitosas que ainda não mentem, mas já garantem a salvação. E, de outro, está a fome atávica por promessas deliciosas que creem genuinamente na salvação que oferecem. O par é perfeito. É o encontro da fome de poder com a vontade (literal) de comer. Se um não existisse, o outro o criaria.

A inocência do prometer revolucionário tem a pureza comovente da fantasia libertina de uma virgem. A experiência de uma longa temporada na oposição — com frequência na clandestinidade, cárcere ou exílio — tende a suscitar vigorosas ilusões sobre as possibilidades de transformação do mundo por meio da ação política. Mais que uma questão de vontade, o paraíso prometido é fruto da mais rigorosa dedução dialética do devir histórico ou (como dizia Lenin sobre o marxismo) da "completa sobriedade científica na análise de um estado de coisas objetivo". À distância, os obstáculos esvanecem e a miragem resplandece. A capacidade de subestimar incertezas e dificuldades na criação da nova ordem chega ao paroxismo da crença panglossiana de que "a humanidade só se coloca os problemas que ela é capaz de resolver". Conquistado o poder, as soluções cairão como frutas maduras. "O comunismo", dizia Lenin triunfante, "é igual ao poder dos sovietes mais a eletrificação [rural]."[28] Como é belo o futuro na aurora da revolução!

O único problema, é claro, é que o admirável mundo novo sonhado na longa noite do antigo regime costuma ter pouco (ou nada) a ver com o pesadelo nascido de suas entranhas. Não é preciso ser cego ou advogado comprado da reação, como são invariavelmente chamados os inimigos de qualquer revolução que se preze, para apreciar a pertinência do alerta dado por Engels — pedigree revolucionário impecável — em carta escrita no final da vida: "As pessoas que se vangloriam de terem feito uma revolução sempre acabam percebendo no dia seguinte que elas não tinham a menor ideia do que estavam fazendo, e que a revolução feita em nada se parece com aquela que elas gostariam de ter feito". Retórica reacionária, como apregoa Albert Hirschman?[29] A experiência e a lógica do autoengano sugerem que não.

De certo modo, vale notar, foi isso que Lenin começou a descobrir no momento em que, passada a euforia das primeiras noites, viu-se à frente de uma revolução vitoriosa. "É muito mais fácil tomar o poder numa época revolucionária", ele admitiu, "do que saber como usar esse poder de maneira apropriada."[30] A grande pena é que o líder bolchevique não tivesse aproveitado a paz e a reclusão de seu exílio suíço para meditar sobre o assunto. Mas a verdadeira tragédia — e não só para esta que foi a maior promessa política do século XX — é que os herdeiros de seu legado, líderes do porte de Stalin, Vishinski e Lisenko, jamais tenham demonstrado ter dúvidas acerca do que fazer do poder que detinham. A revolução feita em nome da racionalidade econômica e do fim do Estado enquanto forma de dominação política redundou no seu contrário: um grotesco hospício econômico comandado por uma das mais brutais máquinas de repressão e opressão política da era moderna. O sonho *ex ante* foi a semente do pesadelo *ex post*.

7. A FORÇA DO ACREDITAR COMO CRITÉRIO DE VERDADE

Sonhar e acreditar no sonho são o sal da vida. Não há nada de errado, em princípio, em apostar alto na vida privada ou na vida pública, correr o risco no amor, na política, nos negócios, na arte ou no que for o caso. O comportamento exploratório — ousar o novo, tentar o não tentado, pensar o impensável — é a fonte de toda mudança, de todo avanço e da ambição individual e coletiva de viver melhor. Viver na retranca, sem esperança e sem aventura, não leva ao desastre, é verdade, mas também não leva a nada. Pior: leva ao nada da resignação amarga e acomodada que é a morte em vida — o niilismo entediado, inerte e absurdo do "cadáver adiado que procria".

O problema não está em sonhar e apostar, mas na qualidade do sonho e na natureza da aposta. O melhor dos mundos seria combinar o *ideal prático* da coragem das nossas convicções, quando se trata de agir, com o *ideal epistêmico* da máxima frieza e distanciamento para atacar e rever as nossas convicções, quando se trata de pensar. É o que propõe, de certo modo, Goethe: "Existe uma reflexão entusiástica que é do maior valor, contanto que o homem não se deixe arrebatar por ela".[31] Uma quadratura virtuosa do círculo: a paixão medida.

A dificuldade reside em viver à altura dessa exigência simultânea de entrega e autocontrole. Reconhecer, de um lado, que nada de grandioso se faz neste mundo sem entusiasmo e paixão, mas nem por isso aceitar, de outro, que a força da paixão e o ardor do entusiasmo se tornem critérios de verdade em nossa compreensão do mundo. Na vida pública, o duplo perigo é bem retratado pelo poeta irlandês Yeats: "Os melhores carecem de qualquer convicção, enquanto os piores estão repletos de apaixonada intensidade".[32] Para o indivíduo, o risco é análogo. As paixões medidas e analisadas esmorecem e definham, enquanto as paixões desmedidas e desgovernadas arrebatam e atropelam.

Aquilo que somos e aquilo que fazemos podem ter pouco a ver com aquilo que acreditamos ser ou estar fazendo. A pessoa movida por uma paixão poderosa, qualquer que ela seja, vive um momento de máxima força e máxima fragilidade. Suas certezas brilham e ofuscam. Sua autoconfiança revigora o ânimo mas tende a afogar a lucidez. A mesma confiança em si mesmo que move montanhas na vida pública e irriga o agreste na vida privada é o passaporte do autoengano — verdades que mentem, pesadelos utópicos, quebra de confiança. O acreditar é aliado do instinto. Enquanto o homem, com sua malícia, está indo, a natureza, com a sua inocência, está voltando. É por isso que nossos desejos e metas, não importando quais sejam, têm o dom insinuante de se fazer justificar a si próprios para nós mesmos, inspirando-nos com as certezas íntimas, deliciosas e inabaláveis que nunca falham em justificá-los.

Não há nenhuma razão necessária para que o comportamento exploratório tenha que envolver alguma forma de autoengano. As relações humanas são o que são: a paixão entre os sexos detesta a temperança e a paixão política tem horror à dúvida. Escrito ou aberto, o futuro é incerto. Nem todo erro, contudo, implica autoengano. É a exacerbação da crença de que a verdade foi encontrada — de que as certezas e convicções que nos impelem à frente têm o valor cognitivo de uma revelação divina ou de um teorema geométrico — que trai a ocorrência de algum processo espontâneo e tortuoso de filtragem, contrabando e autoengano. O passo fatal do ponto de vista lógico, apesar de absolutamente natural sob uma ótica psicológica, é confundir calor com luz. É transformar a força e o brilho de uma crença — a intensidade do acreditar — em critério de verdade.

A quadratura do círculo é insidiosa e segue um padrão bem definido. Duvidar dói. Se a certeza que me toma é tão íntima, veemente e arrebatadora, então ela só pode ser verdadeira. Se o meu entusiasmo pela causa é tão intenso e as convicções que me movem à frente são tão fortes, então elas não podem ser falsas. Tudo em mim conspira para atribuir à causa que esposo e às convicções que giram em torno dela a legitimidade e a racionalidade de verdades inescapáveis. Autoridade para tanto, jamais me falta. Minhas promessas e análises, por mais delirantes que possam parecer aos incautos ou aos não iniciados, são fruto da inspiração superior, da dialética profunda ou do mais absoluto rigor científico. Que ninguém se iluda: quem soubesse o que sei e sentisse o que sinto fatalmente chegaria às mesmas conclusões.

Seria exagero, é certo, supor que quanto maior a intensidade de uma crença, menor a probabilidade de que ela seja verdadeira. Mas o envolvimento de emoções poderosas no processo de formação de crenças é razão de sobra para que se proceda com a máxima cautela. Todo cuidado é pouco. O brilho intenso ofusca e o calor é inimigo da luz. Crenças saturadas de desejo podem ser verdadeiras, falsas ou indecidíveis. Mas o simples fato de que estão saturadas de desejo é sinal de que temos um enorme interesse — e ínfima isenção — na determinação do seu valor de verdade. Está aberta a porta dos fundos para a inocência culpada de resultados que escarnecem brutalmente de nossas intenções.

A força do acreditar, é verdade, faz milagres. Mas isso não a torna critério de verdade, assim como a disposição a resistir e aguentar todo tipo de perseguição em nome de um ideal revela, sim, bravura, mas nada nos diz sobre a validade da causa em jogo de um ponto de vista ético. A confusão, no entanto, é tão frequente quanto sedutora, e nossa capacidade de resistir a ela na vida prática é variável e limitada. As mentiras que contamos para nós mesmos não trazem estampadas na fronte as suas credenciais. A análise dos caminhos suaves do autoengano ajuda a elucidar o enigma do sofrimento que tantas vezes nos causamos a nós mesmos e uns aos outros — a metamorfose de promessas sinceras em traições obscenas na vida privada e a alquimia de certezas contagiantes em equívocos monstruosos na vida pública.

O princípio da complementaridade na física quântica reza que "uma grande verdade é uma afirmação cujo contrário é também uma grande verdade". O poeta Hölderlin afirma que "o homem é um deus quando sonha, um mendigo quando reflete".[33] Sob a ótica do autoengano, contudo, o contrário dessa grande verdade não é menos verdadeiro: o homem é um mendigo quando sonha, mas compartilha algo do divino quando reflete.

4. PARCIALIDADE MORAL E CONVIVÊNCIA HUMANA

1. FRONTEIRAS DA IMPARCIALIDADE: INDIVÍDUO E ESPÉCIE

A parcialidade é inerente à condição humana. O viés de sermos quem somos vem inscrito já na constituição dos nossos órgãos sensoriais. Veja, por exemplo, a visão. Não é fácil ver o que estamos de fato vendo. Os objetos que nos cercam nunca se mostram como são, mas de acordo com o ponto de vista e a posição peculiar que ocupamos. Tudo se ajusta, sem nos pedir licença, ao nosso olhar. Aos olhos de um pedestre atento ao que realmente está vendo diante de si, a luminária acesa no poste à noite é maior que a lua cheia. O vagalume a um palmo do nariz brilha mais forte que a mais majestosa e cintilante estrela no céu. A baía da Guanabara cabe com folga na janelinha do avião em que estamos. O testemunho inocente dos sentidos faz de cada ser humano o centro ambulante do universo.[1] Se a retina comporta o horizonte infinito e tudo que se põe no caminho, por que sentir-se humilde diante da vastidão do cosmos?

O viés espontâneo dos sentidos é inflar o que está próximo e apoucar o remoto. Na prática, é evidente, sabemos que as coisas não são assim. A percepção nua e crua — livre de inferências, censores e patrulhamentos lógicos — não é a percepção vivida. Das mais diversas maneiras, e quase sem nos darmos conta disso, estamos permanentemente corrigindo em nossa mente a parcialidade abusiva e a desproporção ilusória das sensações em estado bruto. O hábito de entrecruzar e comparar informações sensíveis, de um lado, e a experiência e o conhecimento adquiridos ao longo da vida, de outro, insinuam-se no ato perceptivo e atenuam, pelo menos em parte, a inflação natural dos sentidos. Sob a luz moduladora da consciência, a luminária no poste se amesquinha, o vagalume empana e o avião que nos leva, visto da praia em relance reverso, é um cisco no céu. Se o sistema solar não passa de um ponto no universo infinito, como não se sentir irrisório diante da vastidão do cosmos?

Os órgãos sensoriais que nos ligam ao mundo são parte de um todo. O viés de sermos quem somos — a marca indelével de nossa individualidade — não se limita, é claro, à constituição do aparelho perceptivo. A parcialidade inerente à condição humana prossegue, por outros meios e com graus variáveis de permeabilidade à nossa vontade e raciocínio conscientes, no funcionamento do corpo e na dinâmica dos processos mentais.

O metabolismo do nosso corpo — a miríade de funções biológicas vitais monitoradas e regidas principalmente pelo hipotálamo — é um sistema autorregulado, vedado à nossa vontade consciente e absolutamente parcial no suprimento automático das carências e demandas definidas pelas células, órgãos e tecidos sob sua jurisdição. Ao contrário do aparelho perceptivo, a engrenagem orgânica da parte interna do corpo humano não admite interferências das deliberações mentais associadas ao córtex superior em sua lógica autocentrada e implacável.

No processo digestivo, por exemplo, o alimento passa por uma cadeia complexa de operações metabólicas até tornar-se apto a ser distribuído e devidamente assimilado pelo resto do organismo. Da boca para fora, é certo, o indivíduo pode em tese negar o suprimento das demandas do corpo fazendo um jejum prolongado ou uma greve de fome. Da faringe em diante, contudo, o organismo é soberano e sabe cuidar de si. Caiu na rede é peixe. Santa Teresa de Ávila é igual a Genghis Khan. Tudo transcorre dentro do mais rigoroso, sectário e autocentrado sentido de prioridades. O que o corpo não reconhece está fadado a ficar à míngua. Um microrganismo intruso ou um invasor parasita que almeje viver à custa da digestão alheia terá de burlar, de alguma forma, o sistema defensivo e o zelo avaro do organismo anfitrião. A parcialidade do hipotálamo e dos demais órgãos responsáveis pela sofisticada homeostase interna do corpo pode ser fraudada ou apresentar defeitos, mas não dissuadida ou desviada de seus fins.[2]

O funcionamento interno da nossa mente parece refletir, em larga medida, o modus operandi do aparelho perceptivo e do sistema metabólico. À parcialidade natural dos sentidos e do corpo corresponde, no plano psicológico, a parcialidade espontânea da vida mental de cada um: nossos sentimentos, desejos, crenças e interesses. Tudo aquilo que se relaciona à nossa pessoa, de uma forma direta ou simplesmente imaginada, tende a adquirir uma magnitude e importância subjetivas que apenas fazem sentido — se é que fazem algum — a partir do ponto de vista peculiar e da posição singular que ocupamos no mundo. O mental é essencialmente solidário com o perceptivo e o orgânico, ainda que felizmente, como veremos, seja também mais aberto, pelo menos em princípio, à correção de equívocos, excessos e abusos.

Todo homem é de importância vital para si mesmo. Ao redor de cada ser humano, não importa quão humilde ou abnegado, existe um círculo concêntrico em cujo ponto central ele se encontra. É a partir da sua experiência apenas — do seu leque pessoal de vivências e da sua capacidade de se transportar na imaginação para a situação e a interioridade do outro — que ele pode avaliar e julgar a experiência alheia. Tudo aquilo que penso e sinto, do meu paladar à minha saudade, possui uma relação interna com a minha própria vida subjetiva que não só exclui toda possibilidade de apreensão direta por parte de outra pessoa, por mais próxima que seja, como me serve de parâmetro e medida na tentativa de conceber e julgar aquilo que os demais pensam e sentem a partir de suas respectivas perspectivas internas. Por mais que nos apliquemos e esmeremos na arte do descentramento e do abandono de si, visando transcender o círculo da individualidade dentro do qual vagamos pela vida, jamais conseguiremos vir a ser o outro para nós mesmos.

A atitude de cada um de nós com relação à sua própria existência é inevitavelmente dominada pelo fato de que não se trata de uma vida qualquer, mas da nossa vida. *Alguma* parcialidade em relação a nós mesmos é, no limite, condição de sobrevivência e reprodução — uma exigência da natureza. Suponha, para efeito de raciocínio, uma pessoa que não só *não* se imagina mais importante do que é, mas que se considera de fato tão importante (ou desimportante) quanto qualquer outro ser humano; alguém a tal ponto neutro, imparcial e isento a seu próprio respeito, que fosse capaz de sentir pelos outros exatamente como sente por si. O que seria erradicar por completo de nossa mente qualquer traço de parcialidade em relação a nós mesmos? No que resultaria um esforço vitorioso de despir-se radicalmente da nossa individualidade subjetiva no que ela tem de *parti pris* egoísta?

Basta um momento de reflexão para constatar que isso produziria uma situação absurda e insustentável. Para um ser assim constituído, a sua própria sensação de fome teria um apelo exatamente igual ao da fome de qualquer outro indivíduo; a dor que porventura sentisse doeria tanto quanto uma dor equivalente em corpo alheio; a ideia de sua própria morte teria, aos seus olhos, a mesma gravidade e interesse que a morte de alguém desconhecido. Ao contrário do dito machadiano — "Suporta-se com paciência a cólica do próximo" —, a sensibilidade ao sofrimento alheio contaminaria toda a sua existência. Ao pular fora da redoma de sua individualidade, ele despencaria no abismo do desespero e do estilhaçamento; ao amar o próximo rigorosamente como a si mesmo, ele se autodestruiria. Mártir ou monstro? Santo ou insano? Uma coisa é certa: se alguém assim (ou remotamente parecido) chegasse a existir, não subsistiria por muito tempo. Como recorda Nietzsche: "Um único cristão apenas existiu, e ele morreu na cruz".[3]

Há distância para tudo. O que vale para o indivíduo desinflado de sua individualidade, pode-se argumentar, vale *mutatis mutandis* para a espécie humana como um todo esvaziada de sua humanidade. O exercício do distanciamento reflexivo em relação a sua posição no mundo leva o animal humano a buscar contemplar-se de um ponto de vista neutro e externo, ou seja, o mais afastado possível da parcialidade espontânea e do viés peculiar definidos por sua condição natural pré-reflexiva.

Uma opção é transportar-se para a pele e os olhos de outras espécies que não a nossa. "Se os bois, os cavalos e os leões tivessem mãos e pudessem desenhar e esculpir como os homens", observou o poeta e filósofo pré-socrático Xenófanes, "os cavalos fariam imagens de seus deuses como cavalos e os bois como bois; cada um deles faria estátuas de suas divindades conforme os corpos que eles próprios possuem" (fragmento 15). O ver de fora esfria o acreditar. Imaginar-se ao centro das coisas é uma fantasia natural da margem; mas, se o centro está em toda parte, ele não está em ponto algum. Ao figurar e conceber aquilo que a ultrapassa, a espécie humana reencontra a marca indelével de sua humanidade — o imanente inocula o transcendente. "Minha ideia de Deus", confessa o pensador espanhol Miguel de Unamuno, "é diferente cada vez que o concebo."[4] A parcialidade do animal humano em relação à humanidade não poupa nem mesmo a nossa ideia de perfeição.

Outra opção, mais radical, é transportar-se para fora no espaço e para longe no afeto, suspendendo provisoriamente a cumplicidade afetiva que nos une e comove diante do que é humano. Vistos de longe e de fora, sob a ótica impassível e imutável do universo, as preocupações, projetos e ambições que nos movem parecem perder o viço e o sentido. Não foi preciso esperar pela revolução copernicana, pelos telescópios de Galileu ou pela corrida espacial para que os homens se dessem conta do absurdo que é a vida vista radicalmente de fora, desprovida do viés peculiar de quem a vive. As variações em torno dessa perspectiva cósmica na história das ideias — sempre um prato cheio para os céticos, moralistas ou simplesmente melancólicos de todas as épocas e filiações teóricas — parecem ser tão numerosas quanto os astros no céu. Nas pegadas de Luciano, o poeta satírico romano do século II d.C., é o renascentista Erasmo quem nos convida a um *sojourn* lunar:

> Em suma, se pudésseis olhar da Lua, como outro Menipo [personagem de Luciano], as inumeráveis agitações da Terra, pensaríeis ver uma multidão de moscas ou mosquitos que brigam entre si, lutam, se armam ciladas, se roubam, brincam, dão cambalhotas, nascem, caem e morrem; e é inacreditável

que tumultos, que tragédias, produzam um tão minúsculo animal destinado a depressa perecer. Frequentemente, devido a uma curta guerra ou ao ataque de uma epidemia, desaparecem ao mesmo tempo muitos milhares deles![5]

Assim como, no plano individual, o descentramento radical leva o sujeito a uma condição de abulia e autodestruição, também no plano coletivo o movimento análogo conduz a uma posição insustentável. A pretensão do animal humano de se conhecer de longe e de fora — como um animal distante e estranho ou como o outro para si mesmo — desemboca em perplexidade e niilismo. Desprovida da subjetividade parcial de quem a vive, a vida *sub specie aeternitatis* não é vida, mas agitação feroz e sem finalidade, "mera movimentação de membros" no dizer hobbesiano. O drama humano contemplado de um ponto remoto no espaço afetivo, por um espectador munido de distância crítica e total frieza analítica, perde a sua dramaticidade e adquire contornos de uma subfarsa amadora, insípida e absurda — "uma lenda, contada por um idiota, cheia de som e fúria, sem nenhum significado".[6]

Ao sair de si, olhar para si e voltar a si, o ser humano cai momentaneamente em si. A experiência pré-reflexiva que temos de ser quem somos é negada pelo distanciamento reflexivo que nos leva a suspender a nossa natural parcialidade por nós mesmos e a indagar sobre quem somos e o que representamos na ordem das coisas. O animal humano se examina de longe e de fora, espia de telescópio o seu pequeno palco, incita o enredo a confessar seus segredos, disseca e tortura o protagonista-inseto, mas em nenhum momento transcende definitivamente a si mesmo ou deixa de ser quem é. Ao caminhar sob a sombra da distância que ele próprio alimenta e que o afasta de si, o animal humano se descobre diminuído e aterrado por sua própria sombra; um ser estranhamente eivado de contradições: central mas insignificante, essencial mas fortuito, necessário mas contingente, exaltado mas desolado.

Na prática, é evidente, a perplexidade e o niilismo associados à perspectiva radicalmente externa não passam de embriaguez — ou sobriedade! — passageira. O ponto de vista cósmico se revela tão pouco sustentável no solo da vida comum e na constituição natural da mente quanto a ideia de um indivíduo descentrado de sua individualidade. Por mais forte e convincente que pareça o apelo dessa visão sombria, enquanto respiramos o ar frio e rarefeito da neutralidade afetiva, a vitória da parcialidade espontânea — da consideração carinhosa e especial que nutrimos por nós mesmos *qua* espécie — acaba se impondo.

O triunfo da parcialidade, vale notar, é tão devastador que se alastra pelo campo inimigo. O niilista que vem a público propagar a sua profunda descrença e compartilhar a sua total indiferença pelos caminhos do mundo está negando de forma implícita o que afirma. Afinal, é de se indagar, por que uma pessoa para quem de fato "nada importa" e "o mesmo faz que penses ou não penses" dar-se-ia ao trabalho de promulgar esse ponto de vista e de tentar persuadir quem quer que fosse a respeito disso ou de qualquer outra coisa? Há formas menos trabalhosas e mais eficazes de afastar o tédio.

2. O CENTRO SENSÍVEL DO UNIVERSO

A imparcialidade tem limites. Uma parte jamais verá, será ou compreenderá inteiramente o todo a que pertence. Um ser dotado de sentidos que traduzissem fielmente a real magnitude e proporção das coisas perderia o senso de orientação e desapareceria na sua insignificância. Um organismo que não discriminasse com rigor entre o que lhe pertence e o alheio se veria invadido por vermes e tragado como um cadáver. Um indivíduo que sentisse pelos outros com a intensidade que sente por si próprio endoideceria ao clamor de uma cacofonia infernal de apetites e pulsões. Uma espécie que perdesse radicalmente a crença em si mesma e na possibilidade de sentido em seu destino sucumbiria sob o peso esmagador da futilidade de qualquer esforço e da gratuidade do existir.

Uma coisa, contudo, é demarcar as fronteiras no caminho

da imparcialidade. Outra, muito distinta, é adentrar pelo vasto e luxuriante continente da nossa parcialidade espontânea em relação a tudo o que nos diz respeito. Os limites da imparcialidade, como vimos, existem e não podemos transcendê-los. Mas, quando se trata da parcialidade natural de cada um por si próprio, *qual o limite*? Até que ponto pode chegar a nossa insinuante preferência por nós mesmos? Como o viés de sermos quem somos afeta, de um lado, a nossa vivência subjetiva interna e, de outro, a nossa convivência com os indivíduos que nos cercam e as nossas estratégias pessoais de vida?

No domínio da sensibilidade, como no aparelho perceptivo, a proximidade faz milagres. Um exemplo simples, mas facilmente generalizável e próximo da experiência comum, ajuda a ilustrar o ponto.

Os meios modernos de comunicação trazem todos os dias, muitas vezes em tempo real, as mais tenebrosas cenas de calamidade e sofrimento humano. Suponha, nessa mesma linha, um desastre aéreo de proporções gigantescas: um enorme avião a jato que caiu logo após a decolagem na periferia de Calcutá, causando centenas de mortes. As imagens do acidente invadem instantaneamente as salas de estar do planeta.

Como reagimos diante da tragédia? A sensação imediata é de horror e sincera consternação por conta das vidas ceifadas, do sofrimento dos parentes e da estúpida brutalidade da queda. É possível que alguns telespectadores devaneiem a respeito dos riscos das viagens aéreas, enquanto outros se reconfortem na lembrança de que nunca se expõem a perigos desse tipo. O noticiário prossegue, as imagens se sucedem, a atenção flutua. Minutos mais tarde, conversando animadamente à mesa do jantar, quem se recorda ainda ou sente alguma coisa acerca da horrível tragédia do dia? Em poucas horas tudo estará convenientemente esquecido.

Suponha agora um pequeno contratempo aéreo que nem saiu nos jornais. O avião em que estamos viajando a trabalho sofre uma pane súbita na turbina esquerda em pleno voo e precisa fazer um pouso de emergência no aeroporto mais próximo. Pânico. "O medo é a extrema ignorância em momento muito agudo."⁷ Alguns passageiros disfarçam o medo, outros se encolhem nos assentos; os afoitos perdem a compostura e as crianças a bordo gemem e berram de pavor. O susto é enorme, mas a aterragem é bem-sucedida e felizmente não há vítimas. Palmas e alívio geral. Em algumas horas estão todos de volta aos seus lares e escritórios, contando aos parentes e conhecidos os detalhes da aventura que acabaram de passar.

Como reagimos diante do ocorrido? O pânico e a incerteza ficaram para trás ("Ainda não foi desta vez..."). Os efeitos do trauma, é certo, vão depender da suscetibilidade de cada um. Mas as sequelas emocionais da nossa pequena aventura, que apesar de tudo resumiu-se a um susto acompanhado de alguma turbulência, superarão largamente, em todos os casos, o efeito em nós provocado pelas cenas da morte trágica de centenas de vítimas no desastre indiano.

Objetivamente, em retrospecto, tudo não passou de um quase acidente sem danos; subjetivamente, contudo, os efeitos da experiência vivida tendem a persistir conosco, projetando a sua sombra por um lapso considerável de tempo. É possível que alguns percam o sono naquela noite ou se embriaguem ou tenham pesadelos; é provável que outros tantos abandonem — temporária ou indefinidamente — o avião como meio de transporte. Foi o meu caso.

Dois pesos, duas medidas. Coloque os dois eventos na balança: de um lado, a perda irreparável de centenas de vidas e o sofrimento dos parentes; do outro, o susto e o incômodo momentâneos causados por um pouso forçado sem vítimas. A desproporção entre os dois episódios é cavalar. Não é à toa que só um deles foi ao ar. O que se nota, contudo, é que na métrica espontânea das nossas emoções o impacto do segundo evento domina inteiramente o primeiro, assumindo uma gravidade desmesurada em relação a ele, da mesma forma como o vagalume a um palmo do nariz ofusca a maior estrela no céu. O peso da proximidade descalibra a balança e faz pender os pratos subjetivos violentamente a nosso favor. O viés da posição peculiar que ocupamos no mundo dita e governa, sem nos pedir licença, o grau e o teor dos nossos sentimentos. O testemunho inocente das paixões tende a fazer de cada coração humano o centro sensível do universo.

A disparidade entre as duas medidas aparece com clareza quando buscamos determinar os *termos de troca* entre os dois eventos. Suponha que nenhum deles tenha ocorrido ainda, e que exista a possibilidade concreta de escolher *qual dos dois* irá se tornar realidade no futuro, evitando assim a ocorrência do outro. A julgar exclusivamente pelo impacto de cada um nas nossas vivências subjetivas, a ocorrência do desastre na Índia seria preferível ao nosso pequeno contratempo aéreo. O disparate agride. Não é ainda o ponto extremo e autodestrutivo da provocativa fórmula humiana — "Não é contrário à razão preferir a destruição do mundo inteiro ao esfolar de meu dedo" —,[8] mas seria, sem dúvida, uma conduta monstruosa. Um despautério digno de um psicopata furioso, de uma criança recém-nascida desesperada de fome ou de um imperador romano que decepa escravos para aliviar o tédio.

Felizmente a parada é tranquila. O veredicto do juízo moderadamente refletido é mais que suficiente, nesse caso, para anular a parcialidade absurda do amor-próprio e mostrar que a prevenção de um grande susto e desconforto passageiros, de quem quer que seja, jamais poderá justificar a morte de centenas de vítimas desconhecidas do outro lado do mundo. Sob o contrapeso modulador do juízo moral, a força da proximidade é derrotada e a balança obedece à ação corretiva da vontade consciente. Seria até mesmo um privilégio, concluiriam alguns com certo gosto, poder suportar as agruras de uma pane aérea em troca da prevenção de um terrível desastre. Nosso incidente prosaico e aleatório ganharia outra dignidade (e quem sabe as manchetes...).

O problema da parcialidade, porém, permanece. Ele volta a mostrar as garras à medida que passamos a alterar, ainda que de forma tênue, os parâmetros da situação original. Imagine que a escolha agora é entre um desastre aéreo na Índia idêntico ao que assistimos no telejornal e a ocorrência de uma pane no avião em que estamos, só que com uma única diferença: existe uma *pequena probabilidade* de que o pouso forçado provoque uma ou duas mortes e alguns ferimentos graves entre os passageiros daquele voo. O que seria realista esperar?

Há várias possibilidades. Se a escolha é feita à luz do fato sabido de que, apesar do trauma, ninguém mais próximo (inclusive um de nós) sofreu danos irreparáveis, não há razão para deixar de optar pelo mal menor, ou seja, o menor saldo de mortos. Mas se a escolha tiver de ser feita *ex ante* e sob o véu da ignorância quanto à identidade das vítimas, o juízo balança. Quantos de nós estaríamos *de fato* dispostos a aceitar o pequeno risco da grande perda para prevenir a morte *certa* de centenas de estranhos? Qualquer resposta hipotética, no conforto das páginas de um livro, é suspeita. A única certeza é que se essa mesma possibilidade de escolha fosse oferecida do outro lado do mundo, para os passageiros daquele voo indiano, não haveria nenhuma dúvida. Nada mais certo. É evidente que nós, no lugar deles, também não hesitaríamos.

A parcialidade espontânea do sentir humano parece assumir em certos casos tal virulência que chega mesmo a agredir e ofender os escrúpulos de quem sente. A preferência espontânea da pessoa por si mesma tem o dom de ganhar, nessas ocasiões, proporções monstruosas. Ela adquire a força de uma paixão subterrânea e o vigor insinuante de uma correnteza capaz de invadir e inundar, sem ter sido chamada, os mais sagrados recintos do decoro interior. A compreensível repulsa e o horror de sentir, ainda que apenas de forma oblíqua e à meia-luz, o que sentimos, parecem estar por trás de alguns dos mais singulares curtos-circuitos e *black-outs* de que a nossa mente é capaz. Um episódio íntimo vivido pelo herói-narrador machadiano no *Dom Casmurro* ilustra bem o ponto.

O jovem Bentinho anda obcecado pelo desejo de casar com Capitu, mas não pode consumar a sua paixão: ele foi prometido pela venerada mãe, desde que nasceu, ao seminário e à vida religiosa. Uma tentativa de se abrir com ela, a fim de solicitar sua compreensão materna para o caso, resulta em humilhante fiasco. A covardia o emudece e o futuro seminarista aquiesce. Um dia, porém, a mãe adoece. O coração de Bentinho vislumbra um raio torto de esperança. Em vez de rezar e rogar pelo pronto restabelecimento da mãe, como era dever de filho, ele abriga a fantasia de que, com a mãe morta e enterrada, o caminho para os braços da amada ficaria livre. Nada de agir; só torcer e esperar. No devido tempo, é claro, o estado da mãe vai melhorando aos poucos, e Bentinho se arrepende de ter ousado contemplar tamanha maldade. Consumido pelo remorso, ele se propõe a expiar a culpa com um gesto típico do mais irretocável prometer autoenganado, fruto da pura inocência aliada à pura malícia:

> Então levado do remorso, usei ainda uma vez do meu velho meio das promessas espirituais, e pedi a Deus que me perdoasse e salvasse a vida de minha mãe, e eu lhe rezaria 2 mil padre-nossos [...] A crise em que me achava, não menos que o costume e a fé, explica tudo. Eram mais 2 mil, onde iam os antigos? Não paguei uns nem outros, mas saindo de almas cândidas e verdadeiras tais promessas são como a moeda fiduciária — ainda que o devedor as não pague, valem a soma que dizem.[9]

Nem sempre é fácil sentir o que estamos de fato sentindo. Há coisas que o homem subterrâneo não conta para os íntimos e outras que ele não revela nem a si mesmo; é possível que, quanto mais justo e honesto o indivíduo, mais dessas coisas ele tenha. Vez por outra, contudo, elas afloram e afrontam quem as ouve. É como se um *coup d'état* virasse repentinamente o jogo do poder nos recessos da mente. A pessoa então sente o que nela sente.

Bentinho dissimula da mãe o que sente, fraquejando no intento de abrir-lhe de uma vez por todas o coração. O que ele afinal não consegue, porém, é dissimular para si mesmo, sem fraquejar, o que sente por ela. Quando a mãe cai enferma e o momento oportuno aparece, o monstro sacrílego toma o assento do candidato a santo vigário. A voz selvagem e calculista de uma parcialidade obscena abafa temporariamente o minueto do decoro e atropela a voz da consciência e do juízo imparcial. A pusilanimidade é a salvaguarda do matricídio. Recuperada, contudo, uma certa compostura íntima e a saúde materna, bate o remorso e restaura-se o status quo do autoengano. O ódio mortal da mãe e de tudo que o separa de Capitu desaparece outra vez do campo da atenção consciente. Bentinho, contrito, segue para o seminário como o bom filho que sempre foi. Um rapaz modelo, inadimplente junto ao pai-nosso, mas incapaz de magoar ou desapontar a mãe.

O *hipócrita interior* é o irmão caçula — mais esquivo e mais astucioso — do *hipócrita social*. O desejo natural de que pensem bem de nós e nos favoreçam de alguma forma faz com que frequentemente não contemos *aos outros* o que de fato pensamos e sentimos. O filósofo Bertrand Russell, por exemplo, em carta enviada a uma confidente, fez questão de mandar o seguinte recado aos seus eventuais futuros biógrafos: "Eu não respeitei as pessoas respeitáveis, e quando dei a impressão de fazê-lo era impostura; eu menti e pratiquei a hipocrisia porque, se não o fizesse, não me seria permitido prosseguir o meu trabalho; mas não há nenhuma necessidade de continuar com a hipocrisia depois que estiver morto".[10] O quadro, é claro, ficaria incompleto sem o outro lado. Afinal, o que teriam realmente pensado sobre o respeitável filósofo os seus colaboradores e ex-amantes? É o hipócrita social em ação.

A mascarada externa, entretanto, é apenas a face pública e aparente da mascarada interna. Se o desejo de conquistar e manter um lugar de honra na mente dos que nos cercam cobra uma certa aptidão e treino na arte da dissimulação, o mesmo se aplica no que diz respeito ao desejo natural que cada um tem de pensar bem — ou pelo menos não mal demais — de si próprio. O decoro íntimo e a autoestima demandam, com frequência, que não revelemos *a nós mesmos* tudo o que de fato pensamos e sentimos. O indivíduo suprime do campo da experiência consciente a sua espantosa — e por vezes francamente aterradora — parcialidade espontânea por si próprio. A inocência da operação é fundamental.

Algumas pessoas, ao que parece, têm dotes especiais para a coisa. "Homens de natureza vivaz", sugere Nietzsche, "mentem só por um momento: logo em seguida eles mentem para si mesmos e ficam convencidos e sentem-se honestos." Outros, menos favorecidos, fazem o que podem com os parcos meios à mão. O jovem Bentinho, como vimos, foi à concordata com a divindade cristã na tentativa desesperada de salvar a mãe e salvar-se do que no fundo sentia por ela. O poeta Fernando Pessoa põe o dedo no nervo sensível da questão: "Ninguém sabe o que verdadeiramente sente: é possível sentirmos alívio com a morte de alguém querido, e julgar que estamos sentindo pena, porque é isso que se deve sentir nessas ocasiões; a maioria da gente sente convencionalmente, embora com a maior sinceridade humana".[11] A mentira contada em silêncio a si mesmo só convence se for sincera. É o hipócrita interior em ação.

3. DISSIMULAÇÃO SOCIAL E PARCIALIDADE MORAL

A subjetividade humana abriga duas forças paralelas e simétricas. De um lado está a nossa resistência a uma visão *radicalmente imparcial* — neutra, isenta e externa — de nós mesmos: ninguém consegue pisar fora do círculo de sua individualidade e ser efetivamente o outro para si próprio. É possível afastar-se um pouco, buscar um ponto de vista externo, abordar criticamente a nossa natural parcialidade, mas existem limites lógicos e psicológicos ao impulso de se olhar de fora para si mesmo.

No outro extremo, no entanto, encontramos uma resistência surda e arraigada ao que nos afronta como sendo o efeito de uma *parcialidade excessiva* por nós mesmos: ninguém suporta conviver com uma imagem repugnante de si próprio e estamos permanentemente ocupados em corrigir, pelo menos em alguma medida, o viés abusivo de nossa sensibilidade espontânea por tudo aquilo que nos toca e afeta mais de perto. Se a imparcialidade levada ao limite fere e sufoca o animal humano, os excessos de parcialidade por nós mesmos, quando se tornam explícitos e abertamente reconhecidos, ofendem, agridem e envergonham a nossa humanidade.

Ninguém nasce com ela, mas alguma faculdade de ordem moral, assim como a competência para o uso da linguagem, faz parte do equipamento básico do homem para a vida em sociedade. Essa capacidade se manifesta, entre outras coisas, no sentimento de vergonha diante dos outros e de nós mesmos, e no exercício de alguma forma de discernimento entre o certo e o errado em situações envolvendo escolha moral. Uma pessoa inteiramente desprovida de aptidão moral, qualquer que seja o código particular de conduta em questão, seria alguém tão afastado da possibilidade de convivência humana quanto um ser para o qual não uma ou outra língua específica, como por exemplo o grego ou o esperanto, mas a própria noção de comunicação linguística fosse absolutamente alheia.

Mesmo no tocante aos códigos morais particulares de cada agrupamento humano, vale notar, o acordo ético sobre *certo* e *errado*, *justo* e *injusto* e *bem* e *mal* revela-se muito mais uniforme e abrangente do que poderia à primeira vista parecer. O padrão de moralidade socialmente aceito e reconhecido transparece de forma clara, como observa o bispo inglês Joseph Butler, "naquilo que cada homem que encontramos se esforça por parecer que ele é".[12] A validade do código vigente é endossada inclusive — e até com mais verve e estardalhaço, diriam alguns — por aqueles que, com maior ou menor frequência, não o praticam. "A hipocrisia é um tributo que o vício presta à virtude."

O fato é que, por mais diversificada e heterogênea que se conceba a experiência psicocultural da humanidade no longo percurso histórico desde a conquista da linguagem, é difícil imaginar uma sociedade na qual os indivíduos não prefiram ser respeitados a ser desprezados por aqueles com quem vivem, e não prefiram sentir orgulho a sentir vergonha em serem quem são. Mesmo o membro de uma comunidade ultratradicional — alguém que, digamos, nem sequer se pense a si próprio como indivíduo enquanto obedece cegamente às normas e tabus de sua tribo — não escapa de ter de cuidar, vez por outra, de sua imagem e reputação aos olhos dos demais. Mesmo ele só poderá sentir de uma forma individual e privada, no silêncio de sua mente, o terror secreto de que os outros membros da comunidade cheguem a descobrir a sua eventual — capciosa ou inadvertida — transgressão da norma.

A existência de alguma discrepância entre realidade e aparência — a prática social da dissimulação — é indissociável da convivência humana. Não apenas a hipocrisia, mas a cortesia e um certo senso de dever nos levam a ela. Não parece irrealista supor ainda que, havendo a opção, a ambição maior de todos seria não só a de conquistar de alguma forma, mas também *merecer* o respeito, a simpatia e a aprovação dos demais. Quem não preferiria ser premiado na grande loteria da vida com um bilhete do bem? Na prática, como se sabe, as opções são limitadas e não é isso que prevalece. Na falta de alternativas menos custosas, existem aqueles que preferem ser respeitados e elogiados pelo que *não são*, a serem tidos em menor conta por aquilo que *são*. Um ladrão bem-sucedido no furto ou na fraude desfila a sua riqueza sob o olhar deslumbrado dos que estão à sua volta com o mesmo orgulho e presunção que um *nouveau riche* perfeitamente honesto em seu negócio.

A extensão do fosso entre o que somos, de um lado, e o que gostamos de parecer que somos, de outro, pode ser avaliada por meio de duas conjecturas simples. Quem continuaria agindo como age, fazendo exatamente o que faz, se usufruísse de total e irrestrita impunidade? Se encontrasse por acaso um anel, como no mito platônico, que permitisse à pessoa que o achou ficar invisível quando lhe conviesse e, desse modo, gozar de absoluta imunidade a qualquer tipo de sanção externa? "Ser bom", pondera o pré-socrático Demócrito, "significa não fazer mal algum e, além disso, não querer fazer mal."[13] Um homem efetivamente bom, segundo essa definição, seria aquele que, não obstante a posse do tal anel, não modificasse em um milímetro sequer, em benefício próprio, a sua conduta usual. Algum candidato?

A outra conjectura potencialmente reveladora da extensão da dissimulação social é a hipótese de um *choque de transparência interpessoal*. Imagine o que aconteceria se cada um de nós porventura viesse a saber, graças a um choque desse tipo, *tudo* o que estão pensando e sentindo aqueles com quem nos relacionamos cotidianamente. A convivência humana, parece fácil prever, sofreria um abalo de proporções inimagináveis — o impacto imediato do terremoto seria devastador.

Mas e depois? É difícil saber. "A verdade na vida social", sugere o economista norte-americano Frank Knight, "é como a estricnina no organismo de um indivíduo: terapêutica em pequenas doses e condições especiais, mas de outro modo, e no geral, um veneno letal."[14] No choque de transparência, porém, o veneno não precisaria matar. Ele poderia vir a ser metabolizado e gradualmente assimilado numa nova forma de sociabilidade. Talvez a única certeza seja a de que, vencido o abalo sísmico inicial, toda a nossa convivência familiar, amorosa e social teria de ser reconstruída em bases inteiramente distintas daquelas que prevalecem hoje.

A dissimulação social é a arte da administração de impressões. O espectro do fenômeno é enorme. Nos casos mais simples, como por exemplo o de alguém que finge interesse no que o seu interlocutor está dizendo, o efeito é quase inócuo. Nos mais graves, como o de um magistrado corrupto ou do falso amigo, o dano pode ser tremendo. Nesses casos, o dissimulador se ampara e protege sob o véu da moralidade socialmente aceita a fim de encobrir ações que desmentem o que ele aparenta ser. O padrão moral é transgredido e o ator social pode sair ileso da trama, mas não há dúvida sobre o caráter da ação. Profissionais da impostura — personagens estilizados no seu calculismo satânico como Iago, Mefistófeles e Don Juan — sabem o que fazem.

Mas o fator que realmente complica as coisas no enredo da nossa convivência não é a dissimulação social. Se a fronteira entre *boa-fé* e *má-fé*, entre *farsa* e *seriedade*, entre *ter* ou *não ter razão* fosse sempre nítida e inequívoca; se o *bem* e o *mal* estivessem sempre em campos opostos e bem demarcados, com os dissimuladores e suas vítimas uniformemente cientes da natureza de suas boas ou más intenções, o mundo não seria o que é. A origem do mal na convivência humana não pode ser reduzida a uma única causa. O cinismo substantivo e dissimulado existe, é inegável, mas o autoengano e a racionalização sincera também. O verdadeiro mistério não está na dissimulação fria e calculada do ator social, mas na paixão a um só tempo elevada e trágica, generosa e autodestrutiva, arrebatadora e cega de personagens como Otelo, Fausto e Dona Elvira.

É preciso cuidado — e digo isso antes de tudo a mim mesmo — para evitar posições extremas. Acreditar que ninguém pratica o mal de modo deliberado e cínico, como sustentam alguns adeptos do romantismo filosófico, seria ir longe demais. O filósofo social inglês Thomas Carlyle, por exemplo, afirma:

> Todo confronto é fruto de mal-entendido; se as partes em disputa se conhecessem uma à outra, o confronto cessaria. Nenhum homem, no fundo, tenciona a injustiça; é sempre por uma imagem distorcida e obscura de algo moralmente correto que ele batalha: uma imagem obscura, difratada, exagerada da forma mais assombrosa pela natural obtusão e egoísmo, uma imagem que se distorce dez vezes mais pelo acirramento da contenda, até tornar-se virtualmente irreconhecível, mas ainda assim a imagem de algo moralmente correto. Se um homem pudesse admitir perante si próprio que aquilo pelo que ele luta é errado e contrário à equidade e à lei da razão, ele admitiria também, por conta disso, que sua causa ficou condenada e desprovida de esperança; ele não conseguiria continuar lutando por ela.[15]

A falha desse ponto de vista é que ele incorre numa generalização absoluta e desnecessária de uma importante verdade. É evidente, por um lado, que nem toda a dissimulação social tem o propósito de acobertar a prática consciente do mal; mas seria irrealista supor que isso jamais aconteça, ou seja, que pelo menos *uma parte dela* não tenha precisamente esse fim. Uma possibilidade que não se pode descartar é a de que o mal resulte, pelo menos em alguns poucos casos, do desejo de um *fim* perverso, como por exemplo o prazer sádico no sofrimento alheio. Outra família de casos, bem mais numerosa com certeza, é aquela em que o mal é praticado de forma consciente e calculada, não como um fim desejado, mas como o *meio* para a obtenção de outros fins; como o atalho mais cômodo e curto até o bem aparente que se pretende alcançar (riqueza, poder, sexo, fama etc.). A extensão da prática da dissimulação social sugere a ocorrência de pelo menos algumas ocasiões em que, mesmo supondo que um homem soubesse perfeitamente o mal que causa, nem por isso ele deixaria de perpetrá-lo.

Mas o que de fato surpreende na convivência humana — e sob essa ótica a posição romântica parece estar essencialmente correta — é a frequência das situações em que o mal não só *não* é o fim diretamente perseguido, como também *não aparece* para o indivíduo que o perpetra como o mal que é. É o que constatamos, para ficar no terreno da história, nas espantosas atrocidades cometidas em nome da fé política, ideológica ou religiosa. "Filipe II e Isabel, a Católica", já se disse com razão, "infligiram mais sofrimento obedecendo às suas consciências do que Nero e Domiciano obedecendo às suas taras."[16] A boa consciência sincera de alguns dos maiores opressores e terroristas na história humana é o mais enigmático e espantoso capítulo nos anais do autoengano. Se o mal não viesse tantas vezes íntima e estranhamente ligado à visão do bem, parece razoável supor, a trama de nossas vidas em sociedade seria menos ambígua e perigosa, mas perderia também naquilo que a faz rica em mistério; no interesse, sedução e assombro que o homem desperta para o homem.

O grande complicador das relações humanas na vida prática — o embaralhador *par excellence* das fronteiras na interação social — é o fato de que o nosso equipamento moral possui algumas características específicas, discutidas a seguir, que o tornam com frequência pouco confiável, para não dizer leviano e traiçoeiro, e isso particularmente nos momentos e situações em que mais precisaríamos dele. São essas características, como argumentarei mais à frente, que explicam basicamente a necessidade de regras morais e impessoais de conduta — elementos padronizados e de certa forma externos à subjetividade dos indivíduos — na convivência humana em sociedade. O primeiro passo do argumento é identificar a vulnerabilidade constitutiva do nosso equipamento moral.

A relação de cada indivíduo consigo mesmo é de natureza distinta daquela que ele tem com os demais. A imagem do nosso próprio rosto no espelho e o som da nossa voz gravada provocam em nós uma sensação curiosa de familiaridade e estranhamento. Por mais que tentemos nos apanhar de surpresa para nos vermos e ouvirmos como os outros presumivelmente nos percebem, não conseguimos fazê-lo. Alguma coisa arisca e indefinível — uma interferência instantânea associada à nossa presença — se interpõe no caminho e deturpa a pureza do encontro. Processo análogo, é curioso notar, acontece quando tentamos fazer cócegas em nós mesmos. O mesmo cérebro que deflagra o movimento muscular que estamos prestes a fazer — o deslocamento da mão até o local escolhido — dissemina pelo sistema nervoso, simultânea e instantaneamente, a mensagem acerca do que está sendo feito.[17] Resultado: os dedos cumprem fielmente a ordem, mas a intenção das cócegas se frustra.

O problema da dificuldade de olhar para si mesmo aparece de forma aguda no campo do juízo moral. Quando o que está em jogo são ações e interesses *distantes* da nossa rede de afetos e preocupações; quando tudo o que nos cumpre fazer resume-se a aprovar ou condenar determinadas condutas, ao passo que o ônus da sua execução recai sobre ombros alheios, cada um de nós é um juiz competente, com uma noção adequada de certo e errado e um compromisso inabalável na defesa do bem e no combate sem tréguas do mal. É simples como fazer caridade com o dinheiro alheio, cobrar mais ética na política, desprezar o corporativismo, amar a natureza, revoltar-se com a má qualidade do ensino básico, arrepiar-se de civismo aos acordes do hino nacional ou indignar-se com o som barulhento do vizinho. A lista é interminável. As páginas de opinião dos jornais e revistas oferecem cataratas de exemplos.

Mas quando se trata de atribuir a devida dimensão e dar um contorno adequado ao que se refere *a nós mesmos*; quando o que está em jogo é a definição de uma perspectiva equilibrada entre os nossos interesses e os interesses dos que nos cercam, cuidando para que as nossas ações reflitam na prática esse equilíbrio, a nossa capacidade de discernimento e juízo moral tende a ficar seriamente enfraquecida. A contiguidade no tempo e no espaço, de um lado, e a proximidade no afeto e no interesse, de outro, interferem de forma poderosa no funcionamento das faculdades morais. A competência humana para ver e julgar com um mínimo de isenção e imparcialidade parece cair exponencialmente à medida que nos aproximamos de tudo aquilo que nos afeta e preocupa de perto. Daí o consagrado preceito, oriundo da *Política* de Aristóteles em sua formulação original, segundo o qual *ninguém é bom juiz em causa própria*.[18]

O nó do problema é que a nossa parcialidade natural em relação a nós mesmos não se restringe apenas ao aparelho perceptivo, ao sistema metabólico e à dinâmica espontânea das emoções. O apetite da parcialidade é voraz. Ele insiste, ele envolve, ele se insinua no cerne do nosso equipamento moral e com frequência abocanha o que almeja, ou seja, consegue desviar, deturpar ou anular a sua ação corretiva. Movida pela consideração parcial e carinhosa que temos por nós mesmos, a correnteza do viés de sermos quem somos desfigura, inunda e extravasa o leito da consciência moduladora. A parcialidade excessiva do indivíduo em relação a si mesmo não mais o ofende e agride, uma vez que ela própria se encarrega de encobrir as pegadas e ocultar os seus vestígios em nossa mente.

Quando isso acontece, é como se a capacidade moral — a faculdade que em tese deveria nos resguardar da nossa preferência excessiva por nós mesmos — fosse sequestrada por essa mesma parcialidade e submetida a sua lógica e poder. A voz da consciência moral desaparece no momento oportuno ou se bandeia de vez para o lado da situação. Em vez de moderar o apelo das nossas pulsões e sentimentos espontâneos, o equipamento moral torna-se o seu aliado secreto e termina sendo colocado a serviço de sua legitimação. Pior: a constituição interna da nossa mente parece conspirar para que a propensão a perder o dom do juízo moral aumente precisamente quando ele se torna mais necessário. Quanto mais intenso o apelo do afeto ou da causa que nos move, maior também parece ser a probabilidade de que o sequestro — seguido de cumplicidade passiva ou colaboracionismo ativo — aconteça.

4. PARCIALIDADE MORAL: EXEMPLOS E DISCUSSÃO

As distorções do juízo em causa própria estão ligadas a uma dupla assimetria em nossa convivência com os demais. A visão que cada um tem de si mesmo não é aquela que os outros têm dele. O ponto de vista interno do indivíduo sobre o seu próprio caráter e conduta na vida prática difere da perspectiva essencialmente externa daqueles com os quais ele se relaciona. Mas não é só isso. A recíproca é também verdadeira. A visão que os outros têm de si próprios, a partir de seus respectivos pontos de vista internos, não é aquela que cada um de nós tem deles. A assimetria não é apenas, por assim dizer, *de lá para cá*; ela é também *daqui para lá*. Todo indivíduo tem um ponto de vista interno em relação ao qual a nossa possibilidade de apreensão é inevitavelmente limitada e externa.

Os efeitos morais dessa dupla assimetria situacional, alimentados é claro pela consideração naturalmente especial e afetuosa que temos por nós mesmos, estão por toda parte. Um exemplo pedestre, mas que ajuda a realçar a face concreta da questão, é o que acontece neste formidável laboratório de psicologia e interação social que é o sistema de trânsito.

Uma pesquisa de opinião realizada na pátria do automóvel revelou um fato intrigante: *nove entre dez* motoristas norte-americanos consideram que dirigem *melhor* que a média. Trata-se, é evidente, de uma impossibilidade estatística. É provável até que muitos dos que se declaram abaixo da média estejam na verdade *acima* dela, dado que pelo menos não superestimam em demasia sua perícia ao volante. O fato é que a opinião individual dos motoristas, baseada na visão interna que eles têm de suas habilidades, não bate com a percepção externa e generalizada dos que interagem com eles nas ruas. Estarão mentindo? Não creio. As respostas — sinceras apesar de falsas para a maioria — refletem com perfeição a máxima formulada por La Rochefoucauld ao notar o modo acurado como "cada um de nós descobre nos outros as mesmas falhas que os outros descobrem em nós".[19]

Outro solo privilegiado para o desabrochar generoso da parcialidade moral é o campo da atribuição de mérito e de culpa em atividades de grupo. O viés no julgamento parece obedecer a uma refração sistemática, bifocal e tão suave quanto imperceptível aos olhos de quem a vive.

A paternidade do sucesso, por mais fugaz que ele seja, costuma ser intensamente disputada. Há uma inflação de pais e ascendentes até a enésima geração. Afinal, em sã consciência, quem supõe seus méritos e contribuição devidamente reconhecidos? Quem, no tribunal silencioso da própria alma, julga que tem o que merece ou recebe mais do que dá? Mas quando as coisas começam a dar errado — quando o plano de governo, a empresa, o time ou o movimento dão sinais de naufrágio à vista — as recriminações e atribuições cruzadas de culpa não tardam. O fracasso é órfão. Razões, desculpas, imprevistos e culpados de todos os tipos e procedências ocorrem-nos — e nos socorrem — em profusão. A engenhosidade humana para sair do apuro racionalizando erros, fraquezas, derrotas e omissões parece ser inesgotável.

Exceções, é inegável, existem. Quando o mar encrespa e o céu interno fecha, a inflação moral pode virar forte *deflação*. O estado depressivo da mente leva um homem a ficar privado daquele *modicum* de boa vontade, apreço e respeito por si mesmo que torna a consciência de si aprazível. O deprimido vive como um pária na sarjeta de sua convivência interna ("Não há mendigo que eu não inveje só por não ser eu"), e sua mente é capaz de dar crédito sincero às mais sombrias e dolorosas recriminações e confabulações íntimas acerca de si ("A vida ali deve ser feliz, só porque não é a minha"). Felizmente, porém, na ampla maioria dos casos o quadro é apenas temporário. Um dia o tempo abre, renasce o gosto de ser quem se é, e o viés suave da parcialidade volta a correr, como é de sua índole, na direção inflacionária. Em condições normais de temperatura e pressão, como observa Adam Smith, "todos nós somos naturalmente propensos a superestimar as excelências dos nossos próprios caráteres".[20]

A inflação moral prospera na distância — enquanto as virtudes que nos atribuímos a nós mesmos permanecem confortavelmente hipotéticas e abstratas —, mas o vento do conflito e da negociação também lhe é altamente propício. A tendência à idealização autoenganada do próprio caráter ao abrigo da distância — o enlevo sincero de um amor rousseauniano pela humanidade — é bem retratada pelo poeta e filólogo inglês Samuel Johnson:

> Acusar de falsidade hipócrita estas representações favoráveis que os homens dão das suas próprias mentes revelaria mais severidade do que conhecimento. Um escritor normalmente acredita em si. Enquanto permanecem genéricos, os pensamentos de quase todos os homens são corretos; e a maioria dos corações é pura enquanto a tentação anda longe. É fácil despertar sentimentos generosos na intimidade privada; desprezar a morte quando não há perigo; reluzir de benevolência quando não há nada para ser dado. À medida que tais noções se formam elas são sentidas, sem que o amor-próprio suspeite que o fulgor da virtude é o meteoro da fantasia.[21]

Na vida pública, como na privada, o conforto da distância em tempos de calmaria engana. A recomendação de Maquiavel ao Príncipe bate na mesma tecla:

> Um príncipe não deve basear-se no que ele observa em tempos de tranquilidade, quando os cidadãos sentem a necessidade do Estado. Pois nessas ocasiões todos estão prontos para seguir, prometer e, como a ameaça de morte é remota, até mesmo morrer pelo Estado. Mas em tempos difíceis, quando o Estado precisa de seus cidadãos, poucos são encontrados [...] Pois dos homens pode-se dizer [...] que estão prontos a derramar sangue e a sacrificar por você [príncipe] suas posses, vida e filhos enquanto a ameaça é remota; mas, quando ela se aproxima, eles se afastam.[22]

Em alguns casos específicos, é curioso notar, o alfinete da realidade estoura, mas a passagem do tempo se encarrega de inflar de novo a bolha do autoengano. O jovem Darwin, por exemplo, imaginava-se acima de qualquer preocupação no tocante a questões de prioridade científica. Quando surgiu a primeira oportunidade séria de testar essa crença, em vista da ameaça concreta de que um biólogo rival (Alfred Wallace) se antecipasse a ele na publicação da teoria da seleção natural, Darwin caiu em si. Como ele confidenciou na época, em carta a um colega, "[eu] havia fantasiado que possuía uma alma grande o suficiente para não ligar; mas eu me descobri enganado e fui punido". Anos mais tarde, porém, ao escrever a sua *Autobiografia* no auge do prestígio adquirido graças àquela descoberta, Darwin voltou a frisar a sua indiferença por questões de prioridade, afirmando pouco importar-se se atribuíam mais originalidade a ele ou ao rival.[23]

Padrão análogo verifica-se no campo da obstetrícia. Muitas das mulheres que optam por um parto natural sem o uso de anestésicos mudam de ideia no instante em que as dores da parição tornam-se agudas. Depois do parto, porém, elas voltam a manifestar a sua preferência original, e em alguns casos chegam ao ponto de queixar-se do médico que aplicou a anestesia... O problema da parcialidade moral nesse caso, como veremos na seção seguinte, incide não na relação *entre* pessoas distintas (interpessoal), mas entre forças ou aspectos em conflito *dentro* do mesmo indivíduo (intrapessoal).

A parcialidade moral é uma via de mão dupla. À inflação de si corresponde a deflação do outro. A relação não é necessária, mas tende a ocorrer com enorme frequência, particularmente em situações de animosidade, conflito e negociação. Uma experiência pessoal de conflito vivida enquanto escrevia este livro — mais um exemplo colhido no laboratório hobbesiano do trânsito — ajuda a visualizar os riscos associados à espiral inflação de si × deflação do outro.

Eu estou caminhando distraído pelas calçadas do meu bairro, ruminando a minha propensão ao autoengano, quando de repente sai um carro apressado da garagem de um prédio e por muito pouco não me atropela. Primeiro o susto, depois a causa. Quem é o culpado? Olhos nos olhos. Se o motorista do carro mostrasse algum indício de reconhecer a *sua* dose de culpa, eu estaria naturalmente disposto a contemporizar e a admitir também a *minha* parcela de responsabilidade (distração). Acontece, porém, que a expressão dele exala fúria e indignação com a minha estupidez. O efeito disso em mim, por sua vez, é rápido e indomável como uma bala. A raiva e a certeza avassaladora de que aquele sujeito é um rematado cretino inundam a minha mente. Por pouco não vence, no calor do instante, o impulso de partir para o xingamento.

Mas e se vencesse? O que poderia vir em seguida? A escalada da afronta poderia nos reduzir, em questão de segundos, à condição de dois touros furiosos ou galos ridículos engalfinhados na rinha de nossas vaidades feridas. Qual a proporção entre causa e efeito? O que sei eu sobre ele ou ele sobre mim? E se fosse *eu* no carro e ele a pé? Como terá *ele* percebido tudo aquilo? E se alguma expressão no *meu* olhar provocou a reação dele que interpretei como injustificável arrogância? Caminhei de volta para casa, aliviado por sair ileso do incidente, mas sem qualquer certeza; divagando sobre quantos não teriam se ferido ou terminado seus dias mais ou menos assim, não por conta de azares aleatórios como a telha que despenca na cabeça do transeunte, mas em duelos, vendetas, altercações no trânsito, brigas de bar, choques de gangue, destemperos momentâneos, bate-bocas inúteis, uma simples palavra, expressão facial ou gesto mal interpretados...

As preocupações e ambições humanas vistas de longe e de fora, sem o viés peculiar de quem as vive, perdem o viço e minguam na sua insignificância efêmera. Mas do ponto de vista interno de cada indivíduo, a partir do ângulo pessoal e intransferível definido por sua trajetória no mundo, nada parece ser tão insignificante ou efêmero que não possa suscitar as mais virulentas paixões. A lógica do conflito e da negociação acirrada — qualquer que seja a importância prática ou real da contenda — tende a catalisar e magnificar a parcialidade moral.[24] Como lutar numa guerra sem acreditar piamente na culpa do inimigo? Como mergulhar numa disputa sem estar do lado certo? Como embarcar numa controvérsia ou debate público sem estar coberto de razão? "A maior parte dos homens", reconhece o utopista renascentista Thomas More, "gosta mais de seus próprios escritos do que de todos os outros."[25] O nosso talento natural para empobrecer e distorcer as ideias dos nossos oponentes e rivais no mundo do pensamento é um dos traços mais assombrosos da vida intelectual — um feito notável, considerando que raramente nos damos conta da proeza e que a distorção é quase invariavelmente *para pior*. O perigo da escalada inflacionária mora ao lado.

Pior, talvez, só a política partidária. "Um verdadeiro homem de partido", assinala Adam Smith, "odeia e despreza a imparcialidade moral; e, na realidade, não há outro vício que o desqualificaria de modo tão efetivo para a função de homem de partido quanto aquela singular virtude." É o que Nietzsche diria mais tarde, com o fervor característico de sua última fase: "Este desejo de *não* ver o que se vê, este desejo de não ver como se vê, é quase a condição essencial para todos os que são em qualquer sentido *partidários*: o homem de partido torna-se necessariamente um mentiroso".[26] Exageros à parte, contestar o ponto é tarefa delicada. Negar é corroborar. O que, afinal, poderia servir melhor como confirmação da inflação moral a que estamos naturalmente inclinados do que pensar-se como exceção?

Excessos de parcialidade afrontam a nossa consciência moral. A contemplação da crueldade alheia, ou seja, daquela que não praticamos nem nos sentimos tentados a praticar, agride a nossa sensibilidade e nos leva a uma atitude de genuína reprovação. O czar naturalista do poeta Drummond ilustra um caso extremo de assimetria na percepção da crueldade:

> *Era uma vez um czar naturalista*
> *que caçava homens.*
> *Quando lhe disseram que também se caçam borboletas e andorinhas,*
> *ficou muito espantado*
> *e achou uma barbaridade.*[27]

O espanto do czar é o reflexo invertido do espanto do leitor. A crueldade dos outros, vista de fora, difere da que nós cometemos aos olhos dos demais. Nos piores casos, o desejo de pensar bem — ou pelo menos não mal demais — de si próprio tem o dom de subtrair do campo da atenção consciente do indivíduo o mal por ele praticado. Até onde podemos ir na expulsão e supressão espontânea daquilo que nos ofende em nós mesmos? Até que ponto pode chegar um homem na dissimulação interna e no autoengano necessários para apaziguar a mente e garantir uma convivência harmoniosa consigo mesmo? O extraordinário relato bíblico do desbloqueio moral do rei Davi sob a mira certeira do profeta Natã (Samuel II, 11-2) retrata um episódio exemplar.

O belo acaricia o olhar. Fim de tarde. O rei Davi, unificador das doze tribos de Israel, está ocioso e lânguido na varanda mais alta do palácio real quando os seus olhos atinam com uma bela mulher a banhar-se na vizinhança. Manda logo saber quem é — Betsabeia, esposa do soldado Urias —, e faz com que a tragam até ele. Os dois se deitam. Betsabeia volta para casa e não demora em descobrir-se grávida. O pai só pode ser Davi: Urias está ausente a serviço e cumprindo a abstinência ritual dos que lutam em guerra santa. Era imperioso agir. Se nada fosse feito, a punição comum da mulher pilhada em adultério seria a morte por apedrejamento. O primeiro impulso do rei é sair pela porta mais cômoda da dissimulação social. Ele busca encobrir o feito e a real paternidade da criança do conhecimento geral.

Davi ordena ao general Joab, seu braço direito no exército, que Urias retorne da guerra e venha prontamente à sua presença. O rei tenta, então, persuadi-lo a ir passar alguns dias em casa, dormindo com a esposa. Acontece, porém, que Urias é soldado leal e zeloso, rígido no cumprimento do dever. Em vez de ir para casa, o que implicaria quebrar o rito de quem luta em guerra santa, ele fica com os guardas no palácio, e chega a admoestar o rei por tentar desviá-lo do bom caminho. A pressão aumenta. Davi, desnorteado, adota um plano criminoso. Manda Urias reintegrar-se às tropas em batalha e envia, por seu intermédio, uma carta endereçada a Joab com a seguinte instrução: "Colocai Urias bem em frente, onde a peleja estiver mais violenta, e apartai-vos de modo que seja ferido e morra".

A carta foi entregue e a ordem real cumprida. Ao tomar ciência da morte de Urias, Davi simula pesar (é o que se deve sentir nessas ocasiões) e exorta suas tropas a não esmorecerem na guerra santa. A viúva do herói cumpre um luto oportunamente breve e casa-se em seguida com o rei. O primeiro filho do casal não tarda. O exército israelita cerca e rende a capital inimiga. A vida retoma o seu curso normal. As aparências foram salvas e a fealdade do crime devidamente obliterada. Urias, para todos os efeitos, morreu como um verdadeiro herói em ação. O repugnante ofende o olhar. "Mas a conduta de Davi desagradou aos olhos do Senhor."

De início, nada ocorre. Quase um ano havia se passado sem que Davi houvesse demonstrado qualquer sinal de remorso ou contrição. Um dia, porém, tudo muda. O profeta Natã aparece para uma visita e relata ao rei um episódio recente sobre uma vila em que existiam dois homens, um deles rico e o outro pobre. O rico era dono de um farto rebanho de bois e carneiros; o pobre possuía uma única ovelha que ele criava junto com os filhos, como se fosse membro da família. Mas, quando o homem rico recebeu um visitante de fora, ele mostrou o unha de fome que em verdade era. Em vez de matar um animal do seu rebanho, ele foi à casa do pobre e pegou a sua única ovelha para servi-la ao visitante. Ao ouvir tamanha injustiça, o rei Davi, indignado, não se conteve: "O homem que fez isso merece a morte; ele pagará quatro vezes a ovelha por ter feito uma coisa destas, sem revelar pena". O profeta Natã então replica: *"Este homem é você!"*.

É só a partir dessa revelação que a fúria e a espada divinas desabam sobre a casa de Davi, ceifando a vida do seu primeiro filho com Betsabeia e semeando a escalada do conflito na família real. Mas é aí também que a enormidade do crime por ele cometido — o assassinato premeditado de um súdito inocente e leal pela espada da tropa inimiga — atinge a sua consciência entorpecida com a força esmagadora de um raio. O *black-out* da culpa e da memória havia devolvido a paz ao palácio subjetivo do rei, mas o ardil do profeta iluminou o ponto cego em sua consciência. O rei cai em si.

O profeta não acusa diretamente o rei. Ele afia e aguça o senso de justiça de Davi com a parábola dos dois homens, para daí então girar o bisturi na mão do rei e forçá-lo a cortar na própria carne. Natã encurrala Davi diante de Davi. Ele atrai o monstro, atiça a fera, desprega sutilmente a máscara e *ergue o espelho*. A injustiça que Davi não tinha dificuldade em descobrir no outro, a ponto de condená-lo com absurda severidade, ele não era capaz de ver em si, apesar da gigantesca desproporção entre a gravidade dos dois atos. Se o autoengano do menino Davi levou-o a enfrentar e vencer Golias (ver p. 56), o autoengano do rei Davi fez com que ele banisse da memória ativa o assassinato de Urias. Mas a visão repugnante do próprio crime refletido no espelho da consciência — o ardil do profeta — rompe o dique da memória e da culpa represadas. O cordão sanitário do esquecer autoenganado arrebenta e o passado se insurge. Davi desmascara Davi. O ponto cego enxergou.

5. O CANTO DA SEREIA INTERTEMPORAL

O viés da parcialidade moral afeta a percepção que o indivíduo tem de si e a sua interação com os demais. Acoplado ao exercício da autoridade política, o resultado desse viés é *abuso de poder*: cego e sistemático em casos como o do czar naturalista, cego e pontual no exemplo do rei Davi. Mas o problema do juízo em causa própria não se restringe às relações externas e interpessoais. "Cada ser humano é uma pequena sociedade."[28] A arte de ouvir, negociar e administrar impulsos dentro do nosso peito envolve o exercício de uma autoridade interna — *intrapessoal* — que nos expõe a um verdadeiro campo minado de emboscadas, sedições e possibilidades de autoabuso. A parcialidade moral intrapessoal afeta a percepção de valor no tempo e a relação de forças no microcosmo interior que é o indivíduo.

A proximidade das coisas no espaço — sua maior ou menor distância da posição peculiar que ocupamos no mundo — influencia a nossa percepção visual de magnitude e proporção. A janela do quarto comporta a rua e o prédio em frente. Efeito análogo verifica-se, *mutatis mutandis*, na experiência humana da dimensão temporal. A proximidade dos eventos no eixo do tempo — sua maior ou menor distância em relação ao presente vivido — influencia a nossa sensibilidade e, em graus variáveis, o nosso sentido de valor.

Um dia é um dia a qualquer hora. Mas a nossa experiência subjetiva do tempo é avessa às convenções do relógio e da folhinha. A distância entre hoje e amanhã parece-nos naturalmente maior que um idêntico intervalo de tempo daqui a dez meses. Maior prazo, maior discrepância: a distância entre hoje e daqui a quinze dias parece maior que o intervalo de um mês, mas só daqui a dez anos. Da mesma forma, a expectativa de uma visita de rotina ao dentista *amanhã cedo* dói mais na imaginação do que a de uma visita muito mais dolorida, depois de longa ausência, mas só daqui a vários meses.

Se a escolha for, digamos, entre quinze dias de férias na Bahia daqui a três anos *ou* um mês daqui a quatro anos, não há por que *não* esperar: vence a segunda opção. Mas, se a escolha for entre quinze dias de férias a partir deste fim de semana *ou* um mês inteiro mas *só daqui a um ano*, a disposição à espera balança. Quanta espera vale uma quinzena adicional na Bahia? De um ponto de vista neutro, *sub specie aeternitatis*, são duas situações de escolha rigorosamente iguais. Na primeira delas, a opção é tranquila. Na segunda, entretanto, quantos prefeririam de fato esperar?[29]

O conflito *interpessoal* opõe as primeiras pessoas e as demais pessoas: é um caso de *eu* × *você* ou *nós* × *eles*. O conflito *intrapessoal*, no entanto, é interno às primeiras pessoas e ocorre essencialmente na dimensão intertemporal. É um caso, portanto, de *eu agora* × *eu depois* (idem *nós*). Ele resulta da perene tensão entre o presente e o futuro nas nossas deliberações: entre o que seria melhor do ponto de vista tático ou local, de um lado, e o melhor do ponto de vista estratégico ou mais abrangente, de outro. Fumar um cigarro e comer um doce, por exemplo, são decisões táticas; parar de fumar e fazer regime são estratégicas. Estudar (ou não) para a prova de amanhã é uma escolha tática;

fazer um curso técnico ou superior faz parte de um plano de vida. O flerte é tático; o casamento, estratégico.

As decisões estratégicas, assim como as táticas, são tomadas no presente. A diferença é que elas têm o longo prazo como horizonte e visam à realização de objetivos mais remotos e permanentes. "O homem", observou o poeta Paul Valéry, "é o herdeiro e refém do tempo — o animal cuja principal morada está no passado ou no futuro."[30] Foi essa capacidade de reter o passado e de agir no presente tendo em vista o futuro que nos tirou da condição de bestas sadias e errantes.

O problema, contudo, é que a nossa faculdade de arbitrar entre as premências do presente vivido e os objetivos do futuro imaginado é muitas vezes prejudicada pela nossa propensão espontânea a descontar pesadamente o futuro, ou seja, a atribuir um valor desproporcional àquilo que está mais próximo de nós no tempo. O problema da miopia temporal na existência humana é retratado de forma magnífica pela tradição poética grega em torno dos perigos enfrentados pelos navegantes ao ouvir o canto das sereias.

Quem é tão firme que nada pode seduzir? O canto das sereias é uma imagem que remonta às mais luminosas fontes da mitologia e literatura gregas. As versões da fábula e os detalhes da narrativa variam de autor para autor, mas o sentido geral da trama é comum.

As sereias eram criaturas sobre-humanas: ninfas de extraordinária beleza e de um magnetismo sensual. Viviam sozinhas numa ilha do Mediterrâneo, mas tinham o dom de chamar a si os navegantes, graças ao irresistível poder de sedução do seu canto. Atraídos por aquela melodia divina, os navios costeavam a ilha, batiam nos recifes submersos da beira-mar e naufragavam. As sereias então devoravam impiedosamente os tripulantes. O litoral da ilha era um gigantesco cemitério marinho no qual estavam atulhadas as incontáveis naus e ossadas tragadas por aquele canto sublime desde o início das eras.

Doce o caminho, amargo o fim. Como escapar com vida do canto das sereias? Muitos tentaram, mas pouquíssimos conseguiram salvar-se. A literatura grega registra *duas* soluções vitoriosas. Uma delas foi a saída encontrada, no calor da hora, por Orfeu, o incomparável gênio da música e da poesia na mitologia grega. Quando a embarcação na qual ele navegava entrou inadvertidamente no raio de ação das sereias, ele conseguiu impedir que a tripulação perdesse a cabeça tocando uma música ainda mais doce e sublime do que aquela que vinha da ilha. Os tripulantes, com apenas uma exceção, ficaram tão atentos ao canto de Orfeu que nem deram ouvidos ao som das sereias. O navio atravessou incólume a zona de perigo. O brilho empolgante do canto órfico ofuscou a promessa de calor do canto sirênico.

A outra solução foi a encontrada e adotada por Ulisses no poema homérico. Ao contrário de Orfeu, o herói da *Odisseia* não era um ser dotado de talento artístico sobre-humano. Sair cantando do perigo, portanto, estava fora de questão no seu caso. Sua principal arma para vencer as sereias não foi o golpe de gênio ou a improvisação talentosa. Foi o reconhecimento franco e corajoso da sua própria fraqueza e falibilidade — a aceitação dos seus inescapáveis limites humanos.

Ulisses sabia que, quando chegasse a hora, ele e seus homens não teriam força e firmeza para resistir ao apelo sedutor das sereias. Foi por isso que, no momento em que a embarcação que comandava começou a se aproximar da ilha, ele mandou que todos os tripulantes tapassem os próprios ouvidos com cera e ordenou que amarrassem-no ao mastro central do navio. Avisou ainda que, se por acaso ele exigisse, com gestos e gritos, que o soltassem dali, o que deveriam fazer era prendê-lo ao mastro com mais cordas e redobrada firmeza. Dito e feito. Quando chegou a hora, Ulisses foi seduzido pelas sereias e fez de tudo para convencer os demais tripulantes a deixarem-no livre para ir juntar-se a elas. Seus subordinados, contudo, souberam negar-lhe tais apelos e cumpriram fielmente a ordem de não soltá-lo, sob qualquer pretexto, até que estivessem suficientemente longe da zona de perigo. Ulisses, é verdade, por pouco não enlouqueceu de desejo. Mas as sereias, desesperadas diante daquela derrota para um simples mortal, afogaram-se de desgosto no mar.

Orfeu escapou das sereias como divindade; Ulisses como mortal. Ao se aproximar do espaço-tempo das sereias, a escolha diante do herói homérico era clara: o bem aparente, com a falsa promessa de gratificação imediata, de um lado, e o bem permanente do seu projeto de vida — prosseguir viagem, retornar a Ítaca e reconquistar Penélope —, do outro. O mais surpreendente é que Ulisses não tampou com cera os próprios ouvidos — ele *quis ouvir*. Ele estava ciente de que não resistiria, mas fez questão de se deixar seduzir e enlouquecer de desejo por algo que sabia letal.

Saber não basta. Ulisses não se furtou à experiência de desejar desesperadamente aquilo que o levaria ao naufrágio e à morte certa. Da parcialidade suicida do seu desejo pela máxima promessa de prazer imediato, não importa a que custo ou sacrifício, ele não escapou. O que salvou Ulisses não foi a consciência da falsidade mortal do canto, mas a sabedoria de não superestimar em momento algum a sua capacidade de resistência ao poder de sedução das sereias. Atando-se ao mastro do navio, ele abriu temporariamente mão de sua liberdade de escolha no presente para salvar a sua vida e liberdade futuras. Mortal, porém capaz de respeitar os próprios limites, ele soube lidar racionalmente com a sua vertiginosa miopia temporal, criando um estratagema engenhoso para proteger-se dela.

O que é feito da melodia e do canto — vibrações sonoras que se propagam no ar — na vivência interna de quem ouve e se encanta? A verdadeira vitória de Ulisses foi contra ele mesmo. Foi contra a fraqueza, o oportunismo suicida e a surdez delirante que ele soube ouvir e reconhecer em sua própria alma.

O embate entre Ulisses e as sereias dramatiza e dá proporções épicas a um conflito que acompanha a nossa prosaica odisseia pela vida. Como alerta David Hume, "não existe atributo da natureza humana que provoque mais erros fatais em nossa conduta do que aquele que nos leva a preferir o que quer que esteja presente em relação ao que está distante e remoto, e que nos faz desejar os objetos mais de acordo com a sua situação do que com o seu valor intrínseco".[31] O que não pode vir a ser *canto de sereia* no contexto singular de uma trajetória de vida e na textura volitiva da mente individual?

É o bar em cada esquina no caminho da oficina da canção popular; é o meio litro de sopa adicional pelo qual um prisioneiro em campo de concentração nazista era tentado a trocar sua alma e sua lealdade; é o vício pelo ópio que levou o poeta Coleridge à insólita decisão de contratar um funcionário com a missão precípua de barrá-lo fisicamente toda vez que se dirigisse à farmácia para adquirir a droga; é o hábito e o prazer de fumar charutos que Freud não conseguiu vencer, apesar de décadas de autoanálise e da consciência dos seus efeitos nocivos e posterior câncer na boca; é a incontinência aquisitiva de Johnny Hodges (saxofonista da banda de Duke Ellington), que gastava impulsivamente todo o dinheiro que lhe caía nas mãos até que passou a receber os cachês em cotas diárias; é o sono envolvente que faz um motorista adormecer ao volante do automóvel; é o fumante que paga, no mesmo dia, por cigarros e por remédios para parar de fumar; é a mulher obesa que frequenta a doceira ao lado do escritório e a clínica de emagrecimento... a lista é sem fim. A cantoria prosaica das sereias, como a lendária garrafa de Guinness, tem o dom de se tornar a encher e encantar de novo toda vez que é esvaziada. "Cada homem faz o seu próprio naufrágio."[32]

O conflito subjacente a todas essas situações opõe dois personagens que disputam pelo poder na assembleia intrapessoal de cada um. O primeiro deles é o *eu-agora*: um jovem entusiasta, frequentemente inebriado de desejo, sempre disposto a desfrutar o que o momento pode oferecer de melhor, generoso sem dúvida, mas com a vista curta e forte inclinação a descontar pesadamente o futuro. O bem imediato é a sua razão de ser.

Do outro lado, na bancada da coalizão moderadora e consciensiosa — de fato retrógrada e repressora, alega a oposição —, está o seu eterno e austero oponente, o *eu-depois*: um adulto desconfiado, frequentemente avinagrado de preocupações, sempre com um olho na própria saúde e no carnê da previdência, cioso do seu horizonte profissional, cauteloso em meio a um mar de dúvidas, mas capaz de enxergar um pouco mais longe que o *eu-agora*, ainda que ao custo de muitas vezes descontar pesadamente o presente. O bem remoto é o seu único foco.

O *eu-agora* vive de forma intensa a sua subjetividade e tende a encarar a vida não em seu conjunto, mas como uma sequência de situações-oportunidades isoladas, sem um fio condutor que lhes dê maior coerência ou unidade. O *eu-depois*, por seu turno, busca estabelecer uma boa distância crítica de si mesmo e procura encarar sua vida, se não como um todo e do princípio ao fim, ao menos como uma sequência razoavelmente estruturada e coerente de opções estratégicas. O *eu-depois* é, no fundo, o *eu-agora* visto de longe e de fora, à luz do seu próprio passado, mas no silêncio das paixões do momento e a partir de um ponto futuro.

A arte da convivência interna está ligada à busca de alguma forma de equilíbrio estável entre essas duas forças. Os excessos podem advir de ambos os lados. O *eu-agora* sem a perspectiva disciplinadora do *eu-depois* é, no limite, um primata desmiolado e impulsivo — ração de sereias. Mas o *eu-depois* sem o entusiasmo sonhador do *eu-agora* não passa de um autômato calculista e previsível — um ente surdo a qualquer chamado que ameace a sua existência futura em condição indolor de conforto. O robô e o macaco precisam um do outro.

É razoável supor, ainda, que a relação de forças entre ambos tenda a mudar ao longo de uma vida, com o *eu-depois* conquistando mais assentos na assembleia interna à medida que os fogos e as febres da longa intoxicação da juventude vão ficando para trás. O problema, porém, é que nem sempre as relações de poder entre essas duas facções transcorrem dentro de um padrão mínimo de equidade e justiça. O abuso de poder e a exploração não são prerrogativas exclusivas das relações interpessoais. Eles também estão presentes, em graus mais ou menos intensos, no microcosmo intrapessoal.

O *abuso de poder* por parte do *eu-agora* — assim como diversas medidas cautelares ou desesperadas para evitá-lo — aparece com clareza no exemplo do herói homérico e na lista de ilustrações prosaicas apresentada acima. O que não se pode subestimar, contudo, é a astúcia persuasiva do *eu-agora* quando se trata de legitimar a sua forte preferência pelo bem aparente da gratificação imediata. "Dai-me a castidade e a continência", orava o jovem Agostinho, "mas não ma deis já." O filósofo norte-americano William James elabora uma brilhante sequência de votações fraudadas na disputa pelo poder intrapessoal:

> Quantas desculpas alguém com disposição para beber pesadamente não encontra quando cada nova tentação aparece! É uma nova marca de bebida que, em nome de sua cultura intelectual no assunto, ele é forçado a experimentar; ou o copo já está (inadvertidamente) cheio e é um pecado desperdiçar; ou os demais estão bebendo e seria inconveniente recusar; ou é apenas para permitir que durma ou realize uma determinada tarefa no trabalho; ou não é propriamente estar bebendo, mas é que está tão frio hoje à noite; ou é Natal; ou é apenas um meio de estimulá-lo a tomar uma resolução mais firme do que qualquer outra já tomada em prol da abstinência; ou é só dessa vez, e uma única não conta etc. etc. *ad libitum* — é na verdade tudo o que se desejar, exceto ser um bêbado contumaz.[33]

Obviamente, o interesse da passagem transcende aos valores nominais — os detalhes e o colorido particular — da situação descrita. O aspecto sombrio do problema é o fato de que a prática do abuso de poder por uma das partes — no caso, o *eu-agora* — não deixa a outra indiferente. Ela tende a suscitar uma reação das forças contrárias, e o resultado pode ser algum tipo de golpe autoritário praticado pelo *eu-depois*, impondo, por exemplo, um regime de exceção baseado em atos de força como a absoluta abstinência ou uma internação clínica. O passo seguinte na escalada do conflito seria uma possível reação do *eu-agora*, indignado diante da intolerância absurda e da violência opressiva da facção no poder. Uma ação clandestina e terrorista do *eu-agora* poderia, por fim, gerar novos e ainda mais agressivos atos de força do *eu-depois*, até que a espiral da violência culminasse, para evocar o pior cenário concebível, na destruição mútua e irreversível dos contendores.

A *exploração* intrapessoal, como o abuso de poder, é uma via de mão dupla. A diferença básica é que nesse caso não se trata de uma relação pontual ou recorrente de exorbitância do poder, como no exemplo da escalada do conflito retratada acima, mas sim de um processo pelo qual decisões tomadas (ou simplesmente evitadas) numa determinada fase da nossa vida prejudicam em caráter mais ou menos permanente as perspectivas e condições de existência numa fase posterior da vida.

O período da juventude e início da fase adulta é inevitavelmente o palco da disputa — é logicamente impossível para um indivíduo mais velho tomar decisões que afetem, para melhor ou pior, as perspectivas do jovem que ele um dia foi. Mas a disputa entre o *eu-agora* e o *eu-depois* pela autoridade sobre a mente de um jovem pode resultar tanto a) na exploração do velho que ele um dia será pelo jovem que ele é como b) na exploração do jovem que ele é pelo velho que ele imagina um dia ser.

No primeiro caso, seguramente o mais comum, é o jovem quem explora o velho. O *eu-agora* tira partido da sua natural afinidade com a impetuosidade, o amor ao risco e a inconsequência juvenis para tiranizar o processo decisório e o modo de vida do jovem, condenando a bancada do *eu-depois* ao exílio. Sob a égide da miopia temporal do *eu-agora*, esse jovem passa a descontar o seu futuro a uma taxa exorbitante nas escolhas que faz. Sua vida não precisa necessariamente girar em torno de sexo, drogas, surfe e rock'n' roll, excluindo tudo o mais. O crucial é que o jovem tiranizado pelo *eu-agora* faça gigantescas apostas, tome empréstimos, empenhe a herança e emita notas promissórias sem medir consequências, sempre no conforto de que as contas não terão de ser pagas agora nem no futuro imediato, mas só serão cobradas bem mais tarde, num futuro remoto e hipotético, além de remetidas diretamente a um senhor mais velho que, apesar de homônimo, não guarda qualquer parentesco com ele.

Um dia, porém, se é que as sereias não ficaram com tudo antes, as contas começam a chegar. O *eu-agora* já não tem o viço e o frescor dos seus melhores dias e perdeu alguns assentos cruciais na assembleia interna para o *eu-depois*. O senhor mais velho (ou senhora) vai sentindo o peso da idade e aos poucos vai se dando conta do triste fato de que foi impiedosamente explorado, sem chance de defesa, pelo jovem que ele um dia foi — um pródigo sonhador, generoso com o seu próprio futuro como se fosse alheio, e que ainda por cima gastou o que tinha e o que não tinha por conta e em nome dele. O sonho selvagem e truncado da noite moça dá lugar à insônia arrependida da noite velha. Por que não mais um trago para esquecer e lembrar?

O problema, contudo, é que o temor (perfeitamente justificado) de que o jovem tiranizado pelo *eu-agora* explore o velho que ele um dia será pode levar a uma tentativa desastrada de prevenção cautelar. Inverta os polos da relação. O risco de excesso reside também na direção contrária. O caminho da moderação não está isento de pecar pelo excesso, quando nos leva longe demais nessa direção. A sombra de um futuro imaginado pode oprimir e sufocar o presente vivido.

A outra modalidade básica de exploração intrapessoal é aquela em que o velho explora o jovem por antecipação. O *eu-depois* do jovem tiraniza o seu processo decisório e o seu modo de vida, banindo o fogoso *eu-agora* para um exílio siberiano. Sob a égide da hipermetropia temporal do *eu-depois*, esse pseudojovem adquire a disciplina de aço que o leva a descontar o presente a uma taxa exorbitante. Sua vida não precisa necessariamente girar em torno de estudo, vitaminas, informática e *jogging*, excluindo tudo o mais. O crucial é que o pseudojovem tiranizado pelo *eu-depois* jamais aposte, poupe o que for possível, calcule as melhores taxas de retorno marginal sobre cada minuto do dia e nunca permita que o bem aparente do imediatamente desejado prevaleça sobre o bem duradouro do desejável sob a ótica fria do seu plano de vida. Tudo é feito e calculado para que o senhor mais velho (senhora) que ele um dia será tenha uma situação e um sono tranquilos.

A passagem é estreita. O pseudojovem evita esborrachar-se ao encontro de Cila, o monstro selvagem do desejo imediato e inconsequente, mas é tragado pela mesmice de Caríbdis, o rodamoinho obsessivo da cautela e da retranca existencial. Ele atravessa a odisseia prosaica de sua vida sob a sombra de um futuro tirânico e ameaçador, como um tripulante anônimo de si mesmo

— de bússola nas mãos, mas com os ouvidos tampados. Ele protege a sua velhice imaginada, é certo, mas perde a juventude.

Tiranizado pela autoridade do *eu-depois*, o pseudojovem é um autômato kantiano do dever. Trabalha sem alegria para um mundo caduco, mas no qual o seu futuro previdenciário está garantido. Vive como um velho sem sê-lo. Ao atingir a velhice propriamente dita, ele se dará conta talvez de que desperdiçou sem necessidade os melhores anos de sua vida; de que foi brutalmente explorado por um jovem avaro e sem imaginação — um tiranete mesquinho que fez tudo isso, ainda por cima, sob o pretexto de resguardá-lo. O que pode ser o futuro de um passado cinzento, inverno sem primavera ou verão? O sonhar disciplinado e anêmico da noite moça não tira o sono do velho, mas ele não sonha e nunca teve com o que sonhar. "Fiz de mim o que não soube e o que podia fazer de mim não o fiz." Sentado à beira da cama na manhã carregada do autoengano, ele pergunta em silêncio: há tempo?

6. PARCIALIDADE MORAL E REGRAS IMPESSOAIS

O viés da parcialidade moral responde por boa parte dos danos e do sofrimento que nos causamos uns aos outros em sociedade e a nós mesmos em nossa convivência interna. Do rei Davi ao tripulante anônimo que sucumbiu às sereias no barco de Orfeu, não há bípede mortal que esteja imune ao problema. Entre os casos mais graves de inflação moral está, seguramente, a quase totalidade daqueles que se autoimaginam, com toda a sinceridade e franqueza a que têm direito, exceções. "O proceder do insensato", adverte o rei Salomão (segundo filho de Davi com Betsabeia), "parece correto aos seus próprios olhos" (Provérbios, 12:15). Qual a saída?

Ulisses amarrou-se ao mastro; a humanidade amarrou-se a regras morais. O ponto capital é que a sociedade humana, ao longo de um processo extremamente gradual, tentativo e cumulativo de aprendizado, foi encontrando um método geral de prevenção e de contenção dos piores efeitos oriundos da parcialidade espontânea que permeia o nosso equipamento moral.

A essência desse método consiste na criação e adoção de *regras impessoais* — um código formal de *leis* com sanção penal e um conjunto informal de *normas* de conduta — cuja principal função é padronizar o exercício do juízo moral em situações definidas da nossa convivência, tornando-o desse modo o mais isento e independente possível da subjetividade e do viés pessoal de cada um.[34] A necessidade dessas regras impessoais para aprimorar os padrões da nossa convivência em sociedade — evitando antes de mais nada que ela descambe no abismo do conflito e da opressão — está intimamente ligada ao triplo viés (perceptivo, sensível e moral) que nos faz ser quem somos.

Como opera na prática o dispositivo das regras impessoais? O laboratório do trânsito ajuda a trazer a questão à sua realidade terrena. A parcialidade moral da ampla maioria dos motoristas, como vimos acima, faz com que eles tendam a superestimar a sua habilidade ao volante. Ao pilotar o seu carro ou coletivo pelas ruas e avenidas, cada usuário é livre para se imaginar tão exímio quanto um Ayrton Senna em potencial — ele é o centro volante do universo e suas urgências de partir e de chegar o quanto antes ao seu destino estão acima de qualquer suspeita. Nada mais natural, portanto, que ele também se imagine perfeitamente justificado e com o direito de julgar, no seu caso particular, se as regras de trânsito devem ou não ser respeitadas por ele numa dada situação. Afinal, quem não sabe o que está fazendo? Quem não se concebe hábil o suficiente para fazer o que faz?

Acontece, porém, que se cada motorista — ou um número razoável deles — se arvora no direito de julgar em causa própria e de arbitrar se vai ou não acatar no seu caso específico determinada regra, o resultado agregado dessas decisões individuais será um sistema de trânsito não apenas imprevisível e anárquico, mas desnecessariamente perigoso e violento. É um exemplo irretocável de *falácia da composição*. A tentativa de cada uma das partes de fazer o que é melhor para si redunda numa situação que é pior para todas elas. A confiança de cada um nos demais e no respeito geral às regras desaba. As ações dos motoristas individuais se combinam de tal modo no cadinho do sistema viário que todos terminam ficando em situação bem pior do que aquela em que poderiam estar caso agissem de outro modo. O todo nega, frustra e faz literalmente picadinho da inflação moral das partes. É o paraíso (infernal) dos tolos.

As regras formais de trânsito e o mecanismo de sanções penais que as reforça existem para proteger cada usuário dos outros, é certo, mas principalmente de si mesmo. Sua função básica é estabelecer com nitidez e precisão as fronteiras tanto entre o *proibido* e o *permitido*, de um lado, como entre o *obrigatório* e o *facultativo*, de outro. O proibido é o que *não pode*; o obrigatório é o que *precisa ser*. Por mais hábil, experiente e sensato que cada um de nós seja na realidade ou na própria fantasia — recém-saído da autoescola ou campeão de fórmula 1, delegado ou monge —, ninguém é exceção: a regra é *impessoal* e vale para todos, indistintamente.

Diante de uma opção concreta de escolha, como a travessia de uma esquina sinalizada, usar ou não cinto de segurança, acender ou não os faróis ou tomar mais um drinque antes de partir, a regra impessoal lá está para neutralizar o viés de sermos quem somos; para prevenir e evitar que a parcialidade moral dos demais usuários e a nossa preferência espontânea e suave por nós mesmos nos leve a situações que coloquem vidas humanas em perigo. Cada usuário é livre para exercer a sua perícia, escolher o seu trajeto e viver a sua fantasia dentro dos limites da lei. Mas, se ele por acaso invadir a pista do proibido ou furar o sinal do obrigatório, ele precisa ser chamado a si e lembrado acerca de quem é. O centro volante do universo, visto de longe e de fora, não passa de uma parte insignificante dele.

O modelo do trânsito pode ser extrapolado, com as devidas adaptações, para outros domínios da interação social. Considere, por exemplo, o quase atropelamento que descrevi acima (pp. 171--2) como ilustração da espiral inflação-deflação moral. Se o motorista do carro que por muito pouco não me atingiu me olhar com um ar enfezado, posso fazer o mesmo. Se eu parto para o xingamento e ele me dá o troco na mesma moeda, nenhuma lei foi transgredida. A norma da civilidade foi rompida — não é o tipo de coisa que eu e (possivelmente) ele faríamos na frente dos nossos filhos —, mas o nervo da justiça não foi tocado. O estilo da convivência saiu arranhado, mas a gramática foi preservada.

Suponha, entretanto, que o tal atropelamento *ocorreu* e que, por conta disso, fraturei a perna. O motorista fingiu que não era com ele, não me levou ao pronto-socorro, não fez nenhum tipo de reparação e não recebeu punição alguma. Não houve testemunhas, nem foi possível fazer um boletim de ocorrência. O meu ressentimento diante da injúria sofrida sobe ao inferno. Decido fazer justiça com as próprias mãos: suborno o vigia noturno daquele prédio e arrebento de madrugada todas as janelas e o painel do maldito carro que me atropelou. Volto para casa sentindo algum alívio pela retribuição do dano e da injustiça dos quais fui vítima, embora com a sensação de que foi pouco ainda perto da minha fratura.

Acontece, porém, que agora um nervo da justiça foi agredido e uma regra gramatical da convivência humana em sociedade foi trincada. O dono do tal carro era promotor, arranca do vigia a identidade do autor do delito, leva-me ao tribunal e sou condenado a indenizá-lo pelos danos materiais causados. Minha opção é: mão no bolso *ou* xadrez. À conta e à dor da fratura juntam-se agora a fatura e a vergonha da condenação. Paguei não só como vítima, mas também como réu. O crime original ficou sem reparação; só o castigo foi punido. O promotor exulta. Há justiça nisso?

Ninguém é bom juiz em causa própria. A injustiça da qual fui vítima — atropelamento seguido de negligência dolosa — é real. Se houvesse uma testemunha, a condenação do motorista seria fatal. O meu ressentimento tem toda a razão de ser. Mas daí a supor que isso me confira o direito de passar um veredicto e de executar uma punição vai a distância que nos separa da fogueira hobbesiana, ou seja, de uma escalada vertiginosa e incontrolável da animosidade e do conflito interpessoal. O viés espontâneo do nosso equipamento moral torna qualquer veleidade desse tipo uma pretensão descabida e proibitiva.

O ponto é que, se as regras da justiça abrissem qualquer

brecha para que os cidadãos pudessem acertar as suas diferenças e os seus ressentimentos mútuos por si mesmos — por mais justos e merecidos que sejam de fato ou possam parecer aos seus próprios olhos —, as consequências seriam incontroláveis. O mais provável é que, num piscar de olhos, a lógica do *olho por olho, dente por dente*, alimentada, é claro, pelo combustível altamente inflamável da inflação-deflação moral, levasse-nos ao precipício de uma conflagração generalizada. Bastaria uma faísca de desentendimento — uma vaidade ferida ou uma ameaça pressentida — para deflagrar um dominó em cadeia de atentados clandestinos, linchamentos e retaliações.

A regra impessoal formalizada em lei retira da esfera de competência dos cidadãos a faculdade de julgar, em seu próprio caso, se e quando determinada conduta é proibida ou permitida, obrigatória ou facultativa. Ela define o domínio do possível (tudo que é lícito) e do necessário (tudo que é impositivo) na convivência humana e, desse modo, nos protege, pelo menos em alguma medida, da parcialidade de cada um por si próprio.[35] Excetuando os extremos da patologia médica criminal, o transgressor tem alguma noção do que está fazendo, tanto que esconde o ato que pratica e sente vergonha ao ser pego. A semente da culpa que é imputada a ele de fora, quando ele é pego e condenado, já está plantada em sua própria mente.

No caso das *normas informais* de conduta, como por exemplo os princípios da veracidade (não mentir) e da pontualidade (não atrasar), a demarcação não é tão rígida e nítida quanto na esfera da lei, mas a função da regra impessoal é essencialmente a mesma. As normas são padrões definidos de julgamento, baseados em algum tipo de acordo intersubjetivo entre os cidadãos, e que servem para prevenir e neutralizar, em alguma medida, o viés espontâneo da nossa subjetividade quando se trata de julgar o que seria certo e apropriado fazer na situação particular em que nos encontramos.

Se as pessoas passassem, por exemplo, a calcular as vantagens de mentir ou dizer a verdade todas as vezes que abrissem a boca, a comunicação interpessoal se tornaria um pandemônio labiríntico e desnorteante. Nem tudo o que se diz se faz e nem tudo o que se faz se diz; mas a presunção de veracidade na absoluta maioria das trocas verbais é condição indispensável da comunicação e da sociabilidade humanas.

O mentiroso teme o opróbrio, cuida para que a consistência interna de sua fala seja preservada em todas as suas ramificações e sente vergonha ao ser pilhado. Enquanto a lei formal tem no risco de sanção penal (multa e prisão) um poderoso elemento de reforço, o mecanismo equivalente no caso das normas informais é a ameaça de perda afetiva e reprovação social — o desprezo por parte de quem se preza e a frieza por parte de quem se estima. A sanção do transgressor da norma reverte em duplo prejuízo para ele. Sofre a sua reputação no espelho da mente dos que o cercam e sofre a sua autoimagem no espelho da própria consciência.

A extensão do poder das regras impessoais na convivência humana pode ser avaliada pelos efeitos provocados por sua ausência. As leis e normas de uma dada sociedade não têm uma existência apartada, ou seja, acima e além dos indivíduos que a compõem. O que a experiência de alguns episódios críticos de adversidade coletiva sugere, contudo, é que a percepção das circunstâncias em que se vive e do comportamento dos que estão à nossa volta pode alterar de forma aguda o grau de adesão dos cidadãos às regras impessoais de convivência. O impressionante relato do historiador grego Tucídides sobre o retrocesso moral vivido por Atenas ao final da era de Péricles, sob o impacto do surto epidêmico que assolou a cidade durante a guerra do Peloponeso, retrata com riqueza de detalhes um episódio desse tipo:

> A tremenda falta de respeito às leis que ocorreu por toda a cidade teve início com essa epidemia, pois, à medida que os mais ricos morriam e os que antes nada possuíam tomavam conta de suas posses, as pessoas começaram a ver diante dos seus olhos reversões tão abruptas que passaram a fazer livremente coisas que antes teriam ocultado — coisas que jamais admitiriam fazer por prazer. E, desse modo, vendo que suas vidas e suas posses eram igualmente efêmeras, eles justifica-

vam a sua busca de satisfação rápida em prazeres fáceis. Quanto a fazer o que era considerado nobre, ninguém se daria a esse trabalho, visto que era incerto se morreriam ou não antes de realizá-lo. Mas o prazer do momento e tudo o que contribuía para isso tornou-se o padrão de nobreza e utilidade. Ninguém recuava com assombro, seja por temor dos deuses ou das leis dos homens: não dos deuses, visto que os homens concluíram não fazer diferença cultuá-los ou não, já que todos pereceriam da mesma forma; e não das leis, visto que ninguém esperava viver até o momento de ser julgado e punido por seus crimes. Mas eles sabiam que uma sentença muito mais severa pairava agora sobre as suas cabeças, e antes que ela desabasse eles tinham uma razão para tirar algum prazer da vida.[36]

A incerteza radical sobre o amanhã e o dramático encolhimento da expectativa de vida provocados pela peste abriram o caminho, segundo o relato de Tucídides, para um outro surto epidêmico igualmente contagioso — o colapso da autoridade das regras impessoais na mente e na vida prática dos atenienses. Nos termos do conflito intertemporal e intrapessoal discutidos na seção anterior, é como se as circunstâncias produzidas pela peste (um surto de hiperinflação pode ter um efeito análogo) tivessem provocado uma sublevação vitoriosa e coletiva do *eu-agora* contra as restrições formais e informais ao seu predomínio erguidas cumulativamente pelo *eu-depois* no passado, sob o auspício de quadras menos adversas.

Analogamente, o poder do ambiente externo e das circunstâncias práticas sobre o grau de adesão dos indivíduos às regras impessoais aparece de forma vívida e sugestiva em relatos da experiência dos conquistadores e colonizadores europeus que se aventuraram pelos trópicos latino-americanos durante a era colonial. Como retrata o genial Diderot, a partir de depoimentos e relatos de viajantes que puderam observar diretamente o fenômeno:

Além do Equador um homem não é inglês, holandês, francês, espanhol ou português. Ele se apega somente àqueles princípios e preconceitos de seu país de origem que justificam ou servem de desculpa à sua conduta. Ele rasteja quando está fraco; ele é violento quando forte; ele tem pressa para adquirir, pressa para desfrutar, e é capaz de todo crime que o conduza mais rapidamente a seus objetivos. Ele é um tigre doméstico retornando à selva; a sede de sangue toma conta dele outra vez. É assim que todos os europeus, cada um deles indistintamente, têm se mostrado nos países do Novo Mundo. Um delírio coletivo toma conta de suas mentes — a sede de ouro.

O verniz de moralidade cívica do europeu, sugere Diderot, não resiste sem esgarçamento aos rigores da mudança de hemisfério. A autoridade das regras impessoais acatadas pelo *eu-depois* na metrópole fica enfraquecida e anêmica diante dos desmandos da luxúria e da ganância do *eu-agora* na colônia tropical. *Ultra aequinoxialem non peccari* — "Não existe pecado além da linha do Equador" — [37] é o lema latino seiscentista que melhor sintetiza o ambiente de desregramento, oportunismo e egoísmo anárquico criado pela aventura colonial europeia nos trópicos.

O relato de Tucídides sobre os efeitos da praga na *pólis* ateniense e o painel diderotiano sobre a feroz licenciosidade tropical, parece razoável supor, carregam nas tintas do contraste entre dois padrões de interação social a fim de realçar ao máximo o contorno das suas diferenças — o *antes* × *depois* ateniense e o *lá* × *cá* do colonizador europeu. O importante aqui, contudo, não é avaliar o grau de realismo histórico-descritivo dos quadros por eles pintados, mas sim identificar e analisar o que situações extremas como essas revelam acerca das relações entre parcialidade moral e regras impessoais.

O viés inflacionário da autorrepresentação moral em tempos de paz e normalidade, quando o perigo, a pressão e a tentação andam longe, foi discutido acima. Situações de adversidade (*pólis* ateniense) ou de permissividade (trópicos coloniais) obrigam a pôr as cartas na mesa e expõem o blefe das imagens que alimentamos sobre nós mesmos. É doce para cada um supor que será capaz de resistir com sucesso ao canto das sereias enquanto ele não passa de um prospecto remoto no tempo ou distante no espaço. Foi a sedução desse autoengano, tanto quanto o próprio canto, que abarrotou de carcaças e ossadas o litoral das sereias. O que não se pode subestimar é a dificuldade de prever, com um mínimo de segurança, *quem seremos* e *como reagiremos* quando a pressão das circunstâncias externas e o calor do momento conspirarem para nos levar à fronteira incógnita dos nossos limites. As relações de poder entre o *eu-agora* e o *eu-depois* na assembleia da mente individual estão sujeitas a súbitas reviravoltas.

O enfraquecimento da autoridade das regras impessoais, como no laboratório exemplar do trânsito, tende a produzir uma situação típica de falácia da composição na vida em sociedade — um quadro no qual o todo resultante de uma miríade de ações e reações individuais parece ganhar vida própria e termina desabando como uma praga sobre a esperteza míope das partes. Sob a ótica de cada uma delas, as consequências de suas próprias violações intermitentes das regras parecem infinitesimalmente pequenas e sem maiores implicações diante não só das vantagens imediatas que tais violações proporcionam, mas da maior gravidade das transgressões que os demais estão cometendo. O mal da mentira que contamos, da lei que desrespeitamos ou da promessa que deixamos de cumprir parece naturalmente menor e menos nocivo aos nossos olhos do que aos olhos daqueles que estão do outro lado e que são, direta ou indiretamente, afetados por nossas ações.

O exemplo de cada um, por sua vez, serve de senha e pretexto para a imitação de todos. Ao perceber, porém, que a iniquidade e a ganância governam o comportamento geral, o indivíduo finalmente conclui que "a distância entre como vivemos e como deveríamos viver é de tal ordem que quem quer que abandone o que faz em nome do que deveria fazer incorrerá em maior chance de destruir-se do que se salvar a si mesmo, arruinando-se em meio a tantos que não são bons".[38] Afinal, quem desejaria ser o caxias inútil ou o quixote ridículo de sua própria integridade? O batalhador ingênuo e mal pago em meio a um bando de aproveitadores e canalhas? Ninguém, é evidente, pode se dar ao luxo ou correr o risco de fazer por si mesmo o que seria em tese melhor para todos, mas apenas sob a condição de que todos — ou pelo menos uma parcela suficiente deles — fizessem o mesmo.

O problema, contudo, é que, se o efeito isolado das violações intermitentes de cada uma das partes é menor, o efeito agregado e cumulativo da combinação dessas violações no caldeirão do todo tende a ser tremendo. O teor das expectativas que temos dos demais — a confiança que nos sentimos justificados em depositar uns nos outros nas nossas relações afetivas e profissionais — é um patrimônio de valor incomensurável na vida prática. A dilapidação gradual porém cumulativa desse patrimônio, por meio de um grande número de saques a descoberto contra o estoque coletivo de confiança interpessoal, reduz dramaticamente o leque de oportunidades de cooperação proveitosa, tanto na esfera privada do amor e da amizade, dentro e fora da família, como no espaço público da política, das iniciativas de ação coletiva e das trocas voluntárias no comércio, nas empresas e nas relações de crédito.[39]

Quando o oportunismo imediatista é percebido como a regra do jogo, cada um se defende como pode. Mas ao tentar agarrar aqui e ali a sua vantagem particular e o seu prazer imediato, ao transgredir e ignorar sempre que for conveniente as leis e normas impessoais de uma convivência civilizada, as partes terminam involuntariamente criando um monstro coletivo que não esperavam — um todo social hostil, no qual elas não se reconhecem e que se abate sobre as suas vidas com a fatalidade inocente de uma catástrofe natural.

O sentimento sincero e generalizado de cada uma das partes quando olha para si própria e ao redor de si é o de que ela *não tem nada a ver* com o mal que percebe à sua volta. O mal que ela encontra fora de si, contudo, não passa no fundo do resultado agregado de uma miríade de ações divergentes, cada uma delas minúscula em si mesma diante do todo social, mas conjuntamente e ao longo do tempo poderosas o suficiente para erodir o estoque de confiança interpessoal e configurar um quadro de incerteza, adversidade e violência que, se não chega a arruinar por completo, seguramente prejudica e empobrece de forma sensível o relacionamento humano na vida prática e afetiva.

A dupla praga ateniense descrita por Tucídides e a selva humana dos trópicos coloniais retratada por Diderot representam episódios extremos de uma família numerosa de casos semelhantes. Para cada uma das partes isoladamente, o oportunismo imediatista é a melhor saída, dado que todos o praticam. Mas para todos eles em conjunto, no espaço compartilhado de sua convivência pública e privada, o resultado agregado dessa opção termina sendo péssimo. Embora cada um tenda a ficar em situação ainda pior caso abra mão sozinho da sua esperteza egoísta, todos juntos estariam seguramente em situação muito superior sem ela. Nas palavras de Sólon, o grande legislador e poeta ateniense responsável pelas reformas constitucionais que criaram as bases da primeira experiência democrática na história da humanidade: "Cada um de vós em separado, admito, tem a alma astuta da raposa; mas todos juntos sois como um tolo de cabeça oca".[40]

7. ÉTICA CÍVICA, LIBERDADE E ÉTICA PESSOAL

O indivíduo é um todo contraditório. Tensões insolúveis e forças opostas agitam o microcosmo da nossa vida subjetiva, determinam estados de consciência mais ou menos voláteis e acessíveis à superfície da mente e, por fim, traduzem-se ou não em escolhas e ações no mundo. Nossa imparcialidade diante de nós mesmos tem fronteiras lógicas e psicológicas intransponíveis, mas o continente da parcialidade parece não conhecer limites. A capacidade humana de julgar com isenção tende a se enfraquecer exponencialmente à medida que nos aproximamos do centro de tudo aquilo que nos move e comove — precisamente quando seria da maior importância uma apreciação serena e imparcial. Pior: o véu do autoengano com frequência oculta da visão que temos de nós mesmos traços e falhas que saltam aos olhos quando o que está em tela é o caráter e a conduta dos que nos cercam. O ponto cego no olhar adentro é o avesso do olho de lince no olhar afora.

O equipamento moral do animal humano é o que é. Imaginar que ele possa vir a ser radicalmente aprimorado ou regenerado, seja por meio de homilias, cursos intensivos e exortações inspiradas, seja por meio de engenharia política e novos modos de produção, é abraçar fantasias de precário consolo e nenhuma validade. Se discursos bem-intencionados, saltos milenaristas ou rupturas violentas com o passado pudessem produzir o milagre duvidoso de uma "regeneração moral do homem", a promessa do "novo homem" — seja qual for a "nova natureza humana" que se tenha pretendido enfiar nele — já haveria se cumprido incontáveis vezes no devir histórico.

A realidade, porém, tem sido dura com esse tipo de *wishful thinking*. Os séculos transcorrem, as miragens revolucionárias se desenrolam ruidosas e logo se recolhem ao esquecimento no leito insondável da história, e a velha natureza humana, com todo o seu inegável potencial e defeitos, não dá mostras de se deixar impressionar pelo espetáculo. O que a experiência do nosso século sugere é que, se existe algum risco de descontinuidade abrupta no campo da moralidade, ele está muito mais do lado da degeneração — como ilustra a inominável insanidade dos campos de concentração nazistas e soviéticos — do que na eventualidade de uma suposta regeneração dos nossos padrões éticos de convivência.

Nada disso significa, é claro, adotar uma postura fatalista ou resignada diante do mundo *como ele é*. A eliminação virtualmente universal de práticas ancestrais do animal humano — usos e costumes como o canibalismo, o incesto, o linchamento de adúlteras e a escravidão por dívida, derrota militar ou intimidação física, para lembrar apenas os exemplos mais gritantes — mostra que o progresso em questões fundamentais é possível, ainda que restrito a áreas específicas e sem garantias absolutas contra retrocessos. Avanços substantivos como esses são marcos da nossa sociabilidade. São conquistas do esforço coletivo e cooperativo da humanidade na construção de uma gramática de convívio mais harmoniosa; acordos intersubjetivos que se mostraram perfeitamente compatíveis com o substrato rígido — nervoso, emocional e mental — do animal humano.

É muito provável que usos e costumes correntes hoje em dia, principalmente no tocante a relações de trabalho, ao lugar da ambição econômica como valor cultural, à apropriação de recursos naturais e ao tratamento de crianças e idosos, venham a ser encarados num futuro quiçá não muito distante como práticas tão injustificáveis do ponto de vista moral quanto alguns dos piores excessos cometidos por nossos antepassados no ambiente ancestral. O hiato entre o mundo que *aí está*, de um lado, e o mundo como ele *deveria* e *poderia ser*, de outro, não corre o menor risco de desaparecer ou minguar dramaticamente no futuro previsível. O que podemos fazer, contudo, e certamente não seria pouco, é cuidar para que ele seja cumulativamente reduzido em áreas críticas da nossa convivência e não se torne ainda maior do que é.

Na sociedade perfeita, dotada de uma gramática de regras de convivência impecável e uniformemente acatada, não haveria o que mudar. Qualquer mudança concebível só poderia ser para uma situação pior que a existente ou, na melhor das hipóteses, igual a ela. Nada garantiria, é evidente, que os indivíduos fossem plenamente felizes ou que sempre alcançassem seus objetivos. A diferença básica é que eles encontrariam oportunidades e condições tão boas quanto fosse possível — a começar por uma dotação inicial adequada de saúde e educação básica — para desenvolver seus talentos e projetos de vida.

Na sociedade perfeita, os problemas fundamentais da existência e da realização humanas continuariam a ser exatamente o que sempre foram; mas os indivíduos não poderiam mais culpar "o sistema", "a sociedade injusta" ou "os outros" por seus equívocos, frustrações e fracassos. Quantas racionalizações confortáveis não cairiam por terra! E quantas novas "razões" sofisticadas e até aqui impensadas não brotariam instantaneamente em seu lugar!

A ideia de perfeição é obviamente uma ficção humana. Seu grande mérito — como é o caso das utopias em geral — é servir como um contraste que inspire e permita realçar com tintas fortes a extensão do hiato entre *o que é* e o que *pode ser*: a distância que nos separa do nosso potencial. Mais que um sonho, o ideal é uma arma com a qual se desnuda um mundo injusto, corrompido e opressivo.

Na prática, é claro, nada que é humano se aproxima da perfeição, a começar pelo próprio pensamento utópico. Um risco que nunca pode ser descartado — e o século que termina foi pródigo em lições desse tipo — é o de tentar melhorar as coisas e acabar tornando-as piores do que são. "O caminho do inferno", alertava o cruzado militante são Bernardo no século XII, "está repleto de boas intenções."[41] O problema é que o imobilismo e a resignação também chegam lá. Se agir é muitas vezes perigoso, deixar de agir pode ser fatal.

A arte da convivência externa em sociedade está ligada à arte da convivência interna de cada um a sós consigo. As regras impessoais da ética cívica são um mal necessário. Elas existem não para nos salvar, mas para nos proteger uns dos outros e de nós mesmos. "Poderia alguma coisa revelar uma falta de formação mais vergonhosa", indaga Platão na *República* (405 *b*), "do que possuir tão pouca justiça dentro de nós mesmos que se torna necessário obtê-la dos outros, que desse modo se tornam nossos senhores e juízes?"

Mas muito mais grave e terrível que isso, pode-se argumentar, seria uma situação na qual, embora os cidadãos reconheçam a necessidade de obter justiça de fora, esta lhes é negada ou é pervertida por um Judiciário inoperante e/ou corrupto. O grau zero da ética cívica, contudo, seria uma situação na qual os cidadãos sentem-se de tal forma certos e convictos de que possuem dentro de si toda a justiça de que necessitam que eles passam a julgar e agir por conta própria, ou seja, sem precisar incorrer na vergonha platônica de ter de recorrer a qualquer tipo de árbitro externo para a solução de seus conflitos e desavenças.

O propósito das regras impessoais da ética cívica não deve ser o de tolher o indivíduo ou forçá-lo a se encaixar num projeto de vida que não é o seu, mas sim o de tornar possível a plena e livre expressão de sua individualidade. Se as exigências da ética cívica reduzem, em alguma medida, o campo para o exercício da liberdade de escolha, elas permitem ao mesmo tempo uma enorme expansão dessa mesma liberdade, por meio da ampliação do espaço para a experimentação permanente na arte pessoal e associativa do viver. A experiência mostra que a progressiva anemia da ética cívica pode tornar-se tão corrosiva e destruidora da liberdade individual — minando a confiança que nos sentimos justificados em depositar uns nos outros na vida prática e afetiva — quanto a sua hipertrofia totalitária.

O grande desafio é encontrar um equilíbrio entre as exigências da ética cívica e as demandas da ética pessoal — uma gramática da convivência que de alguma forma encontre o ponto adequado para a inevitável tensão entre os dois imperativos da melhor sociedade: liberdade e justiça. É somente no solo de uma ética cívica legítima, enraizada e bem constituída que uma ética pessoal agressiva — livre, ousada e pluralista — pode prosperar e florescer.

O ideal é buscar preservar, de um lado, a máxima liberdade para o exercício ativo da autonomia individual na procura, expressão e afirmação de valores pessoais; mas também garantir, de outro, o respeito às regras impessoais que reduzem ao mínimo o dano e o atrito injustificado nas relações interpessoais. A gramática da justiça equivale a um conjunto de regras morais — leis formais e normas informais — que definam os parâmetros e demarquem as fronteiras do proibido/permitido e do impositivo/facultativo na convivência humana. O que se busca é um acordo intersubjetivo coletivamente sancionado que, sem restringir além do estritamente necessário a esfera da autonomia individual na procura e definição de planos de vida, seja capaz de prevenir e conter de forma clara e neutra os desacordos e conflitos que inevitavelmente permeiam a interação humana numa sociedade pluralista e complexa.

Os riscos e ameaças, como sempre, estão nos excessos de ambos os lados. Se a má convivência, de um lado, sacrifica a autonomia — condenando, por exemplo, boa parte dos indivíduos de uma dada sociedade a uma infância de privação material e educacional que prejudica em caráter permanente o seu futuro —, a autonomia mal dirigida, de outro, prejudica a convivência — levando-nos, por exemplo, a situações de falácia da composição na vida prática e a condutas autodestrutivas sob o signo da sereia. A passagem é estreita. Nenhuma solução é definitiva. Toda vitória é parcial, cada avanço traz novos desafios e qualquer conquista é passível de retrocesso. A prevenção do mal ajuda, mas não sacia o desejo humano de encontrar o bem. Navegar é preciso. Ouvidos abertos, olho na bússola, mastro à mão.

NOTAS

1. A NATUREZA E O VALOR DO AUTOENGANO [pp. 17-65]

1. A ideia da uniformidade biológica dos seres vivos remonta ao tratado aristotélico *Historia animalium*: "A vida dos animais, portanto, pode ser dividida em duas ações — procriação e nutrição; pois é em torno desses dois atos que todos os seus interesses e a sua vida se concentram [...] Tudo aquilo que está em conformidade com a natureza é prazeroso, e todos os animais perseguem o prazer de acordo com a sua natureza" (589 *a*). Sobre a história dessa ideia e sua adoção como um princípio básico na biologia moderna, ver: Larson, *Reason and experience* (pp. 20-30); Jacob, *Logique du vivant* (pp. 98-100) e a nota 10, a seguir. A admiração de Darwin pela contribuição aristotélica aparece com clareza em carta que dirigiu ao autor de um recém-publicado (1882) livro sobre o assunto: "Com base em citações que vira anteriormente, eu possuía uma noção elevada dos méritos de Aristóteles, mas não tinha a mais remota noção do homem maravilhoso que ele era. Lineu e Cuvier têm sido as minhas duas divindades [...] mas eles não passavam de meras crianças de escola [*schoolboys*] diante do velho Aristóteles" (*Life and letters of Charles Darwin*, vol. 3, p. 252).

2. Exceto quando indicado em nota, todos os exemplos de engano no mundo natural descritos a seguir têm como fonte o levantamento sistemático feito por Rue em *By the grace of guile* (pp. 108-24). Sobre as estratégias de engano e prevenção contra o engano intra e entre-espécies, ver também o artigo de Krebs e Dawkins, "Animal signals: mind-reading and manipulation", e o verbete "Comunicação" no *Oxford companion to animal behaviour* (pp. 78-91).

3. O experimento com a preferência revelada das abelhas pelas orquídeas tem como fonte Krebs e Dawkins, "Animal signals" (*Behavioural ecology*, p. 385).

4. O exemplo do peixe-roda é discutido também por Wright, *Moral animal*, pp. 79-80. É interessante notar, como apontou originalmente o biólogo inglês John Maynard Smith, que a competição entre as duas estratégias de reprodução leva naturalmente a uma situação de "equilíbrio evolucionário". Quanto maior for o número de exploradores em relação ao de exploráveis, mais difícil será a vida dos primeiros. Se a população relativa de peixes precoces cresce em demasia, eles terão dificuldade em encontrar machos normais para enganar e sítios para procriar; a parcela de precoces na população tenderá, portanto, a se estabilizar em cerca de um quinto da população total. Para uma situação análoga a essa na convivência humana, opondo "espertos × otários" (Brasil), "wiseguys ×

mugs" (Nova York) ou "furbi × fessi" (Sicília), ver: Mandeville, *Fable of the bees*, vol. 1, p. 48, e Elster, *Cement of society*, pp. 269-70. Como observa o economista político vitoriano Macdonell, "a malandragem só pode ser lucrativa enquanto a honestidade é a regra geral" (*Survey of political economy*, p. 59).

5. Mesmo o reducionismo cartesiano, vale notar, não nega conclusivamente a subjetividade animal, mas apenas a desconsidera na explicação do comportamento. Respondendo às objeções do neoplatônico de Cambridge, Henry More, Descartes afirmava: "Não há preconceito ao qual estejamos mais acostumados desde os nossos primeiros anos do que a crença de que animais mudos pensam [...] Eu não me impressiono com a astúcia e sagacidade de cães e raposas, ou com todas as coisas que os animais fazem por comida, sexo ou medo; o que alego é que posso facilmente explicar a origem de todas essas coisas pela constituição de seus órgãos. Mas, embora considere como estabelecido que não possamos provar a existência de qualquer pensamento nos animais, eu não penso que esteja dessa forma provado que ele não exista, uma vez que a mente humana não alcança os seus corações" (*Philosophical letters*, p. 243). Preocupada com as implicações éticas dessa postura agnóstica, a filósofa inglesa Mary Midgley reage: "Se um torturador justificasse suas atividades alegando ignorância da dor, com base no argumento de que ninguém sabe nada sobre a sensação subjetiva dos outros, ele não convenceria audiência humana alguma. Uma audiência de cientistas não precisa almejar tornar-se exceção a essa regra" (citado em Masson e McCarthy, *When elephants weep*, p. 49). Uma defesa eloquente dos direitos animais, a partir de uma perspectiva ética aristotélica, é feita por Stephen Clark em *Moral status of animals*. Para uma revisão cuidadosa do pensamento filosófico e da pesquisa científica contemporânea sobre a subjetividade animal, ver Walker, *Animal thought*.

6. As diferentes modalidades e funções da linguagem animal na natureza e as experiências recentes com treino e aprendizagem em laboratório são relatadas no verbete "Linguagem" do *Oxford companion to animal behaviour* (pp. 90-1 e pp. 332-6). Para uma revisão detalhada e criteriosa do "problema do alimento escondido" e dos esforços para ensinar linguagem a macacos, ver Walker, *Animal thought* (pp. 352-81).

7. As artimanhas e travessuras do orangotango Chantek têm como fonte Rue, *By the grace of guile* (p. 124).

8. Emerson, "Nature" (*Works*, p. 830); Schopenhauer, *World as will*, vol. 2, p. 581. Sobre as visões estoica e atomista da natureza, ver: Sambursky, *Physical world of the Greeks* (capítulos 5-7), e Glacken, *Traces on the Rhodian shore* (capítulos 1-2). O contraste entre Demócrito e Heráclito baseia-se em Sêneca, "Sobre a tranquilidade da alma" (p. 65), e Montaigne, "Sobre Demócrito e Heráclito" (*Ensaios*, p. 146). As atitudes e o conceito de natureza em Rousseau e em Baudelaire aparecem com clareza em obras como *Rêveries du promeneur solitaire* (caminhadas 2, 5 e 7) e *Le peintre de la vie moderne* (especialmente o capítulo 11). As obras póstumas "Nature", de J. S. Mill, e *Dialogues concerning natural religion*, de Hume, oferecem reflexões críticas sobre a enorme multiplicidade de

conceitos totalizantes de natureza na história da filosofia. Sobre os significados do termo *natureza* — grego: *phýsis*; latim: *natura* — na história das ideias, ver: Lewis, "Nature" (*Studies in words*, pp. 24-74); Williams, "Nature" (*Keywords*, pp. 184-9), e o apêndice "Some meanings of 'nature'", no qual Lovejoy analisa e ilustra nada menos que 66 significados distintos associados ao termo (*Primitivism*, vol. 1, pp. 447-56).

9. Os exemplos de antropomorfismo radical citados no texto foram extraídos do trabalho de Masson e McCarthy discutindo a vida emocional dos animais, *When elephants weep*. Para uma análise da questão da atribuição de estados mentais a outros seres vivos sob a ótica da filosofia da linguagem wittgensteiniana, ver Manser, "Pain and private language".

10. Darwin, "M notebook" (*Early writings*, p. 21). Mais à frente, no mesmo caderno, Darwin anota: "Nossa linhagem ancestral, então, é a origem de nossas paixões malignas!! — O Demônio sob a forma de Macaco é nosso avô!" (p. 29). Por que Locke? Presumivelmente devido à teoria associacionista lockiana, que aos olhos do jovem Darwin representaria a mais científica contribuição ao estudo dos fenômenos mentais. O princípio da continuidade aparece originalmente nos tratados biológicos de Aristóteles: "A natureza procede pouco a pouco, das coisas inanimadas à vida animal, de tal modo que é impossível determinar a linha exata de demarcação, ou saber de que lado uma forma intermediária deve ficar" (*Historia animalium* (588 *b*); sobre a noção aristotélica de continuidade no mundo natural, ver Lovejoy, *Chain of being*, em especial pp. 56s). O apreço de Darwin pela máxima *Natura non facit saltum* pode ser avaliado pelo simples fato de que ele a cita quatro vezes, em latim, em *Origin of species* (pp. 194, 206, 460 e 471). Foi este o principal ponto contestado pelo biólogo T. H. Huxley na importante resenha da obra, publicada logo após seu lançamento (*Darwiniana*, p. 77); para uma abordagem contemporânea da questão, ver Dawkins, "Universal darwinism", em especial pp. 412-8.

11. A interpretação do mito bíblico da queda e da "mentira" divina segue a sugestão do psicanalista italiano Luigi Zoja, em *Growth and guilt* (pp. 142-6).

12. Montaigne, "Apologia de Raymond Sebond" (*Ensaios*, p. 213); Locke, *Essay concerning human understanding*, livro 3, capítulo 9, § 23, pp. 489-90. Na segunda parte de *Beliefs in action* procurei analisar o problema dos mal-entendidos na transmissão de ideias e mensagens, oferecendo uma taxonomia dos padrões mais relevantes de distorção.

13. A experiência com o hipotálamo dos ratos é descrita por Young, *Philosophy and the brain* (pp. 178-80). A manipulação genética alterando a reação natural das plantas à mudança das estações do ano baseia-se em técnica desenvolvida por pesquisadores da Universidade de Wisconsin-Madison (ver *The Economist*, 13/1/1996, p. 80).

14. Piaget, *O juízo moral na criança*, pp. 114-6. No prefácio de *De cive*, Hobbes havia comparado o homem perverso a uma criança vigorosa: "Se não dermos às crianças tudo o que elas pedem, elas serão impertinentes, e chora-

rão, e às vezes até baterão em seus pais, e tudo isso farão por natureza [...] um homem perverso é quase a mesma coisa que uma criança que cresceu e ganhou em força e se tornou robusta, ou um homem de disposição infantil" (*Do cidadão*, p. 18). Comentando essa passagem no artigo sobre a filosofia hobbesiana da *Encyclopédie*, Diderot observa: "Imagine uma criança de seis semanas com a imbecilidade mental apropriada à sua idade e a força e as paixões de um homem de quarenta. Ela vai obviamente golpear o pai, violentar a mãe e enforcar a babá. Ninguém que se aproxime dela estará seguro" (*Political writings*, pp. 28-9).

15. Evidência indireta da ubiquidade do engano nas relações humanas é a própria linguagem. De *abafar* (no sentido de "ocultar", "esconder") a *zurupar* ("surrupiar"), o léxico do engano compreende centenas de vocábulos designando a imensa variedade do repertório linguístico e não linguístico do engano na vida prática. Assim como, ao que dizem, a língua dos esquimós possui um riquíssimo vocabulário para denotar diferentes tipos de neve, o inglês para a chuva, o hebraico para o pecado e o português para a inflação; assim também toda linguagem natural humana parece possuir uma profusão de termos e expressões para nomear as sutilezas e a diversidade do engano.

16. Machado de Assis, *Dom Casmurro*, p. 70; sobre a mentira interpessoal ver também a nota 6 do capítulo 3.

17. Sobre o fenômeno psíquico da alucinação, ver *Oxford companion to the mind* (pp. 299-300 e 648). Diversos episódios visuais, auditivos e táteis desse tipo são descritos por Oliver Sacks em *O homem que confundiu sua mulher com um chapéu*. Um exemplo claro de alucinação visual é a experiência de Macbeth com o punhal imaginário enquanto planeja o assassinato de Duncan: "I have thee not, and yet I see thee still./ Art thou not, fatal vision, sensible/ To feeling, as to sight? or art thou but/ A dagger of the mind, a false creation,/ Proceeding from the heat-oppressed brain?/ I see thee yet, in form as palpable/ As this which now I draw" (Shakespeare, *Macbeth*, ato II, cena 1, linhas 35-41).

18. Os exemplos de "membro fantasma" e o fenômeno do "sequestro cerebral" têm por fonte o trabalho do neurologista V. Ramachandran, da Universidade da Califórnia-San Diego, relatados em *The Economist*, 27/4/1996, pp. 87-8. Sobre o autoengano em relação ao próprio corpo, ver também: *Oxford companion to the mind* (pp. 200-1); Damásio, *O erro de Descartes* (pp. 87-90 e 184-5), e Sacks, *O homem* (pp. 82-6).

19. Novalis, "Observações entremescladas" (*Pólen*, p. 43).

20. Machado de Assis, *Dom Casmurro*, pp. 47 e 68. Por que o sonhar acordado não sacia a demanda por fantasia? Em "The mind as a consuming organ", o economista norte-americano Thomas Schelling sugere que a indisciplina da imaginação e, em particular, a tendência à escalada inflacionária do devaneio são fatores que levam à preferência dos consumidores pela ficção narrativa externa (*Multiple self*, pp. 178 e 190).

21. A relação interna entre as brincadeiras infantis e a criação literária é analisada por Freud na conferência "Escritores criativos e devaneio": "Acaso

não poderíamos dizer que ao brincar toda criança se comporta como um escritor criativo, pois cria um mundo próprio, ou melhor, reajusta os elementos de seu mundo de uma nova forma que lhe agrade? [...] A antítese do brincar não é o que é sério, mas o que é real [...] O escritor criativo faz o mesmo que a criança que brinca. Cria um mundo de fantasia que ele leva muito a sério, isto é, no qual investe uma grande quantidade de emoção, enquanto mantém uma separação nítida entre o mesmo e a realidade" (pp. 101-2).

22. Horácio, *Satires and epistles* (livro 2, epístola 2, linhas 128-40, pp. 186-7). Pólux, filho da união entre Zeus e Leda, foi levado por seu pai à morada dos deuses, mas recusou-se a aceitar a imortalidade enquanto seu irmão mortal, Castor, permanecesse no submundo dos mortos; a solução encontrada por Zeus foi permitir a cada um deles passar dias alternados na companhia dos deuses. Sobre o espectador horaciano e variações, ver: Montaigne, "Apologia de Raymond Sebond" (*Ensaios*, p. 233); Erasmo, *Elogio* (§ 38, pp. 36-8); Fontenelle, *Nouveaux dialogues* (p. 226), e Nietzsche, *Aurora* (§ 509, p. 206).

23. Diderot, "Paradoxo do ator" (*A filosofia de Diderot*, p. 200). É interessante comparar a observação de Diderot com a de Nelson Rodrigues: "A ficção, para ser purificadora, precisa ser atroz. O personagem é vil, para que não o sejamos. Ele realiza a miséria inconfessa de cada um de nós. A partir do momento em que Anna Karenina, ou Bovary, trai, muitas senhoras da vida real deixarão de fazê-lo. No *Crime e castigo*, Raskolnikov mata uma velha e, no mesmo instante, o ódio social que fermenta em nós estará diminuído, aplacado. Ele matou por todos. E, no teatro, que é mais plástico, direto, e de um impacto tão mais puro, esse fenômeno de transferência torna-se mais válido. Para salvar a plateia, é preciso encher o palco de assassinos, de adúlteros, de insanos e, em suma, de uma rajada de monstros. São os nossos monstros, dos quais eventualmente nos libertamos, para depois recriá-los" (citado em Ruy Castro, *Anjo pornográfico*, p. 273). Os dois dramaturgos claramente divergem sobre o que acontece da porta do teatro para fora: enquanto para o francês o espectador sai exatamente como tinha entrado, para o brasileiro ele sai purificado e, pelo menos temporariamente, um cidadão distinto do que era ao entrar. Mas os dois parecem estar perfeitamente de acordo quanto ao que se passa durante a representação teatral, ou seja, o mecanismo de transferência e transporte ficcional pelo qual o espectador sai de si e vive subjetivamente a personagem da trama. O papel purificador do teatro e da ficção narrativa em geral é discutido por Dodds ao analisar o apelo dos rituais dionisíacos no mundo grego (*Greeks and the irrational*, pp. 76-7) e na introdução a sua edição comentada das *Bacantes* de Eurípides (p. xlv).

24. Wallace Stevens, "Adagia" (*Opus posthumous*, p. 189).

25. Platão, *Protágoras*, 323 *b*. O contexto dessa afirmação e algumas de suas implicações são discutidos no capítulo 2 de meu livro *Vícios privados, benefícios públicos?*.

26. A hipótese da "corrida armamentista", levando a uma escalada na qual a arte deliberada do engano dá lugar à ocorrência espontânea do autoengano, foi for-

mulada, em meados dos anos 70, pelos biólogos norte-americanos Robert Trivers e Richard Alexander. Para uma revisão da teoria, ver: Wright, *Moral animal* (pp. 263-86), e Rue, *By the grace of guile* (especialmente pp. 146-7). A ideia básica é a de que o autoengano seria, no fundo, a continuação do engano interpessoal por outros meios, ou seja, uma estratégia funcional do ponto de vista evolutivo para a sobrevivência e reprodução dos genes do indivíduo. A principal deficiência dessa hipótese, como diversos exemplos a seguir sugerem, é que ela não só não explica o autoengano para consumo próprio, sem efeitos para os outros, como parece, também, não levar em conta a alta frequência de casos em que o autoengano é francamente prejudicial aos supostos interesses biológicos do indivíduo.

27. As declarações de Hitler e Goebbels têm como fonte o brilhante estudo de Joachim Fest sobre a psicologia dos líderes nazistas (*The face of the Third Reich*, p. 143). Fazendo um balanço geral do desastre alemão, Fest conclui: "Os julgamentos [Nuremberg] confirmam o que já foi indicado: os líderes nazistas nem mesmo sentiam-se ligados a um ideário, de modo que tudo — a violência, a guerra, o genocídio — finalmente assumiu o caráter de um erro, um terrível mal-entendido, de cujas consequências eles desejavam se desvencilhar com um sacudir de ombros [...] As precondições do poder totalitário num país devem ser buscadas em nível mais profundo, pois elas são o resultado do entendimento falho que o homem tem de si mesmo" (pp. 455-6). Sobre o *affair* Furtwängler, ver a notável resenha crítica de Michael Tanner sobre a biografia do maestro germânico escrita por B. Wessling (*Times Literary Supplement*, 4/10/1985, p. 1087).

28. Álvaro de Campos, "Tabacaria" (Fernando Pessoa, *Obra poética*, p. 365). O "dominó" é uma túnica larga, com um capuz que cobre a parte superior da face, usada para ocultar a identidade em bailes de máscaras. Podemos lembrar aqui, entre tantos outros exemplos, o monólogo noturno do semidesperto Ricardo ao final do *Ricardo III* de Shakespeare (ato V, cena 3) e o balanço que Wilhelm Meister faz de sua vida: "No final dos *Anos de aprendizado*, Wilhelm contempla o espetáculo de sua vida e os olhos dele se detêm assombrados numa selva de erros e desvios, semelhantes aos de uma criança incapaz de crescer. Todas as suas experiências lhe parecem um inútil emaranhado de gestos, palavras, ações, passos. Toda a sua existência lhe parece um só erro imperdoável: algo para ser renegado e jogado fora com um gesto" (Citati, *Goethe*, p. 55).

29. Álvaro de Campos, "Apostila" (Fernando Pessoa, *Obra poética*, p. 367). Podemos lembrar aqui, entre tantos outros exemplos, a aflição de Nietzsche ao confessar sua ansiedade a um amigo — "Se eu não descobrir o truque alquímico de tirar ouro até mesmo desta merda estarei perdido" (carta a Franz Overbeck, 25/12/1882) — e a súplica de Baudelaire em "À uma da manhã": "Concedei-me, Senhor meu Deus, a graça de produzir alguns belos versos que me deem a certeza de que não sou o último dos homens, de que não sou inferior àqueles a quem desprezo" (*Poesia e prosa*, p. 287).

30. Hume, *Second enquiry*, p. 264; Adam Smith, *Wealth of nations*, p. 126. Sobre a incerteza na escolha de uma profissão, ver também os comentários de

Marshall nos *Principles*, pp. 460-2. A observação de Mefistófeles sobre a originalidade aparece na segunda parte do *Fausto* de Goethe (os versos foram traduzidos do inglês a partir da versão de Kaufmann, em *Hegel*, p. 191).

31. Shakespeare, *Hamlet*, ato III, cena 1, linhas 84-7: "Thus conscience does make cowards of us all,/ And thus the native hue of resolution/ is sicklied o'er with the pale cast of thought". Esse verso e o problema a que alude são discutidos por Arrow em *Limits of organization*: "A racionalidade e a previsão do futuro são de fato capazes de gerar retardamento e dúvida; assim, também, a consciência moral e o respeito pelos outros, o sentido difuso de respeito por consequências remotas e imprevistas em relação às quais podemos nos preocupar. O Verdadeiro Crente é muito mais eficaz na ação social; se ele está, porém, na direção correta, é outra questão" (p. 29). Para duas visões diametralmente opostas desse problema, ver Dostoievski, *Notes from the underground* (p. 26), e Butler, "Upon self-deceit" (p. 477).

32. Ovídio, *Metamorfoses*, livro 7, linhas 20-1: "Video meliora, proboque,/ Deteriora sequor" (este mesmo verso é citado em Bacon, *Advancement of learning*, p. 140; Espinosa, *Ethics*, p. 200, e Locke, *Essay concerning human understanding*, p. 254). A fonte original do verso ovidiano é a fala de Medeia: "Sim, compreendo quais males farei, mas minhas paixões são mais fortes do que a minha decisão, são elas as causas dos maiores males dos mortais" (Eurípides, *Medeia*, linhas 1078-80). Sobre o problema da *akrasía* ("fraqueza de vontade") no pensamento clássico, ver: Dodds, *Greeks and the irrational* (pp. 178-206); Guthrie, *Sophists* (pp. 250-60), e Nussbaum, *Therapy of desire* (pp. 439-83). Para um tratamento analítico do problema, ver: Charlton, *Weakness of will* (filosofia), e Ainslie, *Picoeconomics* (economia). O verso citado entre aspas no meio do parágrafo é um dos "provérbios do inferno" de William Blake (*Complete poems*, p. 183).

33. A afirmação de Cromwell é citada no *Penguin dictionary of English history*, p. 110. O historiador iluminista escocês Adam Ferguson acrescenta: "Se Cromwell dizia que um homem nunca sobe tão alto como quando ele não sabe aonde está indo, pode-se com mais razão dizer das comunidades que elas sofrem as maiores revoluções quando nenhuma mudança é almejada, e que os mais refinados políticos nem sempre sabem para onde estão conduzindo o Estado com seus projetos" (*Essay on the history of civil society*, p. 187). Sobre o papel motivador de crenças ilusórias, ver: James, *Varieties of religion experience* (em especial pp. 78-126), e Russell, *O poder* (capítulo 10).

34. A ida de Gauguin para o Taiti em 1891 foi viabilizada pela ajuda financeira de amigos. A decisão de emigrar foi tomada após diversas tentativas fracassadas do pintor de desenvolver sua arte em Paris e no interior da França. Justificando-se em carta à ex-mulher, ele dizia: "Sou um grande artista e estou certo disso. É por causa dessa certeza que suportei tanta dor para prosseguir no caminho que escolhi. Se não fosse assim eu me consideraria um aproveitador inescrupuloso, algo que, aliás, sou mesmo para muita gente. Mesmo assim, que importa! O que me preocupa não é tanto a pobreza mas os constantes entraves

à minha arte, que não posso praticar como sinto e como deveria fazer não fosse a pobreza que amarra minhas mãos" (citado em Amann, *Gauguin*, p. 13). O dilema moral da situação genérica enfrentada por Gauguin é analisado por Williams em "Moral luck" e discutido por Nagel em "Moral luck" e "Williams: one thought too many". Uma caracterização original do problema aparece em Russell, *Conquest of happiness* (p. 168).

35. Wittgenstein, *Culture and value*, p. 50 e. A sentença citada entre aspas no início do parágrafo é de Goethe, *Máximas e reflexões*, § 282, p. 79.

36. Anônimo, citado em Bernstein, *Against the gods*, p. 202.

37. Keynes, *General theory*, pp. 161-2. A expressão "*animal spirits*" tem longa trajetória intelectual, remontando ao diálogo *Timeu*, de Platão (ver Sherrington, *Man on his nature*, p. 44). São frequentes em Descartes e La Mettrie as referências aos *esprits animaux* como elo de ligação entre o físico e o mental. Malebranche, em particular, atribui à abundância de *esprits animaux* a confiança secreta que os otimistas têm em sua própria força e a crença de que "não encontrarão nenhuma oposição às suas intenções que não sejam capazes de superar" (*Search after truth*, p. 403). Sobre o papel decisivo da sorte no sucesso de empreendimentos inovadores, ver Frank Knight, "Freedom as fact and criterion" (*Freedom and reform*, p. 13). Numa passagem que claramente lembra o tema keynesiano da motivação não econômica da decisão de investir, Nisbett e Ross observam: "Os benefícios sociais das probabilidades subjetivas errôneas dos indivíduos podem ser altos mesmo quando os indivíduos pagam um preço alto pelo erro. Provavelmente teríamos poucos escritores, atores ou cientistas se todos os aspirantes potenciais a essas carreiras tomassem decisões baseadas numa probabilidade [realista] de sucesso. Também poderíamos ter poucos novos produtos, movimentos políticos, inovações médicas ou descobertas científicas" (citado em Elster, *Sour grapes*, p. 159). Um artigo recente na revista *The Economist* coloca bem a questão: "A maior parte das empresas de sucesso tornou-se o que é porque em algum momento de sua conturbada evolução elas simplesmente se recusaram a fechar e foram em frente, contra todas as previsões. Infelizmente, muitas empresas malsucedidas compartilham esse mesmo traço. Uma das tarefas mais difíceis para os administradores, portanto, é fazer uma avaliação acurada de suas chances de sucesso. A maioria dos economistas [...] seria demasiadamente propensa a desistir [...] Felizmente, entretanto, ninguém até agora sugeriu que se permita aos economistas administrar alguma coisa" ("Economists as gurus", 14/6/1997, p. 67)

38. Levi, *The drowned and the saved*, pp. 118-9. Sobre a onda de suicídios após a libertação, Levi observa: "Acredito que é precisamente devido a esse voltar-se para mirar de novo as 'águas perigosas' que tantos suicídios ocorreram depois (e algumas vezes imediatamente após) a libertação. Era, de qualquer modo, um momento crítico que coincidia com uma torrente de reflexão retrospectiva e depressão. Em contraste, todos os historiadores dos campos de concentração — e também dos campos soviéticos — concordam em apontar

que casos de suicídio durante o aprisionamento eram raros" (p. 57). Experiência análoga, ainda que individual e certamente menos intensa que essa, é relatada por Quincey em suas confissões: a saída, no seu caso, foi o ópio (*Confessions*, p. 193).

39. Drummond, "Nascer de novo" (*Paixão medida*, p. 39). O verso citado no final do parágrafo anterior é a versão de um *tanka* anônimo japonês do século X (antologia Kokinshu), traduzido para o espanhol por Octavio Paz (*Versiones y diversiones*, p. 235).

40. Sobre a origem do preceito délfico "Conheça-se a si mesmo", ver a nota 14 do capítulo 2. A autoria da máxima "Nada em excesso" (*medén ágan*) é diretamente atribuída a um dos "sete sábios" gregos, o legislador e poeta ateniense Sólon. Entre outras realizações, Sólon buscou essencialmente equilibrar o poder das diferentes classes e partidos na sociedade, limitando as prerrogativas dos magistrados sobre os indivíduos, protegendo certos direitos das minorias contra a maioria e vice-versa, e abolindo a servidão por insolvência, ou seja, a prática usual de se oferecer a própria vida e liberdade como colateral na obtenção de empréstimos (ver Zoja, *Growth and guilt*, pp. 56-8; *Oxford classical dictionary*, pp. 999-1000, e a nota 40 do capítulo 4).

41. Goethe, *Poesia e verdade*, vol. 1, p. 320. O provérbio de Salomão foi citado por Butler no sermão "Upon self-deceit" (*Analogy of religion*, p. 474).

42. Fernando Pessoa, "D. Sebastião, rei de Portugal" (*Obra poética*, p. 76). Uma fonte possível do verso citado é: "What is a man／ If his chief good and market of his time／ Be but to sleep and feed? A beast, no more" (Shakespeare, *Hamlet*, ato IV, cena 4, linhas 33-5).

2. AUTOCONHECIMENTO E AUTOENGANO [pp. 67-109]

1. Goethe, *Máximas e reflexões*, § 281, p. 79. A noção de que o avanço do saber alarga também o desconhecido aparece com clareza na observação de Hume, de que "a mais perfeita filosofia do tipo natural apenas protela a nossa ignorância por um pouco mais, assim como a mais perfeita filosofia do tipo moral ou metafísico talvez sirva apenas para descobrir porções mais largas dela" (*First enquiry*, p. 31; ver também o seu comentário sobre a revolução científica do século XVII em *History of England*, vol. 6, p. 542). Na mesma linha, o filósofo da ciência Thomas Kuhn indaga: "Embora a massa de conhecimento científico claramente cresça, o que dizer da ignorância? Os problemas solucionados nos últimos trinta anos não existiam como questões abertas há um século [...] Não é possível, ou talvez até provável, que os cientistas contemporâneos saibam menos do que existe para ser conhecido sobre o seu mundo do que os cientistas do século XVIII sabiam sobre o seu? Teorias científicas ligam-se à natureza apenas aqui e ali. Não serão os interstícios que separam esses pontos de ligação maiores e mais numerosos atualmente do que jamais foram antes?" (*Essential tension*, p. 290). É o que conclui o médico norte-americano Lewis Thomas: "As mais bri-

lhantes inteligências do Iluminismo do século XVIII ficariam assombradas se um de nós revelasse o pouco que sabemos e como nos parece confuso o caminho que temos pela frente. Esse súbito confronto com a profundidade e o âmbito da ignorância representa a mais significativa contribuição da ciência do século XX ao intelecto humano" (*A medusa e a lesma*, p. 81). No apêndice metodológico de *Industry and trade*, o economista Marshall comparou o avanço do saber na física e na economia e concluiu que "as certezas da física crescem em número, mas as suas incertezas crescem mais rapidamente... Adam Smith resolveu muitas obscuridades e incertezas, mas a área da sua incerteza consciente era muito maior do que a de seus antecessores" (p. 657); refletindo sobre si ao final da vida, ele teria dito: "E agora, ao fim de quase meio século dedicado quase exclusivamente ao estudo da economia, estou consciente de que minha ignorância é maior do que no início" (afirmação oral de Marshall, citada por Keynes, *Collected writings*, vol. 10, p. 171).

2. Valéry, citado por Quine no verbete "Anomalia" de seu magnífico *Quidditties*: "Qualquer fenômeno oculto — qualquer caso claro de telepatia, teletransporte, clarividência, fantasma ou disco voador — deliciaria a mente científica. Os cientistas correriam em bandos rumo a suas pranchetas e aceleradores lineares" (p. 6).

3. Wittgenstein, *On certainty*, § 272, p. 35 *e*. A certeza do senso comum é defendida por G. E. Moore em "A defence of common sense" e "Certainty" (artigos que motivaram as notas de Wittgenstein sobre o tema reunidas em *On certainty*). O contraste entre familiaridade e conhecimento remonta ao mito platônico da caverna (*República*, 514 *a*-521 *b*). Na filosofia moderna o tema é discutido, entre tantos outros, por: Adam Smith, "History of astronomy" (*Essays*, pp. 34-47); Hegel, *Phenomenology* (prefácio, II.3); Schopenhauer, *World as will* (vol. 2, p. 161); Nietzsche, *Gaia ciência* (§ 355); Russell, *Problems of philosophy* (capítulo 5); Whitehead, *Science and modern world* (pp. 6 e 71), e Gellner, *Legitimation of belief* (pp. 10-3).

4. As definições de verdade subjetiva e objetiva são respectivamente devidas ao dramaturgo italiano Luigi Pirandello e ao poeta espanhol Antonio Machado.

5. Para uma reconstrução cuidadosa das ideias dos filósofos gregos sobre a visão e uma verdadeira "biografia da luz", dos mitos à física quântica, ver Zajonc, *Catching the light*. Sobre a refutação aristotélica da conjectura original de Empédocles, ver Woodbridge, *Aristotle's vision of nature* (p. 40).

6. O contexto do fragmento de Heráclito (107) é discutido por Luigi Zoja em *Growth and guilt* (pp. 85-91). Em *Beliefs in action* procurei mostrar, em pontos específicos, as relações entre Heráclito e Bacon (pp. 162 e 226, n. 4). A definição e a análise dos "quatro ídolos" foram propostas por Bacon no livro 1 do *Novum organum* (§ 44, p. 18) e retomadas em *Advancement of learning* (pp. 126-8). Ao contrário dos demais ídolos, os *idola tribus* são "inerentes à natureza humana, à própria tribo ou raça do homem" (§ 49, p. 23). Sobre a filosofia da ciência baconiana, ver: Farrington, *Francis Bacon*; Broad, *Francis Bacon*, e Kuhn, "Mathematical versus experimental traditions in the development of physical science".

7. A sentença acerca do "sábio interrogar" aparece em *Advancement*, p. 123. O pragmatismo epistemológico de Bacon é nota constante em sua obra, mas é em *Cogitata et visa* (um manuscrito latino composto pelo filósofo por volta de 1607 e postumamente publicado) que ele aparece de modo mais incisivo: "Na natureza os resultados práticos são não só o meio de melhorar o bem-estar mas a garantia da verdade. A regra na religião, de que um homem deve mostrar sua fé pelas suas obras, vale também na filosofia natural. A ciência também precisa ser conhecida por suas obras. É pelo testemunho das obras, ao invés da lógica e mesmo da observação, que a verdade é revelada e estabelecida" (p. 93).

8. A fonte primária do princípio democritiano é Diógenes Laércio, "Pyrrho" (9:72), vol. 2, p. 485. O contraste entre conhecimento legítimo e espúrio aparece no fragmento 11. O atomismo e a epistemologia de Demócrito no contexto do pensamento pré-socrático são discutidos por: Lloyd, *Early Greek science*, pp. 45-9; Cornford, *Before and after Socrates*, pp. 21-8; Burnet, *Early Greek philosophy*, pp. 330-49; Bailey, *Greek atomists*. Para Demócrito, é claro, "nós vemos em virtude do impacto das imagens sobre nossos olhos" (Diógenes Laércio, "Democritus" [9:45], vol. 2, p. 455). Sobre a lenda da autocegueira (contestada por Plutarco), ver *Oxford classical dictionary* (p. 328). É curioso notar que a ideia de arrancar os próprios olhos aparece, em outro contexto, na seguinte recomendação do Novo Testamento: "E se o teu olho é para ti ocasião de pecado, arranca-o; mais vale entrar no reino de Deus sem um dos olhos do que ter os dois olhos e ser lançado na geena onde o verme não morre e o fogo não se apaga" (Marcos, 9:47).

9. A melhor exposição do momento cético e da dúvida hiperbólica cartesianos são as duas meditações que abrem as *Meditationes*, de 1641. O regresso da dúvida é estancado no momento em que Descartes gira a arma do ceticismo contra o próprio ceticismo, rendendo-o à certeza da dúvida duvidante. A consagrada expressão "Cogito ergo sum" apareceu originalmente no compêndio *Principia*, de 1644 (proposição 7), e, depois, na tradução latina dos *Discours* (parte IV). Para uma reconstrução cuidadosa do argumento cartesiano e uma proposta de radicalizar o movimento que leva ao cogito, universalizando-o e negando sua pretensão fundacionista positiva, ver Antonio Cicero, *O mundo desde o fim* (especialmente §§ 6-8, pp. 25-45). Em *Philosophical tales* (capítulo 1), Jonathan Rée analisa as estratégias narrativas e retóricas empregadas por Descartes nas *Meditationes*: "É provável que a composição de cada um dos seis dias do diário tenha custado a Descartes mais de um ano em média" (p. 20).

10. O exemplo da sensação de cócegas como ilustração de qualidade secundária e a analogia com a linguagem aparecem em *Le monde* (pp. 312-4), um tratado de física cuja composição foi interrompida por Descartes após a condenação de Galileu pela Inquisição em 1633 e postumamente publicado em 1664. Na visão cartesiana do saber, "a filosofia como um todo é como uma árvore, cujas raízes são a metafísica, o tronco é a física e cujos galhos, que saem desse tronco, são as demais ciências [medicina, mecânica e moral]" (*Principles*, p. 211). Em carta a seu colaborador, Mersenne, logo após a publicação das *Meditationes*,

Descartes confidencia: "[...] cá entre nós, as seis meditações contêm todas as fundações de minha física" (*Philosophical letters*, p. 94). O papel dos sentidos e da evidência empírica na ciência cartesiana é analisado por Larmore em "Descartes' empirical epistemology".

11. O contexto e o conteúdo da sequência de contribuições de Descartes à geometria analítica são relatados de forma minuciosa por Gaukroger em sua monumental biografia intelectual do filósofo (*Descartes*, capítulos 3 e 4). Sobre as relações entre a concepção cartesiana de objetividade — baseada na distinção entre qualidades primárias e secundárias — e o avanço da matematização nas ciências naturais, ver: Dijksterhuis, *Mechanization of world picture* (pp. 403-18), e Burtt, *Metaphysical foundations*: "O verdadeiro critério de Descartes [ao identificar as qualidades primárias] não é a permanência, mas a possibilidade de manipulação matemática" (p. 117).

12. Damásio, *O erro de Descartes*, pp. 255-6. O trabalho de Damásio sobre o papel das emoções no funcionamento do cérebro e nos processos decisórios fornece uma base neurológica para a tese humiana de que "a razão é, e deve ser apenas, a escrava das paixões, e jamais poderá pretender ter qualquer outra função além de servi-las e obedecê-las"; a razão desligada das emoções é monstruosa em sua indiferença para com os valores humanos: "Não é contrário à razão preferir a destruição do mundo inteiro ao esfolar de meu dedo; não é contrário à razão, para mim, escolher a minha total ruína para evitar o menor desconforto em um índio ou pessoa inteiramente desconhecida por mim" (Hume, *Treatise*, pp. 415-6).

13. O artigo seminal em que Thomas Nagel elabora o argumento sobre os limites da concepção científica de objetividade e a inacessibilidade do mental foi publicado em 1974 com o título sugestivo de "What is it like to be a bat?". Em *The view from nowhere*, Nagel retoma e desenvolve essa abordagem, explorando de forma brilhante a tensão entre o ponto de vista interno de cada indivíduo, de um lado, e a visão objetiva externa ("a partir de nenhuma perspectiva particular"), de outro, tal como ela aparece nos problemas centrais da filosofia: relação mente-cérebro, epistemologia, livre-arbítrio e ética. Um grande desafio, nessa perspectiva, é criar e aperfeiçoar uma concepção objetiva do *mental* que nos abra, de algum modo, a possibilidade e a capacidade de pensar sobre nós mesmos e sobre nossa experiência subjetiva de fora, ou seja, de uma forma distanciada e objetiva, mas inevitavelmente distinta daquela que impera na abordagem científica do mundo externo. Em seu livro de introdução à filosofia, *What does it all mean?*, Nagel oferece uma excelente porta de entrada àqueles que buscam uma primeira aproximação com o seu pensamento e, de forma mais ampla, com a tradição de filosofia analítica anglo-americana.

14. A autoria da inscrição délfica é atribuída aos "sete sábios" gregos: um grupo de legisladores, estadistas e pensadores de toda a Grécia que viveu no período de 620 a 550 a. C. e que era admirado pelo seu bom senso e sabedoria prática, principalmente na criação de leis (Sólon de Atenas, Tales de Mileto, Pítaco de Metilene, Cleóbulo de Lindos, Quílon de Esparta, Míson de Chenae

e Bias de Priena). É o próprio Sócrates quem afirma: "[...] cada um [dos sete sábios] é autor de dizeres breves e memoráveis. E não apenas isso, mas eles se juntaram para fazer uma oferenda a Apolo, no seu templo em Delfos, dos frutos de sua sabedoria, e lá inscreveram aquelas máximas familiares: 'Conheça-se a si mesmo' e 'Nada em excesso'... Tal era a forma de expressão da sabedoria dos tempos antigos" (Platão, *Protágoras*, 343 *b-c*). O templo de Apolo em Delfos era não só o centro da vida religiosa grega, mas era também considerado o centro do mundo, com uma pedra esférica assinalando o ponto central do disco circular cercado de oceano que era a Terra (ver *Oxford classical dictionary*, pp. 322-3). Entre os filósofos pré-socráticos foi Heráclito, talvez, quem mais se aproximou do ponto de vista socrático ao argumentar que a verdadeira sabedoria não consiste no acúmulo de saberes positivos (técnicas e informações), mas no despertar da alma da sonolência de sua subjetividade para uma apreensão racional ("comum a todos") da ordem que preside o mundo; é a crença de que todo saber nasce do autoconhecimento que explicaria o intrigante fragmento (101): "Eu me procurei a mim mesmo" (ver Cornford, *Principium sapientiae*, pp. 112-7).

15. Guthrie, *Socrates*, p. 151. É antiga a controvérsia sobre a autoria do diálogo *Primeiro Alcibíades*. Embora diversos especialistas se recusem a atribuí-lo a Platão (e. g. Taylor, *Plato*, pp. 522-6), prevalece, no entanto, o consenso de que ele reflete de forma consistente o pensamento da Academia e deve ter sido escrito, se não diretamente pelo mestre, então por algum membro do círculo ou discípulo seu. Sobre o tema do autoconhecimento socrático, ver: Guthrie, *Socrates* (pp. 147-53); Taylor, *Plato* (pp. 53-7); Cornford, *Before and after Socrates* (pp. 29-53); Dodds, *Greeks and the irrational* (pp. 179-95); Popper, *Open society* (vol. 1, p. 190), e Zoja, *Growth and guilt* (pp. 85-91).

16. A metáfora da "mosca irritante" aparece na *Apologia* (31 *a*). Sobre a arte socrática da maiêutica (*Teeteto*) e sua relação com a teoria platônica das ideias inatas e universais (*Menon*), ver: Guthrie, *Socrates* (pp. 122-9), e Cornford, *Plato's theory of knowledge* (especialmente pp. 27-9).

17. Na mitologia grega, segundo a genealogia de Hesíodo, Tifão é um monstro-dragão de cem cabeças que teria causado enorme dano à humanidade caso Zeus não o tivesse derrotado com seus relâmpagos e encarcerado no Tártaro. Na passagem citada, como aponta o tradutor do *Fedro* para o inglês, Sócrates joga com a semelhança fonética e morfológica entre o termo grego que designa o monstro e as palavras gregas para "esfumar", "vaidade" e "impostura" (Hackforth, *Phaedrus*, p. 24, n. 2; ver a nota 31).

18. Se Demócrito, segundo a lenda, teria cegado os olhos para pensar melhor, Sócrates parece querer ir além e tirar o próprio corpo do caminho: "Enquanto possuirmos o corpo, e a nossa alma estiver contaminada por esse mal, decerto nunca conquistaremos aquilo que desejamos — e isto, dizemos, é a verdade. Pois o corpo nos proporciona inumeráveis distrações [...] ele nos preenche com taras e desejos, com medos e fantasias de toda espécie [...] de tal forma que [...] por causa dele nunca estamos aptos a pensar. Assim, não é outra coisa senão

o corpo e seus desejos que trazem as guerras, as facções e as brigas, uma vez que é por conta da aquisição de riqueza que todas as guerras acontecem e somos compelidos a ganhar riqueza por causa do corpo, escravizados como estamos em servi-lo. Então, é por todos esses motivos que ele não nos dá trégua para que nos dediquemos à filosofia e, o pior, se conseguimos algum descanso, e voltamo-nos para alguma investigação, uma vez mais ele se intromete por toda parte em nossas pesquisas, suscitando clamores e distúrbios e espalhando temores, de tal modo que não se pode discernir a verdade por causa dele" (Platão, *Fédon*, 66 *b-d*). O neoplatônico Plotino, segundo seu biógrafo e principal discípulo, Porfírio, "parecia tão envergonhado de habitar o corpo [...] que ele jamais pôde ser induzido a contar quem foram seus ancestrais, seus pais ou o seu local de nascimento" (*Enneads*, p. 1).

19. O filósofo norte-americano Paul Churchland contesta a autoridade cognitiva do sujeito sobre o que se passa em sua própria mente recorrendo à experiência do sonho. "Suponha", sugere, "que você esteja sonhando que tem uma dor de cabeça terrível ou que esteja sofrendo a dor lancinante de ser torturado. Ao despertar subitamente você não se dá conta, numa onda de alívio, que você não era de fato a vítima da dor de cabeça ou da tortura, não obstante a convicção que acompanha cada sonho?" (*Matter and consciousness*, p. 78). Mas não seria a sensação de *alívio*, ao contrário do que supõe Churchland, uma evidência contundente da realidade da experiência subjetiva de dor *no momento em que ela foi vivida* pelo sujeito? Se a experiência não fosse real, não haveria nenhuma razão para sentir alívio ao despertar.

20. Sartre, *Baudelaire*, p. 76.

21. Wittgenstein, *Culture and value*, p. 34 (sobre o contexto dessa afirmação, ver a nota 31); Nietzsche, *Aurora*, § 116, p. 72, e *Genealogia da moral*, prefácio, § 1, p. 15. Ver também o § 357 de *Gaia ciência*: "Aquilo que denominamos consciência constitui apenas um estado do nosso mundo espiritual e psíquico (talvez um estado doentio) e de modo algum a sua totalidade" (p. 305). Foi depois de ouvir Eduard Hitschmann ler algumas passagens da *Genealogia*, numa reunião da Sociedade Psicanalítica de Viena em 1908, que Freud declarou a respeito de Nietzsche: "Ele possuía um conhecimento mais penetrante de si mesmo do que qualquer outro homem que tenha vivido ou que provavelmente viverá" (Minutas da Sociedade Psicanalítica de Viena [1908], citadas por: Jones, *Life and work of Freud*, vol. 2, p. 385; Tanner, *Nietzsche*, p. 70; Kaufmann, introdução a *Ecce homo*, p. 203, e Hayman, *Nietzsche*, p. 1). São no mínimo estranhas as razões-desculpas oferecidas por Freud, em diferentes momentos de sua vida, para o fato de (supostamente) jamais ter lido e estudado as obras reunidas de Nietzsche que ele adquiriu ainda jovem: primeiro (1900) foi a "preguiça"; depois (1908) a alegação de que não estava disposto a ser desviado de seu trabalho sério por "um excesso de interesse" (!); e, por fim (1931), "deixei de lado o estudo de Nietzsche, embora — ou melhor, porque — estivesse claro que eu encontraria nele percepções muito semelhantes às psicanalíticas" (Gay, *Freud*, p. 58). O paradoxo é claro: se Freud jamais se deu ao

trabalho de ler e estudar as ideias de Nietzsche — e isso não obstante as repetidas sugestões (e. g. Jung) para que o fizesse —, como podia estar "claro" para ele que lá encontraria suas próprias descobertas?

22. Montaigne, "Da incoerência de nossas ações" (*Ensaios*, pp. 164-5). A centralidade do autoconhecimento em Montaigne aparece com máxima força quando afirma: "Estudo-me a mim mesmo mais do que qualquer outra coisa, e esse estudo constitui toda a minha física e a minha metafísica [...] Gostaria mais de entender bem o que se verifica em mim do que compreender perfeitamente Cícero. Na minha experiência própria já tenho com que me tornar sábio, desde que atente para seus ensinamentos" (*Ensaios*, p. 485). A citação de Diderot no parágrafo anterior está no "Paradoxo do ator" (*A filosofia de Diderot*, p. 166).

23. Sobre a técnica da condutividade dérmica e suas aplicações, ver: Damásio, *O erro de Descartes* (pp. 238-43), e *Oxford companion to mind* (pp. 213-4). A fonte do experimento referido no texto é Wright, *Moral animal* (pp. 270-1).

24. As deficiências da linguagem comum para discriminar as sutilezas e dar conta da complexidade de nossos estados mentais e emocionais são analisadas de forma brilhante por Nietzsche: "A linguagem e os preconceitos em que ela se baseia oferecem múltiplos obstáculos quando desejamos explicar processos e impulsos interiores; isso ocorre, por exemplo, pelo fato de existirem palavras tão somente para os graus *superlativos* desses processos e impulsos; e, quando nos faltam palavras, acostumamo-nos a abandonar a observação exata, porque ela se torna árdua [...] Raiva, ódio, amor, piedade, desejo, conhecimento, alegria, dor — todos esses termos nomeiam estados *extremos*: os graus médios, mais amenos, para não falar dos graus inferiores, que estão continuamente atuando, escapam-nos, e, no entanto, são eles que tecem a trama de nosso caráter e nosso destino [...] *Nenhum de nós* é aquilo que parece ser de acordo com os estados para os quais tão somente possuímos consciência e palavras" (*Aurora*, § 115, pp. 71-2). A mesma questão é abordada sob uma ótica fisicalista, e, portanto, crítica da rede conceitual e linguística da *folk psychology* do senso comum, por Churchland, em *Matter and consciousness* (pp. 56-61 e 79).

25. Calvino, *Institutio christianae religionis* (citado em Rue, *By the grace of guile*, p. 45). A imagem da mente-labirinto aparece em Nietzsche: "Se nós desejássemos e ousássemos uma arquitetura que correspondesse à natureza de nossa alma [...] nosso modelo teria que ser o labirinto!" (*Aurora*, § 169, p. 104).

26. Epicteto, *Encheiridion*, § 33 (*Epictetus*, vol. 2, p. 519). E se alguém nos conhecesse melhor e mais intimamente do que nos conhecemos a nós mesmos? Erasmo responde: "Quem suportaria ter como amigo ou familiar um velho que aliasse, à experiência completa da vida, a vantagem do vigor mental e do juízo penetrante?" (*Elogio*, § 13, p. 12).

27. O curto-circuito lógico na negativa é uma variante do conhecido paradoxo do mentiroso. Considere a afirmação: "Eu estou mentindo". Se ela for falsa, isso quer dizer que eu não estou mentindo, o que contradiz a afirmação feita. Mas, se ela for verdadeira, então a afirmação será falsa — ao dizer que estava mentindo

eu disse a verdade e logo não estava mentindo. A afirmação é verdadeira se for falsa e falsa se for verdadeira! O que é dito nega implicitamente o que se diz.

28. Borges, "Cambridge" (*Elogio da sombra*, p. 9).

29. Dostoievski, *Notes from the underground*, p. 45. Reflexões semelhantes à do "homem subterrâneo" aparecem nas passagens de Erasmo, Fontenelle, Goethe e Nietzsche referidas na nota 40. Ver também o comentário de Samuel Johnson ao discorrer sobre a correspondência do poeta Alexander Pope: "Pouquíssimos homens podem gabar-se de corações que eles ousem descerrar para si mesmos e que, se por algum acidente expostos, eles não evitem olhar de modo definido e continuado; e, certamente, aquilo que escondemos de nós mesmos, nós não mostraremos a nossos amigos" (*Lives of poets*, vol. 2, p. 206).

30. Darwin, "M notebook" (*Early writings*, p. 20). Para um comentário sistemático dos "cadernos metafísicos" do jovem Darwin e de sua preocupação com processos mentais não conscientes, ver Gruber, *Darwin on man* (especialmente pp. 233-4 e 239).

31. A "regra de ouro" é descrita por Darwin em sua *Autobiography*, p. 123. A recomendação de Wittgenstein foi dirigida a seu ex-aluno, o filósofo norte-americano Norman Malcolm, em carta de 16/11/1944 (Malcolm, *Wittgenstein*, p. 94). A relevância do autoconhecimento na filosofia de Wittgenstein é bem apontada por Monk: "O que dificulta o conhecimento genuíno é com frequência não a falta de inteligência, mas a presença do orgulho [...] O autoexame demandado por tal demolição do orgulho é necessário não apenas para que se seja uma pessoa decente, mas também para se escrever filosofia decentemente. 'Se você estiver relutante em descer até si mesmo, porque isso é doloroso demais, você permanecerá superficial em sua escrita' [citado em Rhees, *Recollections*, p. 174]" (*Wittgenstein*, p. 366). É curioso notar que o mesmo Rhees menciona, em suas lembranças do filósofo, a ocasião em que Wittgenstein veio pedir-lhe emprestada sua cópia do *Fedro* de Platão para nela buscar a passagem sobre o monstro Tifão (ver a nota 17), afirmando possuir o mesmo tipo de dúvida que Sócrates tinha sobre si (*Recollections*, p. 175). Sobre a relação entre ética e conhecimento científico, ver também: Iris Murdoch, *Sovereignty of good* (p. 89), e Bambrough, *Moral scepticism* (capítulo 7).

32. O episódio da "descoberta" da fórmula do ouro por Boyle é descrito em detalhes por Maurice Cranston em sua biografia de Locke: "Boyle carregou para o túmulo a esperança de que havia por fim descoberto como multiplicar o ouro por meio da combinação de um certo tipo de terra vermelha com mercúrio. Ele enviou a fórmula separadamente a Locke e a Newton, impondo a cada um deles uma promessa de manter segredo". Newton, contudo, não respeitou o segredo e escreveu a Locke, alertando-o para que "não desperdiçasse o seu tempo com a receita de Boyle" (Cranston, *Locke*, pp. 353 e 361).

33. O sonho da quadratura do círculo remonta à geometria grega e consistia na busca de um quadrado ou polígono regular que tivesse exatamente a mesma área que um círculo. Um dos últimos filósofos a "provar" e defender calorosa-

mente o sucesso da operação — arruinando assim sua reputação científica — foi Hobbes, no capítulo 20 de *De corpore* (ver Rogow, *Hobbes*, pp. 195-201; Peters, *Hobbes*, pp. 39-40, e Russell, *History of western philosophy*, p. 532). Mesmo no século XVII, vale notar, a ideia da quadratura do círculo já era invocada como exemplo notório de busca quimérica (e. g. Espinosa, *Improvement of the understanding*, p. 24, e Fontenelle, *Nouveaux dialogues des morts*, p. 316).

34. A interpretação da evidência fóssil como "arte primitiva" é parte do antievolucionismo biológico a priori defendido por Hegel em contraposição à ideia de evolução e perfectibilidade que distinguiria o mundo histórico do meramente natural: "[...] qualquer produto do espírito, a pior das suas fantasias, o capricho dos seus ânimos mais arbitrários, uma mera palavra, são todos eles melhores evidências do Ser Divino do que qualquer objeto natural" (ver Hegel, *Philosophy of history*, p. 54, e *Philosophy of nature*, vol. 1, p. 209, e vol. 3, pp. 18-23). Para um comentário sobre o uso da evidência fóssil por Hegel e seu antievolucionismo biológico, ver: Findlay, *Hegel* (p. 272); Petry, *Hegel's philosophy of nature* (vol. 3, p. 230); Lukács, *Young Hegel* (p. 543), e Taylor, *Hegel and modern society* (p. 28 *n*).

35. O relato sobre a queima de hereges na Lisboa inquisitorial baseia-se em Russell, "Ideas that have harmed mankind", p. 161. Os precedentes romanos do espetáculo público do tormento de homens condenados — Júlio César chegou a ser considerado "demente" por recusar-se a seguir tal prática — são discutidos e ilustrados por Montaigne em "Da crueldade" (*Ensaios*, p. 206). A fonte do epíteto de Himmler é a monografia de Gerald Fleming sobre o processo decisório envolvido nos programas nazistas de eutanásia e extermínio racial, *Hitler und die endlösung*, resenhada pelo historiador britânico Hugh Trevor-Roper no *Times Literary Supplement* (28/1/1983, pp. 75-6).

36. O título original do poema de Brecht em alemão é "Fahrend in einem bequemen Wagen". A tradução para o português foi feita a partir da versão inglesa de Michael Hamburguer, em "Brecht and his successors" (*Art as second nature*, p. 115).

37. Sobre esse ponto, ver as passagens de Samuel Johnson e Maquiavel citadas no capítulo 4 (pp. 182).

38. Guimarães Rosa, "O espelho" (*Primeiras estórias*, p. 72).

39. O contexto da obra e o trecho inserido por Stalin em sua biografia oficial estão em Deutscher, *Stalin*, vol. 2, p. 555. O paradoxo implícito em toda negação aberta ou implícita da vaidade é apontado por Nietzsche em *Humano demasiado humano*, vol. 2, § 38 (p. 224).

40. Erasmo, *Elogio*, § 22, p. 21, e Goethe, *Poemas*, p. 205. Reflexão semelhante aparece nos *Nouveaux dialogues des morts*, de Fontenelle: "Ah! você não sabe ainda para que serve a loucura [*folie*]? Serve para impedir que nos conheçamos, pois a visão de si mesmo é bem triste. E, como sempre é tempo de se autoconhecer, é forçoso que a loucura não abandone os homens um só instante [...] Os insanos [*frénétiques*] são apenas loucos de outro tipo [...] aqueles cuja loucura não se põe de acordo com a de todos os outros" (pp. 226-7). Nietzsche,

por sua vez, desafia: "Quanto de verdade *suporta*, quanto de verdade *ousa* um espírito? Isso se tornou para mim, cada vez mais, a autêntica medida de valor [...] Cada conquista, cada passo adiante no saber *advém* da coragem, da dureza contra si, do asseio em relação a si mesmo" (*Ecce homo*, § 3, p. 218).

41. Drummond, "Do homem experimentado" (*Obras*, p. 850). Como observa Montaigne em "Da experiência": "A vida de César não nos fornece mais exemplos do que a nossa, porque tanto a de um imperador como a de um homem vulgar são vidas humanas e sujeitas a todos os acidentes humanos [...] Não é um tolo quem não desconfia afinal de seu juízo, se reconhece ter sido por ele enganado mil vezes?" (*Ensaios*, p. 485).

3. A LÓGICA DO AUTOENGANO [pp. 111-46]

1. Nietzsche, *Além do bem e do mal*, § 141, p. 78. A hipótese de que esse aforismo contém um elemento autobiográfico é reforçada, entre outras coisas, pelo fato de que, em janeiro de 1889, nos dias que precedem o início da insanidade, Nietzsche tenha passado a assinar suas cartas como "Dioniso" e "O Crucificado" (Hollingdale, *Nietzsche*, pp. 173-5). O tema do autoengano é nota constante em toda a obra de Nietzsche; uma das passagens mais incisivas (e que poderia servir de epígrafe deste livro) ocorre em *O anticristo*: "Chamo mentira o *não* querer ver alguma coisa que se vê, o não querer ver algo *tal como* se vê: se a mentira tem ou não lugar diante de testemunhas não importa. A mentira mais frequente é aquela que se conta para si mesmo; mentir para os outros é relativamente a exceção" (§ 55, p. 173). Sobre a quadratura do círculo na história da filosofia, ver a nota 33 do capítulo anterior. A imagem da quadratura do círculo como metáfora para o autoengano foi utilizada por Loyal Rue em *By the grace of guile* (pp. 145-6).

2. É por isso que, diga-se de passagem, é logicamente possível, embora muito raro, alguém *mentir* e *dizer a verdade* ao mesmo tempo. Basta que o mentiroso esteja enganado sobre o que diz e acabe acertando acidentalmente o alvo que pretendia errar. Um médico, por exemplo, pode mentir ao paciente ocultando o diagnóstico da doença que ele acredita terminal; o paciente, contudo, recupera-se e vence a tal doença, refutando a expectativa do médico e fazendo com que ele tenha inadvertidamente dito a verdade ao mentir. Um vendedor de obras de arte frauda o cliente, vendendo-lhe como genuína uma escultura que ele sabia cópia do original; o comprador morre e os herdeiros chamam especialistas que autenticam a obra, tornando verdadeira a mentira do vendedor.

3. "Le meilleur moyen de persuader consiste à ne pas persuader" (Isidore Ducasse/Lautréamont, *Poésies*, p. 86). A expressão "hipócrita interior" baseia-se na noção de "*internal hypocrisy*" desenvolvida pelo filósofo moral e bispo inglês Joseph Butler, no sermão "Upon self-deceit" (p. 479).

4. Quincey, *Confessions*, p. 214. Em 1621, no ápice de seu poder e prestígio político, Bacon foi acusado e condenado à prisão pelo parlamento britânico por

ter aceito em sigilo dezenas de presentes em dinheiro por parte de litigantes em processos legais nos quais ele era magistrado. Ao admitir publicamente a culpa, Bacon procurou mitigar a pena argumentando que os presentes recebidos não haviam interferido no veredicto e que era preciso distinguir entre *vitia temporis* (vícios da época, dos quais ele era culpado) e *vitia hominis* (vícios do indivíduo, dos quais não era). A sentença citada no texto ("My soul hath been a stranger in the course of my pilgrimage") faz parte de uma oração redigida pelo filósofo à época de seu julgamento e na qual ele manifesta não só o seu arrependimento pelos atos cometidos, mas a convicção de que sua carreira na vida pública havia sido um engano (Farrington, *Bacon*, p. 159). No ensaio "Lord Bacon", Macaulay faz um magnífico estudo das relações entre filosofia e política na trajetória do visconde de St. Albans (*Essays*, especialmente pp. 379 s.). Não deixa de ser curioso que, analisando a psicologia dos ricos e poderosos dez anos antes de sua condenação, Bacon concluía: "Eles são os primeiros a se dar conta dos seus próprios desgostos, embora sejam os últimos a se dar conta de suas próprias faltas. Os homens com grande fortuna são certamente estranhos para si mesmos e, enquanto estão no tumulto dos negócios, não possuem tempo para cuidar da saúde, seja do corpo ou da mente" ("Of great place", *Essays*, p. 96).

5. La Rochefoucauld, *Maxims*, § 119, p. 52.

6. Machado de Assis, *Dom Casmurro*, pp. 70 e 198. O problema do autoengano é uma constante nas reflexões íntimas de Bentinho: "Uma certidão que me desse vinte anos de idade poderia enganar os estranhos, como todos os documentos falsos, mas não a mim" (p. 3; ver também o notável exemplo referido na nota 9 do capítulo 4). Para uma análise minuciosa das consequências morais e das justificativas da mentira interpessoal, tanto na vida pública como na vida privada, ver Sissela Bok, *Lying*.

7. Marco Aurélio, *Meditations*, livro 9, § 29, p. 144. Essa passagem é comentada por Lecky em *History of European morals* (vol. 1, p. 251). Sobre a "impotência do poder" na ex-União Soviética e os problemas relacionados a forçar alguém (ou a si mesmo) a acreditar em algo, ver Elster, *Sour grapes* (capítulo 2).

8. Lempe, um ex-soldado do exército prussiano, havia sido o criado pessoal de Kant por cerca de quarenta anos; o memorando é datado de fevereiro de 1802. Todo o *affair* Lempe e os dilemas morais vividos por Kant por conta dele são relatados pelo pastor Wasianski que assistiu o filósofo na velhice (*The last days of Kant*, pp. 131-8). Segundo o pastor, a vontade categórica de Kant de esquecer o assunto tinha outro inimigo: "Tão intensa havia sido a uniformidade de sua vida [Kant] e hábitos, que a menor alteração na disposição de objetos tão insignificantes quanto um canivete ou um par de tesouras perturbava-o; e isso não apenas se estivessem duas ou três polegadas fora da sua posição costumeira, mas só por estarem levemente virados" (p. 134). O memorando de Kant sobre Lempe foi lembrado por Wolf Lepenies, diretor do Wissenschaftskolleg, em Berlim, no contexto de uma discussão sobre como os alemães vêm lidando com a memória do terrível passado nazista (ver "The step-fatherland", *The Economist*, 8/4/1995,

p. 76). A observação de Wittgenstein sobre o amor aparece em *Remarks on Frazer's Golden bough*, p. 3 e. Os cadernos pessoais de Wittgenstein contêm reflexões que retomam e aprofundam essa observação: "Uma pessoa não pode sair fora de sua própria pele. Eu não posso abrir mão de uma exigência que está profundamente ancorada em mim, em toda a minha vida. Pois o *amor* está ligado à natureza [...] Que bem me faz todo o meu talento se, no coração, estou infeliz? No que me ajuda solucionar problemas filosóficos se não consigo resolver o principal, aquilo que é o mais importante?" (Monk, *Wittgenstein*, pp. 505-6).

9. Goethe, *Máximas e reflexões*, § 99. Esta era também a opinião de Nietzsche: "Mesmo o homem mais racional precisa, de tempos em tempos, recuperar a natureza, isto é, uma postura original ilógica diante de todas as coisas" (*Humano demasiado humano*, § 31, p. 28). Em seu ensaio "Sobre a tranquilidade da alma", o filósofo estoico latino Sêneca faz uma defesa do recurso ao álcool para limpar a mente de tensões e preocupações que atormentam: "Às vezes também é preciso chegar até a embriaguez, não para que ela nos trague, mas para que nos acalme: pois ela dissipa as preocupações, revolve até o mais fundo da alma e a cura da tristeza assim como de certas enfermidades. E Líber foi chamado o inventor do vinho não porque ele solta a língua, mas sim porque liberta a alma da escravidão das inquietações; restabelece-a [...] e a faz mais audaz para todos os esforços. Mas, como na liberdade, também no vinho é salutar a moderação" (p. 73). O Platão das *Leis*, contudo, adota uma posição bem mais cerceadora em relação ao vinho (645-8 e 673-4). *Le poème du haschisch*, de Baudelaire, e as *Confessions*, de Quincey, contêm depoimentos sobre a motivação e as consequências morais do recurso às drogas.

10. Ruskin, *Unto this last*, p. 73; Bailey, *Epicurus*, p. 99. O caráter eminentemente psíquico da vida econômica é enfatizado pelo economista norte-americano Irving Fisher: "Para cada indivíduo, são somente os eventos que estão no âmbito da sua experiência que têm uma relevância direta. São estes eventos — as experiências psíquicas da mente individual — que constituem a renda final para aquele indivíduo [...] [toda a atividade produtiva] e as transações monetárias que dela decorrem derivam a importância que possuem apenas na condição de preliminares úteis e necessários da renda psíquica — da satisfação humana" (*Theory of interest*, pp. 4-5).

11. Fernando Pessoa, "Cancioneiro" (*Obra poética*, pp. 164 e 165). A tradição do poeta fingidor remonta à poesia grega arcaica. À linha homérica, segundo a qual "os bardos contam muitas mentiras", o poeta Hesíodo responde: "Nós sabemos como contar muitas mentiras que se assemelham à verdade; mas sabemos também dizer a verdade quando assim o desejamos" (Curtius, *European literature*, p. 203). Para Hume, os poetas eram "mentirosos por profissão" que "sempre se esforçam em dar um ar de verdade às suas ficções" (*Treatise*, p. 121). Na segunda parte de meu *Beliefs in action* procurei elucidar a psicologia do leitor baudelairiano. A relação entre autor, ator e espectador nas artes cênicas foi analisada de forma magnífica por Diderot no "Paradoxo do ator": "O ator está cansa-

do e vós, triste; é que ele se agitou sem nada sentir, e vós sentistes sem vos agitar" (*A filosofia de Diderot*, p. 172; ver Furbank, *Diderot*, especialmente pp. 354-6).

12. A conjectura da inteligência laplaciana, formulada originalmente no início do século XIX pelo matemático francês Pierre Laplace, pai da teoria clássica ou subjetiva da probabilidade, aparece originalmente em seu *Philosophical essay on probabilities*, de 1795 (p. 4), e é discutida, entre outros, por Lange, em sua *História do materialismo* (livro 2, seção 2, capítulo 1), e Popper, em *The self and its brain* (em especial pp. 21-6). Para um balanço do pensamento filosófico contemporâneo na tradição analítica sobre a questão da liberdade, ver a coletânea organizada por Gary Watson, *Free will*.

13. A hipótese de uma viagem no tempo *rumo ao passado*, vale notar, suscita um paradoxo ainda mais intratável que este, ao abrir a possibilidade de alterar fatos já transcorridos e, dessa forma, tornar o presente uma realidade logicamente absurda. Suponha alguém que volta ao passado e consegue matar o próprio avô ou impedir que seus pais se casem. Nesse caso, ele não teria nascido e, portanto, jamais poderia ter voltado no tempo para prevenir o seu próprio nascimento!

14. O paradoxo da morte anunciada remonta ao paradoxo sobre o fatalismo, formulado por Diodorus Cronus (filósofo grego da escola de Mégara no século IV a.C.) e discutido por Aristóteles em *De interpretatione*. Se toda e qualquer proposição precisa ser verdadeira ou, se não for verdadeira, falsa, então segue-se logicamente que nenhum evento é contingente e o homem não tem livre-arbítrio. A lei do terceiro excluído implica o fatalismo. O que ocorrerá no futuro é tão necessário e determinado quanto o que ocorreu no passado. Do ponto de vista lógico, isso pode ser visto trocando-se, como sugeriu Quine, todas as referências temporais em proposições por referências a datas, de modo que cada afirmação seja verdadeira ou falsa de uma vez por todas e para todo o sempre, mesmo que ainda não estejamos em condições de sabê-lo. Se a afirmação de que *o evento X ocorre no dia Y* é verdadeira *ou* falsa, isso implica que a ocorrência (ou não) de X em Y está determinada, independentemente de Y ser, do ponto de vista de quem afirma, um dia passado ou futuro. A rejeição do fatalismo lógico requer uma atenuação da lei do terceiro excluído para eventos que dizem respeito ao futuro, abrindo espaço para proposições *indeterminadas*, ou seja, afirmações que um dia serão verdadeiras ou falsas mas que, no presente, não são verdadeiras nem falsas. Para uma análise detalhada do fatalismo lógico e das alternativas a ele, ver Steven Cahn, *Fate, logic and time*.

15. Keynes, *Collected writings*, vol. 9, p. 327. Como observa Wittgenstein (que doou voluntariamente sua herança para que outros pudessem criar): "É muito mais difícil aceitar a pobreza de bom grado quando você *tem* de ser pobre do que quando você também poderia ser rico" (*Culture and value*, p. 19 *e*). O mesmo diz Nietzsche: "A grande vantagem de se ter uma origem nobre é que ela permite suportar a pobreza com mais facilidade" (*Aurora*, § 200, p.119). O poder da riqueza dos ricos é função do valor que os pobres atribuem a ela.

16. Foram as confusões amorosas dos homens que acabaram levando os deuses de Epicuro a se desinteressarem pelos assuntos humanos e a buscarem a

ataraxía na *intermundia*. Para um estudo exemplar do ataque ao amor no livro 4 do *De rerum natura* e a lenda da insanidade amorosa que teria matado Lucrécio, ver Martha Nussbaum, *Therapy of desire* (capítulo 5). A representação de Cupido e os tresvarios do amor-paixão são o tema de algumas das mais belas e inspiradas passagens do *Elogio* de Erasmo (especialmente § 19 e § 67).

17. "I do believe you think what you now speak;/ But what we do determine, oft we break./ Purpose is but the slave to memory,/ Of violent birth but poor validity,/ Which now, the fruit unripe, sticks on the tree,/ But fall unshaken when they mellow be./ Most necessary 'tis that we forget/ To pay ourselves what to ourselves is debt./ What to ourselves in passion we propose,/ The passion ending, doth the purpose lose" (*Hamlet*, ato III, cena 2, linhas 181-90).

18. "When my love swears that she is made of truth,/ I do believe her, though I know she lies" (Shakespeare, soneto 138).

19. O contraponto lógico de promessas como estas pode ser igualmente buscado no riquíssimo manancial de experiência recolhida e esteticamente recriada pela música popular brasileira. É a linhagem de versos como: "Só louco amou como eu amei" (Dorival Caymmi); "Esses moços, pobres moços, ah! se soubessem o que eu sei, não amavam, não passavam, aquilo que eu já passei" (Lupicínio Rodrigues); "O solo da paixão não dura mais que um dia antes de afundar" (Antonio Cicero); ou ainda, por que não, "Eu não presto mas eu te amo" (Waldick Soriano). O fenômeno do prometer autoenganado no amor-paixão é abordado por Sócrates em seu primeiro discurso no diálogo platônico *Fedro*: "Mas quando chega a hora de cumprir suas promessas, ele [o amante] está sob o domínio de uma nova influência: o autocontrole racional substituiu a loucura do amor [...] ele sente vergonha de dizer que mudou e não sabe como cumprir as garantias e promessas que fez enquanto escravo da louca paixão. Agora que ele voltou a si e recuperou o autocontrole, ele não tem desejo algum de agir como fez no passado e retornar a sua condição anterior" (241 *a*).

20. La Rochefoucauld, *Maxims*, § 56, p. 44: "O mundo recompensa com mais frequência os sinais externos de mérito do que o próprio mérito" (§ 166, p. 58). Os paradoxos do "tentar causar boa impressão" são analisados por Elster em *Sour grapes* (pp. 66-71). Para uma abordagem sociobiológica do cuidado de cada um com a impressão que causa nos demais, ver Wright, *Moral animal* (capítulo 13). O mesmo tema é tratado, mas a partir de uma abordagem que privilegia a dimensão retórica, por Michael Billig, em *Arguing and thinking* (especialmente pp. 231-3).

21. Montaigne, "Da arte de conversar" (*Ensaios*, p. 429). Em seu ensaio para a coletânea *Eminent economists*, o economista norte-americano Kenneth Arrow afirma: "Eu considero essencial para a honestidade buscar os melhores argumentos contrários à posição que se está defendendo. Qualquer engajamento deveria sempre possuir um caráter tentativo" (p. 47). Em tom mais provocativo, o economista de Chicago, George Stigler, aduz: "Minha experiência de uma vida como observador de jovens adultos em cursos universitários me convence

de que um saber modesto é tudo o que é preciso para se ter posições políticas fortes ou tudo o que é, possivelmente, compatível com elas" (*Memoirs*, p. 138).

22. Os testes e as respostas obtidas em diversos experimentos desse tipo são apresentados e discutidos por Wright em *Moral animal*, pp. 275-81. Esses resultados reforçam a tese de Malebranche segundo a qual "todas as paixões procuram a sua própria justificação" e raramente falham em encontrá-la (*Search after truth*, p. 399). Como dirá Nietzsche: "Existe uma inocência em mentir que é o sinal de boa-fé numa causa" (*Além do bem e do mal*, § 180). Em *Beliefs in action* (capítulos 6 e 7) procurei examinar em detalhe esse mecanismo de formação de crenças e mostrar a sua relevância na vida prática.

23. Marshall, *Industry and trade*, p. 724. Para uma coleção de exemplos recentes ilustrando a observação de Marshall sobre a cegueira protetora no debate econômico, ver: Buchanan e Burton, *The consequences of Mr Keynes*; Krugman, *Peddling prosperity*, e os artigos "The dangerous science" e "The use and abuse of economics", em *The Economist*, 17/6/1989 e 25/11/1995.

24. Lenin, citado em Arthur Koestler, *The act of creation*, p. 194.

25. A cooptação de Cícero no *Júlio César* parte da sugestão de Metelo Cimber: "O, let us have him, for his silver hairs/ Will purchase us a good opinion,/ And buy men's voices to commend our deeds./ It shall be said his judgment rul'd our hands;/ Our youths and wildness shall no whit appear,/ But all be buried in his gravity" (II, 1, 144-9; ver I, 3, 157-60). A espantosa trajetória do líder da "Verdade Suprema", Shoko Asahara, e sua relação com o budismo são relatadas em detalhe pelo ensaísta australiano radicado no Japão, Murray Sayle, em "Nerve gas and the four noble truths" (*New Yorker*, 1/4/1996, pp. 56-71). Um dos piores abusos da filosofia política de Rousseau durante o "Grande Terror" foi a metamorfose da "vontade geral" (os interesses que cada cidadão tem em comum com todos os outros) em "vontade do povo", entendida como o direito da suposta maioria em afirmar seus interesses, inclusive para perseguir e destruir certos indivíduos e grupos (ver Dent, *Rousseau dictionary*, pp. 123-6). "O *Contrato social*", alerta Bertrand Russell, "tornou-se a bíblia da maioria dos líderes da revolução francesa, mas sem dúvida, como é o destino de todas as bíblias, ele não foi cuidadosamente lido e foi menos ainda entendido por muitos dos seus discípulos" (*History of Western philosophy*, p. 674). A sentença entre aspas sobre a autoridade dos mortos é um dito machadiano citado (sem referência à fonte) em Matos, *Machado de Assis*, p. 302.

26. Lenin, "Cadernos filosóficos" (*Collected works*, vol. 38, p. 180).

27. Nietzsche, *Além do bem e do mal*, § 290, p. 229. A sintaxe torturada e o mau estilo peculiares a Hegel são analisados por Nietzsche em *Aurora* (§ 193, p. 114), seguindo a pista leibniziana de que "só a obscuridade pode servir como defesa da absurdidade". A expressão "bíblia da classe operária" foi criada por um delegado suíço presente ao congresso de Bruxelas da Primeira Internacional e alegremente encampada por Marx e Engels (ver Lafargue, "Reminiscences of Marx", p. 85, e Stekloff, *First International*, p. 130 e p. 400, n).

28. Essa definição do comunismo aparece em dois discursos feitos por Lenin no final de 1920 (*Collected works*, vol. 31, pp. 408-26 e 487-518); o contexto e o entusiasmo irrestrito de Lenin pela tecnologia são discutidos em Kuczynski e Nicholson, "Lenin and the energy question" (*Labour Monthly* [1974], pp. 129--32). A referência à "completa sobriedade científica" do marxismo foi feita por Lenin no panfleto "Contra o boicote" (*Selected works*, vol. 3, p. 414). Em termos de promessa revolucionária, seria difícil rivalizar com aquela feita por Trotski, em 1935, segundo a qual a implantação do comunismo permitiria reduzir em 80% os custos de produção na economia norte-americana (ver Kolakowski, *Main currents*, p. 212). A crença panglossiana citada entre aspas neste parágrafo é do prefácio de Marx à sua *Contribuição para a crítica da economia política*: "Assim a humanidade inevitavelmente só se coloca aquelas tarefas que ela é capaz de resolver, uma vez que um exame mais acurado sempre revelará que o próprio problema surge apenas quando as condições materiais para a sua solução já estão presentes ou pelo menos em processo de formação" (*Early writings*, p. 426).

29. A carta de Engels a Vera Sassoulitch (militante da "velha guarda" marxista russa afastada por Lenin do *Iskra* em 1903) é citada por McLellan como epígrafe da parte 2 ("Marxismo russo") de *Marxism after Marx* (p. 63). Em *A retórica da intransigência*, Hirschman faz o mapeamento de um trio de estratégias de argumentação "reacionária" — as teses da perversidade, da futilidade e da ameaça — e procura mostrar como elas vêm sendo empregadas no debate público desde 1789, sempre com o intuito de impedir qualquer tipo de mudança no status quo. Nada, contudo, parece ter sido mais prejudicial às causas *progressistas* em toda a era moderna do que a absurda cegueira de reformadores e revolucionários de todas as filiações quando se trata de antecipar as dificuldades de realização prática de seus objetivos. Em franca oposição a Hirschman, a tese do autoengano reforça o alerta de Arrow: "O meu ponto de vista é o de que a maior parte dos indivíduos subestima a incerteza do mundo. Isso é quase tão verdadeiro em relação aos economistas quanto ao público leigo [...] Enormes danos têm se seguido à crença na certeza, seja na inevitabilidade histórica, seja em esquemas diplomáticos ambiciosos ou em posições extremas sobre política econômica" (*Eminent economists*, p. 46). Sobre o autoengano típico dos revolucionários de todas as cores, ver também a observação de Russell: "Eles [revolucionários] são com frequência motivados pelo ódio sem se darem conta disso; a destruição do que odeiam é o seu verdadeiro propósito, e eles são comparativamente indiferentes à questão do que virá depois" (*Conquest*, p. 214).

30. A afirmação faz parte de um artigo escrito por Lenin no final de sua vida sobre a dificuldade dos marxistas russos em incutir sua visão de mundo numa população recalcitrante e avessa ao ateísmo ("Sobre a relevância do materialismo militante", *Selected works*, vol. 11, p. 73). Em "Os dilemas morais de Lenin", o historiador polonês Isaac Deutscher discute o que chama de "a única crise moral verdadeiramente grande e esmagadora que Lenin conheceu — a crise do fim de sua vida". No início dos anos 20, diz Deutscher, Lenin começou a se dar conta de que "a máquina administrativa que criou tinha pouco em comum com o modelo

ideal que dela havia desenhado em *Estado e revolução* [...] A nova administração reabsorveu grande parte da antiga burocracia czarista [...] O que deveria ser um simples Paraestado era, na realidade, um Superestado [...] [Lenin] sentiu-se estranho ao Estado que ele próprio construíra. Num congresso do partido, em abril de 1922, o último a que assistiu, expressou notavelmente essa sensação de alienação. Disse que muitas vezes sentia a estranha sensação que tem um condutor quando, subitamente, descobre que seu veículo não se está movendo no sentido em que ele o dirige [...] Começou a sucumbir a uma sensação de culpa e, finalmente, encontrou-se nas vascas de uma crise moral — uma crise mais cruel ainda porque agravava a sua mortal doença e era agravada por ela" (*Ironias da história*, pp. 200-2).

31. Goethe, *Máximas e reflexões*, § 329, p. 86.

32. Yeats, "The second coming", citado em Flew, *Thinking about thinking*, p. 78, e Hirschman, *Autossubversão*, p. 92. Problema análogo é discutido por Carlos Drummond de Andrade em "Reflexões sobre o fanatismo": "Não é fácil decidir se nossa época se caracteriza pelo excesso ou pela míngua de crença" (*Obras*, p. 828). Ver também as confissões de Baudelaire sobre política em "Meu coração a nu": "É por não ser ambicioso que não tenho convicções, como as entendem as pessoas de meu século. Não há em mim qualquer base para uma convicção. Há sempre uma certa covardia ou moleza nas pessoas de bem. Só os aventureiros têm convicções. De quê? — De que têm de vencer. Por isso, vencem" (*Poesia e prosa*, p. 527).

33. O princípio da complementaridade é devido ao físico dinamarquês Niels Bohr e foi criado para lidar com a complexidade aparentemente contraditória do mundo revelado pela física atômica e subatômica. A observação de Hölderlin tem por fonte o romance *Hyperion* (1797); no contexto da obra, sonhar é o momento da comunhão com o devir natural, ao passo que o refletir é a autoconsciência que fragmenta, separa e isola o indivíduo da natureza (Hölderlin, *Fragments*, pp. 5-6). O problema da unidade natural perdida e sonhada na tradição romântica alemã e o contexto intelectual dessa busca nas principais correntes da filosofia pós-kantiana são analisados por Charles Taylor em *Hegel and modern society* (parte 1).

4. PARCIALIDADE MORAL E CONVIVÊNCIA HUMANA [pp. 147-201]

1. A análise da relação entre distância e tamanho aparente na percepção visual foi originalmente elaborada pelo filósofo e bispo irlandês George Berkeley no *Essay towards a new theory of vision* (1709); para uma revisão e comentário crítico dessa obra, ver Armstrong, *Berkeley's theory of vision*. O paralelo entre parcialidade perceptiva, sensível e moral apresentado ao longo deste capítulo retoma e desenvolve uma comparação análoga oferecida por Adam Smith em *Theory of moral sentiments* (pp. 134-9) a partir da ideia seminal de Berkeley. No

ensaio inacabado "Of the external senses", Smith discute as distorções ilusórias dos sentidos, seu caráter espontâneo e necessário à sobrevivência biológica, e a relação entre distância e magnitude na experiência visual (*Essays*, pp. 152-3).

2. O hipotálamo é um pequeno órgão situado na base do cérebro, cuja principal função é receber e processar as informações referentes ao estado interno do organismo e deflagrar os mecanismos corretivos necessários para corrigir as suas deficiências e problemas. É no feixe nervoso do hipotálamo, por exemplo, que as carências orgânicas de substâncias como cálcio, sódio, potássio e fosfato, assim como as demandas de produção hormonal, são registradas e processadas pelo cérebro, e é a partir dele que os processos automáticos de correção, por meio de ações musculares e glandulares, são desencadeados. Embora pesando não mais que cerca de quatro gramas (0,3% da massa encefálica), o hipotálamo é o órgão que mais recebe e envia mensagens no cérebro. Presume-se que boa parte das atividades intelectuais do córtex superior, associadas aos estados mentais conscientes, sirva para moderar os impulsos e ânimos primários determinados pelo relógio-matriz do desejo que é o hipotálamo (Young, *Philosophy and the brain*, pp. 178-80; *Oxford companion to the mind*, pp. 527-30).

3. Nietzsche, *O anticristo*, § 39, p. 151: "Os cristãos de fato jamais existiram. O 'cristão', aquilo que vem sendo chamado de cristão por dois milênios, não passa de uma autocompreensão psicológica equivocada". As relações densamente ambíguas entre Nietzsche, Sócrates (na primeira juventude) e Jesus Cristo (na fase que antecede a insanidade) são flagradas de forma penetrante por Michael Tanner em *Nietzsche* (pp. 78-9). O dito machadiano citado neste parágrafo aparece (sem referência à fonte) em Matos, *Machado de Assis*, p. 126.

4. Unamuno, *Tragic sense of life*, p. 90.

5. Erasmo, *Elogio*, § 48, p. 50. Menipo foi o escravo grego que se tornou um expoente da filosofia cínica no século III a.C. Embora nenhum escrito seu tenha chegado até nós, ele figura como personagem/interlocutor central em diversos diálogos satíricos de Luciano, como os *Diálogos dos mortos* (os mortos no Hades olham de fora para o mundo e desnudam as vaidades e pretensões dos vivos) e o *Icaromênipos* (Menipo sobe à morada celeste dos deuses nas asas de uma águia e de lá fulmina as ilusões e ambições dos filósofos). Na rica linhagem de visões radicalmente externas da condição humana na história das ideias, podemos destacar: Bacon, *Advancement* (p. 55); Hume, "The sceptic" (*Essays*, p. 176); James, *Pragmatism* (p. 54); Russell, "A free man's worship" (*A free man*, pp. 9-19), e Nagel, "The absurd" (*Mortal questions*, pp. 11-23). Lugar de destaque na galeria de perspectivas cósmicas do animal humano está reservado à magistral tela do jovem Nietzsche: "Em algum remoto rincão do universo cintilante que se derrama em um sem-número de sistemas solares, havia uma vez um astro, em que animais inteligentes inventaram o conhecimento. Foi o minuto mais soberbo e mais mentiroso da 'história universal': mas também foi somente um minuto. Passados poucos fôlegos da natureza congelou-se o astro, e os animais inteligentes tiveram de morrer. — Assim poderia alguém inventar uma fábula e nem por isso teria

ilustrado suficientemente [...] quão fantasmagórico e fugaz, quão sem finalidade fica o intelecto humano dentro da natureza. Houve eternidades, em que ele não estava; quando de novo ele tiver passado, nada terá acontecido. Ao contrário, ele é humano, e somente seu possuidor e genitor o toma tão pateticamente, como se os gonzos do mundo girassem nele. Mas, se pudéssemos entender-nos com a mosca, perceberíamos então que também ela boia no ar com esse *páthos* e sente em si o centro voante deste mundo" (*Obras incompletas*, p. 53).

6. "Life's but a walking shadow; a poor player,/ That struts and frets his hour upon the stage,/ And then is heard no more: it is a tale/ Told by an idiot, full of sound and fury,/ Signifying nothing" (Shakespeare, *Macbeth*, ato V, cena 5, linhas 24-9). A sentença de Hobbes citada no parágrafo aparece na introdução do *Leviathan*: "For seeing life is but a motion of limbs [...]" (p. 5).

7. Guimarães Rosa, "Famigerado" (*Primeiras estórias*, p. 9). A comparação a seguir entre o impacto emocional de uma tragédia distante do centro de nossos afetos e um contratempo menor, mas próximo, baseia-se no exemplo semelhante (terremoto na China × perder um dedo) elaborado por Adam Smith em *Theory of moral sentiments* (pp. 136-7); nessa importante passagem, Smith introduz um elemento de racionalidade corretiva no exercício do juízo moral que teria sido ignorado por Hume em seu tratamento rigorosamente naturalista no livro 3 ("Da moral") do *Tratado*.

8. Hume, *Treatise*, p. 416. Para uma análise da "guilhotina humiana" e dos limites do papel do entendimento, segundo Hume, para o exercício do juízo moral, ver: Toulmin, *Reason in ethics* (pp. 161-7), e Strawson, *Skepticism and naturalism* (pp. 10-23); ver também a nota 12 do capítulo 2. Sobre a evolução do pensamento ético humiano, a partir de suas origens clássicas e francesas, ver o trabalho minucioso de Jones, *Hume's sentiments*.

9. Machado de Assis, *Dom Casmurro*, p. 113. Outro exemplo brilhante de autoengano na obra machadiana é a solução do conflito entre a devolução da moeda de ouro e a apropriação esquiva do "embrulho misterioso" em *Memórias póstumas de Brás Cubas*: "Assim eu, Brás Cubas, descobri uma lei sublime, a lei da equivalência das janelas, e estabeleci que o modo de compensar uma janela fechada é abrir outra, a fim de que a moral possa arejar continuamente a consciência" (p. 86). Essa modalidade de autoengano — a "lei das janelas" — corresponde essencialmente à tese da modulação oportunista do farolete moral de acordo com a expectativa de custo-benefício definida pelas circunstâncias, como no exemplo do poema "Viajando num carro confortável" discutido no capítulo 2 (seção 6).

10. Na carta a Lady Ottoline Morrell (27/8/1918), com quem manteve um *affair* sexual clandestino durante cinco anos, Russell informa que gostaria de enviar a mensagem citada no texto a quem quer que viesse a ser seu biógrafo no futuro. A passagem foi utilizada como epígrafe da biografia de Russell escrita por Caroline Moorehead. As opiniões, nem sempre abonadoras, dos colaboradores e ex-amantes do filósofo sobre a sua conduta e caráter estão reunidas no capítulo dedicado a ele por Paul Johnson em *Intelectuals* (pp. 197-224). O mais

curioso, contudo, é que em seus escritos Russell pregava algo bem distinto daquilo que ele mesmo reconhece ter praticado ao longo da vida: "Acredito que, de um modo geral, atribui-se um respeito excessivo à opinião dos demais, tanto em questões maiores como menores. Somente se deveria respeitar a opinião pública na medida em que isso fosse necessário para não passar fome ou manter-se fora da prisão; tudo o que vai além disso constitui uma submissão voluntária a uma tirania desnecessária" (*Conquest*, p. 136).

11. Fernando Pessoa, "O problema da sinceridade do poeta" (*Obras em prosa*, p. 269). O aforismo de Nietzsche citado no início do parágrafo está em *Aurora*, § 391, p. 173.

12. Butler, citado em Bambrough, *Moral scepticism*, pp. 27 e 82. A frase entre aspas no final do parágrafo aparece em La Rochefoucauld, *Máximas*, § 218, p. 65.

13. A fábula do anel da invisibilidade encontrado pelo pastor que se tornou rei, usurpando o trono da Lídia, é narrada e discutida por Platão na *República* (359--60). Reflexões em torno dessa fábula platônica aparecem em: Cícero, *On duties*, pp. 113-5; La Rochefoucauld, *Maxims*, § 216, p. 65, e Hollis, *Invitation*, pp. 122--37. É curioso notar que a primeira loteria organizada de que se tem notícia, instituída na Inglaterra pela rainha Elizabeth em 1569, oferecia ao vencedor, além do prêmio em dinheiro, o benefício de uma total imunidade à prisão por um período de sete dias, exceto no caso de crimes maiores (ver Brenner e Brenner, *Gambling and speculation*, p. 10). Os efeitos de um *black-out* de impunidade na convivência social são discutidos em meu *Vícios privados* (pp. 77-8). O fragmento de Demócrito (62) citado no texto é discutido em Toulmin, *Reason in ethics* (pp. 169-70).

14. Knight, citado em Stigler, *Memoirs*, p. 23. Uma conclusão semelhante é defendida por La Mettrie: "Eu diria, sobre a verdade em geral, o que disse Fontenelle sobre algumas verdades particulares, ou seja, que ela tem de ser sacrificada para melhor servir à sociedade" (*Machine man*, pp. 16-7). A conjectura do choque de transparência adapta sugestões análogas em Erasmo, *Elogio* (§§ 19-22, pp. 19-21), e Russell, *Conquest* (p. 114). A extensão da prática da dissimulação social hoje em dia pode ser avaliada a partir de uma pesquisa sobre paternidade genética realizada em meados dos anos 90 por pesquisadores da Universidade de Liverpool, na Inglaterra: *um* em cada *cinco* bebês nascidos naquela cidade inglesa *não* foi concebido pelo homem que se imagina o pai da criança ("Doing what comes naturally", *The Economist*, 5/1/1996, p. 103).

15. Carlyle, "Chartism" (*Selected writings*, p. 155). Uma visão diametralmente oposta a esta é aquela sugerida por Baudelaire: "O mundo gira por meio de mal-entendidos. É devido a um mal-entendido universal que todos estão de acordo entre si. Pois se, por má sorte, as pessoas se entendessem umas às outras, elas jamais se poriam de acordo" (*Intimate journals*, p. 89).

16. Lecky, *History of European morals*, vol. 1, p. 251. Isabel de Castela e seu marido, Fernando de Aragão, foram os principais arquitetos do estabelecimento da Inquisição espanhola no final do século XV e da política de perseguição racial — "*limpieza de sangre*" — que levou à expulsão de cerca de 165 mil judeus e 275

mil mouriscos da península Ibérica. O rei Filipe II, monarca absoluto do vasto e poderoso império espanhol na segunda metade do século XVI, notabilizou-se pela frieza e determinação implacáveis com que perseguiu seus objetivos, descartou aliados e eliminou inimigos — inclusive por meio de falsas acusações de heresia e cruel perseguição de não católicos —, sempre justificando seus crimes e o irrestrito apoio à máquina burocrática da Inquisição com elaborados pretextos teológicos e razões de Estado do Reino de Deus. Marcado por um zelo irretocável e um temperamento ascético, Filipe II costumava passar horas a fio ajoelhado diante de santos e relíquias católicas (ver Kamem, *A Inquisição na Espanha*, especialmente p. 146, e Grimm, *The reformation era*, especialmente p. 22).

17. A experiência subjetiva do indivíduo que enfrenta o espelho e a natural dificuldade de se lidar com a própria imagem refletida são tratadas de forma penetrante por Guimarães Rosa em "O espelho" (*Primeiras estórias*). A observação sobre a neurologia das cócegas baseia-se na pesquisa experimental do físico Rodney Cotterill, da Danish Technical University, sobre as relações entre autoconsciência e movimento muscular voluntário. Ao se estender a mão para apanhar um copo, por exemplo, três fluxos distintos e quase simultâneos de informação são processados: *a*) *aferência* (mensagens dos olhos e dedos para o cérebro); *b*) *eferência* (mensagens do cérebro para os dedos e olhos), e *c*) *cópia da eferência* (mensagens disseminadas pelo cérebro informando e alertando as demais áreas receptoras sensoriais acerca do que os músculos estão prestes a fazer e/ou fazendo). A cópia da eferência é a responsável pela coordenação das ações do indivíduo e é por causa dela, ao que parece, que a tentativa de se fazer cócegas em si mesmo fracassa ("Conscious machines", *The Economist*, 6/4/1996, p. 88).

18. A passagem que provavelmente inspirou a fórmula diz: "Tanto os defensores da oligarquia como os da democracia se prendem a uma certa modalidade de concepção de justiça, mas ambos falham em não levá-la longe o suficiente e nenhum deles formula uma verdadeira concepção de justiça em toda a sua amplitude [...] A razão disso é que eles estão julgando *no seu próprio caso*, e a maioria dos homens, em geral, são maus juízes quando os seus próprios interesses estão envolvidos" (Aristóteles, *Política*, 1280^a 15). A versão corrente, como se nota, generaliza e estende para *todos* o que Aristóteles dizia da *maioria* dos homens.

19. La Rochefoucauld, *Máximas*, § 567, p. 115. A pesquisa sobre a autoimagem dos motoristas norte-americanos é discutida em Rue, *By the grace of guile* (p. 161). Outro exemplo de assimetria na percepção de si e do outro é apontado pelo poeta epicurista Lucrécio: "Enquanto um homem se ri de outro e aconselha-o a ir aplacar a deusa Vênus, metido como está até o pescoço numa paixão carnal, ele nem se dá conta, pobre coitado, dos seus próprios males, que muitas vezes são ainda maiores que os dos outros" (*De rerum natura*, livro 4, linhas 1155-9).

20. Smith, *Theory of moral sentiments*, p. 133. Os versos citados no parágrafo aparecem em poemas de Álvaro de Campos (Fernando Pessoa, *Obra poética*, pp. 365 e 372).

21. Johnson, *Lives of poets*, vol. 2, p. 207. Os relatos de Tucídides sobre a

praga ateniense e de Diderot sobre a aventura europeia nos trópicos coloniais (ver seção 6, pp. 205-6 e notas 36 e 37) oferecem ilustrações práticas dessa modalidade de autoengano. O princípio geral é bem formulado pelo poeta Lucrécio: "É preciso observar um homem em dúvida e situação de perigo; é na adversidade que se aprende como ele realmente é; pois é aí que a sua verdadeira voz aflora da profundeza do coração: a máscara se rompe e a verdade é o que estava por detrás" (*De rerum natura*, livro 3, linhas 54-7). Pela mesma linha segue Bacon em "Of adversity": "A prosperidade melhor revela o vício, mas a adversidade melhor revela a virtude" (*Essays*, p. 14). Sobre os efeitos da intoxicação da prosperidade e o choque revelador da adversidade na trajetória pessoal de Bacon, ver a nota 4 do capítulo 3.

22. Maquiavel, *O Príncipe*, pp. 36 e 56. O mesmo princípio vale para os governados. Considere, por exemplo, a questão da escolha entre *aderir*, *calar-se* ou *resistir* a um regime opressivo que ganha o poder. O teste da integridade costuma trazer resultados surpreendentes, como revela o depoimento insuspeito do filósofo frankfurtiano Jürgen Habermas: "Historicamente, é um fato que os positivistas lógicos e também os jurídicos [...] sempre foram politicamente íntegros. Em parte eram judeus que foram forçados a emigrar, mas já eram democratas antes de serem estigmatizados como 'inimigos' pelos nazistas [...] Enquanto, por outro lado, os hegelianos — e digo isso contra a minha própria tradição —, em grande parte, tornaram-se nazistas. Toda a Escola Jurídica de Kiel [...] era hegeliana. É preciso reconhecer que existe no empirismo e no positivismo um elemento de racionalidade, talvez insuficiente do nosso ponto de vista, mas que, pelo menos naquele tempo, provavelmente imunizou seus partidários contra o nazismo, mais eficazmente que, por exemplo, os hegelianos [...] os hegelianos sempre foram mais vulneráveis" (entrevista a Barbara Freitag e Sergio Paulo Rouanet, *Folha de S. Paulo*, 30/4/1995, p. 6).

23. As oscilações de Darwin com respeito à importância da prioridade e a sua confissão de autoengano, em carta ao colaborador e confidente Joseph Hooker, foram apontadas por Wright em *Moral animal* (p. 308). A preocupação de Darwin com o problema do autoengano na pesquisa científica transparece com clareza na sua "regra de ouro" metodológica discutida no capítulo 2 (p. 101). É interessante notar ainda que, ao introduzir a sua *Autobiografia*, Darwin afirma que tentou discorrer sobre a sua vida com o mesmo distanciamento de um homem morto que olha do outro mundo para o seu próprio passado (ecos de Luciano: ver nota 5), e que a sua idade provecta havia facilitado a tarefa. A julgar, no entanto, pela sua mudança de atitude na questão da prioridade, parece que a memória de Darwin suprimiu do seu campo de atenção consciente a experiência crítica por ele vivida no momento em que a obra de sua vida quase foi eclipsada pela descoberta de Wallace.

24. Um processo duro e conflituoso de negociação normalmente termina com cada uma das partes sentindo-se no direito de "conjugar" sobre a sua relação com a outra: eu sou firme, tu és teimoso, ele é cabeça-dura; nós somos persisten-

tes, vós sois intransigentes, eles são turrões (adaptado com base em construção análoga sugerida por Flew, *Thinking about thinking*, p. 79).

25. More, *Utopia*, p. 6. Sobre a nossa propensão natural a deturpar as ideias daqueles de quem discordamos ou com quem competimos, ver: Nietzsche, *Aurora* (§ 431, p. 185), e Wright, *Moral animal* (p. 269). Na segunda parte de *Beliefs in action* procurei analisar o fenômeno da "entropia da informação" nas trocas intelectuais e classificar as principais modalidades de mal-entendido na história das ideias.

26. Smith, *Theory of moral sentiments*, p. 155; Nietzsche, *O anticristo*, § 55, p. 173. Sobre a definição smithiana de político — "aquele animal traiçoeiro e ardiloso, vulgarmente chamado estadista ou político, cujas opiniões são ditadas pelas flutuações momentâneas dos acontecimentos" (*Wealth of nations*, vol. 1, p. 468) —, e sua atitude diante da cena política da época, ver o excelente estudo de Donald Winch, *Adam Smith's politics*.

27. Drummond, "Anedota búlgara" (*Obras*, 71).

28. Novalis, "Observações entremescladas" (*Pólen*, p. 61). A origem da noção do indivíduo humano como um todo complexo e por vezes contraditório remonta a um fragmento de Demócrito: "O homem, um microcosmo" (34). Em sua magnífica interpretação do conflito entre os irmãos Prometeu (em grego: "o que pensa antes de agir") e Epimeteu ("o que age antes de pensar") na mitologia antiga, Bacon elabora a ideia do homem como "microcosmo, ou pequeno mundo em si mesmo" (*Essays*, p. 249). O tema aparece também em Montaigne: "Somos todos constituídos de peças e pedaços juntados de maneira casual e diversa, e cada peça funciona independentemente das demais. Daí ser tão grande a diferença entre nós e nós mesmos quanto entre nós e outrem" (*Ensaios*, p. 165). O grande unificador da nação alemã, Otto von Bismarck, não teve o mesmo sucesso, ao que parece, na integração de sua própria mente: "Fausto reclamava que tinha duas almas no peito; eu possuo toda uma multidão conflitante: é como numa república" (Bismarck, citado em Elster, *Multiple self*, p. 197).

29. Os exemplos de anomalia intertemporal oferecidos nesse parágrafo e no anterior são adaptados de Colin Price, *Time, discounting and value*, pp. 99-107. Para uma discussão do papel da impaciência humana na percepção de tempo e na atribuição de valor, ver o livro clássico de Irving Fisher, *Theory of interest*.

30. Valéry, "Remarks on intelligence" (*Collected works*, vol. 10, p. 157).

31. Hume, *Treatise*, p. 538.

32. Lucano (poeta romano do século I d.C.), *Pharsalia*, livro 1, linha 499. Os exemplos listados no parágrafo foram extraídos das seguintes fontes: Chico Buarque de Holanda, "Com açúcar, com afeto"; Levi, *Drowned and saved*, p. 29; Quincey, *Confessions*, p. 20; Gay, *Freud*, p. 390, e Elster, *Ulyses and the sirens*, p. 38. O problema da incontinência ou fraqueza de vontade (*akrasía*) na vida prática foi um tema central na reflexão ética e psicológica grega (ver A. W. Price, *Mental conflict*); para uma análise do problema, a partir de uma ótica intertemporal, ver Ainslie, *Picoeconomics*.

33. James, "The will" (*Selected papers*, p. 72). A procrastinação de tarefas é outro exemplo notável, como mostra o poeta Baudelaire: "Apesar de todas as minhas boas resoluções, o demônio se insinua a cada manhã na forma do seguinte pensamento: 'Por que não descansar por ora esquecendo todas essas coisas? Lá pelo fim da tarde posso fazer, de uma só vez, tudo que é mais urgente'. Mas o fim da tarde chega e, então, a minha consciência se contorce diante de uma multidão de coisas não feitas; a depressão deixa-me incapacitado e aí, no dia seguinte, a mesma velha comédia, com as mesmas esperanças e as mesmas ilusões, começa de novo" (carta de 19/2/1858, citada em Starkie, *Baudelaire*, p. 536). A prece agostiniana está nas *Confissões* (livro 8, § 7, p. 199); como ele explica na sequência, dirigindo-se ao Senhor: "Eu temia que me ouvísseis logo e me curásseis imediatamente da doença da concupiscência que antes preferia suportar a extinguir". Para uma análise econômica da procrastinação, ver Akerlof, "Procrastination and obedience".

34. O argumento central desenvolvido nessa seção, ligando a propensão ao autoengano e a necessidade de regras impessoais, retoma e elabora o ponto de vista aberto por Adam Smith na *Teoria dos sentimentos morais* (parte 3, cap. 4). O paralelo entre linguagem e código moral baseia-se em Platão, *Protágoras* (323 *a*-328 *d*) e Quine, "On the nature of moral values" (pp. 61-2).

35. A análise da *função* das regras, vale esclarecer, não se confunde com a explicação da sua *origem*. Ao ser abocanhado por um predador, um coelho emite um grito que serve de alerta e provoca a fuga dos demais coelhos daquela área; a causa do grito, contudo, não é servir de alerta. Os homens, igualmente, nunca precisaram saber a função biológica do sexo na reprodução para praticá-lo. Atribuir à função o papel de causa é incorrer na *falácia funcionalista*. O processo que dá à luz uma determinada regra é diferente da função e utilidade que essa regra pode ter na interação social. A causa é mãe; a função é filha. Toda a discussão aqui limita-se, é evidente, à análise de *uma* das funções básicas das regras: neutralizar os efeitos da parcialidade moral na convivência humana.

36. Tucídides, livro 2, § 53, p. 128. O problema do retrocesso moral no mundo grego é discutido por Dodds em *Greeks and the irrational* (pp. 179-95). Sobre a passagem citada no texto, ver também: Hume, "The sceptic" (*Essays*, p. 177), e a reconstrução poética oferecida por Lucrécio ao concluir *De rerum natura* (livro 6, linhas 1138-286).

37. Diderot, "Extracts from *Histoire des Deux Indes*" (*Political writings*, p. 178). Sobre a máxima latina citada no texto e sua origem, o historiador Sérgio Buarque de Holanda comenta: "Corria na Europa, durante o século XVII, a crença de que aquém da linha do Equador não existe nenhum pecado: *Ultra aequinoxialem non peccari*. Barlaeus, que menciona o ditado, comenta-o, dizendo: 'Como se a linha que divide o mundo em dois hemisférios também separasse a virtude do vício'" (*Raízes do Brasil*, p. 198, n. 40). O painel diderotiano pode ser enriquecido à luz dos relatos e análises oferecidos por Buarque de Holanda e Paulo Prado sobre a formação cultural brasileira. "É possível acompanhar ao longo de nossa histó-

ria", sustenta Holanda, "o predomínio constante das vontades particulares que encontram seu ambiente propício em círculos fechados e pouco acessíveis a uma ordenação impessoal [...] Cada indivíduo [...] afirma-se ante os seus semelhantes indiferente à lei geral, onde esta lei contrarie suas afinidades emotivas, e atento apenas ao que o distingue dos demais [...] a personalidade individual dificilmente suporta ser comandada por um sistema exigente e disciplinador" (*Raízes do Brasil*, pp. 146 e 155). Quadro semelhante, ainda que com contornos mais fortes, emerge do *Retrato do Brasil* de Paulo Prado: "Sugerimos nestas páginas o vinco secular que deixaram na psique nacional os desmandos da luxúria e da cobiça [...] Esses influxos desenvolveram-se no desenfreamento do mais anárquico e desordenado individualismo, desde a vida isolada e livre do colono que aqui aportava, até as lamúrias egoístas dos poetas enamorados e infelizes [...] *Ubi bene, ibi patria* [Onde se está bem, aí é a pátria], diz o nosso profundo indiferentismo [pela vida comunitária] [...] Explosões esporádicas de reação e entusiasmo apenas servem para acentuar a apatia quotidiana" (pp. 195-6).

38. Maquiavel, *O Príncipe*, p. 52.

39. O papel da confiança interpessoal na vida socioeconômica é analisado a partir de uma perspectiva interdisciplinar (biologia, antropologia, economia, política e ética) na coletânea *Trust*, organizada por Diego Gambetta. Sobre esse ponto valeria lembrar, também, a observação do sociólogo alemão Georg Simmel: "Numa vida cultural mais diversificada [...] a existência se baseia em milhares de premissas que o indivíduo isolado não tem como conhecer e monitorar, mas precisa aceitá-las na base da fé; nossa vida moderna baseia-se de uma forma muito mais ampla do que usualmente se percebe na fé que temos na honestidade do outro" (citado em Rue, *By the grace of guile*, p. 154). O economista financeiro Harry Markowitz completa: "Leis e a fiscalização do seu cumprimento são necessárias para me assegurar que a refeição que adquiro não está envenenada e que o avião em que viajo recebeu manutenção adequada; para me assegurar que aqueles que fabricam objetos para o meu uso estão arcando com o custo pleno de produção, inclusive a limpeza da sujeira que fizerem, e que se eu depositar meu dinheiro num banco ou comprar um seguro o banqueiro ou a seguradora não irão a Las Vegas gastar esse dinheiro no jogo" ("Markets and morality", *Wall Street Journal*, 14/5/1992, p. A22).

40. Sólon, citado em Plutarco, "Solon" (*Lives*, vol. 1, p. 142). A preocupação de Sólon com a legitimidade das leis aparece de forma clara em duas respostas suas reproduzidas por Plutarco: "Quando perguntaram a ele [Sólon] se havia deixado aos atenienses as melhores leis que se poderiam conceber, ele respondeu: 'As melhores que eles estavam aptos a receber'"; "Indagado sobre qual seria a *pólis* mais bem constituída, ele disse: 'Aquela em que não apenas as vítimas, mas também aqueles que não foram injuriados levam a julgamento e punem os criminosos'" (*Lives*, vol. 1, pp. 130 e 133). Depois de completar o seu trabalho constitucional, Sólon, cortejado por todos, preferiu sair de Atenas para um longo exílio voluntário, afirmando que a aplicação das leis não cabia a ele,

mas aos cidadãos de Atenas (ver Zoja, *Growth and guilt*, p. 58). Sobre Sólon, ver também a nota 40 do capítulo 1 e a nota 14 do capítulo 2.

41. O provérbio foi atribuído a são Bernardo por são Francisco de Sales: "Le proverbe tiré de notre saint Bernard, 'L'enfer est plein de bonnes volontés ou désirs'" (Carta 74). É possível que a sua origem esteja relacionada à derrocada da Segunda Cruzada, principal fracasso na vida de são Bernardo. "Fervor sem conhecimento", ele assinala, "é sempre menos útil e eficaz que fervor bem dirigido, e com frequência é altamente perigoso" (ver *Oxford dictionary of saints*, pp. 44-5).

BIBLIOGRAFIA

AGOSTINHO, santo. *Confissões*. Trad. J. O. Santos e A. de Pina. Porto, 1958.
AINSLIE, G. "Beyond microeconomics: conflict among interests in a multiple self as a determinant of value". In *Multiple self*. Ed. J. Elster. Cambridge, 1986.
———— *Picoeconomics*. Cambridge, 1992.
AKERLOF, G. A. "Procrastination and obedience". *American Economic Review* 81(1991), 1-19.
AMANN, P. *Paul Gauguin*. San Diego, 1990.
ARISTÓTELES. *Politics* [Política]. Trad. E. Baker. Oxford, 1946.
———— *Historia animalium*. Trad. D. Ross. Oxford, 1980.
ARMSTRONG, D. M. *Berkeley's theory of vision*. Melbourne, 1960.
ARROW, K. The limits of organisation. Nova York, 1974.
———— "I know a hawk from a handsaw". In *Eminent economists*. Ed. M. Szenberg. Cambridge, 1992.
ASSIS, Machado de. *Dom Casmurro*. São Paulo, 1997.
———— *Memórias póstumas de Brás Cubas*. São Paulo, 1997.
BAMBROUGH, J. R. *Moral scepticism and moral knowledge*. Londres, 1979.
BAUDELAIRE, C. *Intimate journals*. Trad. I. Irsherwood. San Francisco, 1983.
———— *Poesia e prosa*. Ed. Ivo Barroso. Rio de Janeiro, 1995.
BACON, F. "The wisdom of the ancients". In *Essays*. Londres, 1854.
———— *Novum organum*. Ed. T. Fowler. Londres, 1899.
———— "Of great place" e "Of adversity". In *Essays*. Londres, 1913.
———— "Cogitata et visa". In *The philosophy of Francis Bacon*. Ed. B. Farrington. Liverpool, 1964.
———— *The advancement of learning*. Ed. A. Johnston. Oxford, 1974.
BAILEY, C. *Epicurus: the extant remains*. Oxford, 1926.
———— *The Greek atomists and Epicurus*. Oxford, 1928.
BERNSTEIN, P. *Against the gods*. Nova York, 1996.
BILLIG, M. *Arguing and thinking*. Cambridge, 1987.
BLAKE, W. *The complete poems*. Ed. A. Ostriker. Harmondsworth, 1977.
BOK, S. *Lying*. Nova York, 1978.
———— *Secrets*. Nova York, 1983.
BORGES, J. L. *Elogio da sombra*. Trad. Carlos Nejar e Alfredo Jacques. Porto Alegre, 1977.
BRENNER, R. e BRENNER, G. A. *Gambling and speculation*. Cambridge, 1987.
BROAD, C. D. *The philosophy of Francis Bacon*. Cambridge, 1926.

BUARQUE DE HOLANDA, S. *Raízes do Brasil*. São Paulo, 1995.
BUCHANAN, J. & BURTON, J. R. *The consequences of Mr Keynes*. Londres, 1978.
BURNET, J. *Early Greek philosophy*. Londres, 1930.
BURTT, E. A. *The metaphysical foundations of modern science*. Londres, 1932.
BUTLER, J. "Upon self-deceit" e "Upon forgiveness of injuries". In *The analogy of religion*. Londres, 1889.
CAHN, S. M. *Fate, logic and time*. New Haven, 1967.
CARLYLE, T. "Chartism". In *Selected writings*. Ed. A. Shelston. Harmondsworth, 1971.
CASTRO, R. *O anjo pornográfico*. São Paulo, 1992.
CHARLTON, W. *Weakness of will*. Oxford, 1988.
CHURCHLAND, P. *Matter and consciousness*. Cambridge, Mass., 1986.
CICERO. *On duties* [Sobre as obrigações civis]. Trad. M. Griffin e E. Atkins. Cambridge, 1991.
CÍCERO, A. *O mundo desde o fim*. Rio de Janeiro, 1995.
CITATI, P. *Goethe*. Trad. Rosa Freire D'Aguiar. São Paulo, 1996.
CLARK, S. *The moral status of animals*. Oxford, 1984.
CORNFORD, F. M. *Before and after Socrates*. Cambridge, 1932.
_____ *Principium sapientiae*. Cambridge, 1952.
_____ *Plato's theory of knowledge*. Londres, 1960.
CRANSTON, M. *John Locke*. Oxford, 1985.
CURTIUS, E. R. *European literature and the Latin middle ages*. Trad. W. R. Trask. Londres, 1953.
DAMÁSIO, A. R. *O erro de Descartes*. Trad. D. Vicente e G. Segurado. São Paulo, 1996.
DARWIN, C. *Life and letters*. Ed. F. Darwin. Londres, 1887.
_____ *Autobiography*. Ed. N. Barlow. Londres, 1958.
_____ *On the origin of species*. Ed. E. Mayr. Cambridge, Mass., 1964.
_____ *Early writings*. Ed. P. H. Barret. Chicago, 1974.
DAWKINS, R. "Universal darwinism". In *Evolution from molecules to men*. Ed. D. S. Bendall. Cambridge, 1983.
DENT, N. J. H. *A Rousseau dictionary*. Oxford, 1992.
DESCARTES, R. *Philosophical works* [Obras filosóficas]. Trad. E. S. Haldane e G. Ross. Cambridge, 1931, vol. 1.
_____ *Philosophical letters* [Cartas filosóficas]. Trad. A. Kenny. Oxford, 1970.
_____ *Meditations on first philosophy* [Meditações concernentes à primeira filosofia]. Trad. J. Cottingham. Cambridge, 1986.
DEUTSCHER, I. "Os dilemas morais de Lenin". In *Ironias da história*. Trad. Alvaro Cabral. Rio de Janeiro, 1968.
_____ *Stalin*. Trad. José L. de Melo. Rio de Janeiro, 1970, vol. 2.
DIDEROT, D. *A filosofia de Diderot*. Trad. J. Guinsburg. São Paulo, 1966.
_____ *Political writings* [Escritos políticos]. Trad. J. H. Mason e R. Wokler. Cambridge, 1992.

DIJKSTERHUIS, E. J. *The mechanization of the world picture*. Trad. C. Dikshoorn. New Jersey, 1986.

DIÓGENES LAÉRCIO. "Pyrrho" e "Democritus". In *Lives of eminent philosophers* [Vidas dos filósofos]. Trad. R. D. Hicks. Cambridge, Mass., 1925, vol. 2.

DODDS, E. R. *The Greeks and the irrational*. Berkeley, 1951.

DOSTOIEVSKI, F. M. *Notes from the underground*. Trad. J. Coulson. Harmondsworth, 1972.

_____ *The diary of a writer*. Trad. B. Brasol. Haslemere, 1984.

DRUMMOND DE ANDRADE, C. *Obras completas*. Rio de Janeiro, 1977.

_____ *A paixão medida*. Rio de Janeiro, 1980.

ELSTER, J. *Sour grapes*. Cambridge, 1983.

_____ *Ulysses and the sirens*. Cambridge, 1984.

_____ ed. *The multiple self*. Cambridge, 1986.

_____ *The cement of society*. Cambridge, 1989.

EMERSON, R. W. "Nature". In *Complete works*. Ed. A. C. Hern. Edimburgo, 1907.

EPICTETO. "Encheiridion" [Manual]. In *Epictetus*. Trad. W. A. Oldfather. Cambridge, Mass., 1978, vol. 2.

ERASMO DE ROTTERDAM. *Elogio da loucura*. Trad. Maria E. G. G. Pereira. São Paulo, 1990.

ESPINOSA, B. de. *Ethics* e *On the improvement of the understanding*. Trad. R. Elwes. Nova York, 1955.

EURÍPIDES. *Bacchae* [Bacantes]. Trad. E. R. Dodds. Oxford, 1960.

_____ *Medeia*. Trad. Jaa Torrano. São Paulo, 1991.

FARRINGTON, B. *Francis Bacon*. Londres, 1951.

FERGUSON, A. *An essay on the history of civil society*. Ed. D. Forbes. Edimburgo, 1966.

FEST, J. C. *The face of the Third Reich*. Trad. M. Bullock. Harmondsworth, 1979.

FINDLAY, J. N. *Hegel: a re-examination*. Londres, 1958.

FINGARETTE, H. *Self-deception*. Londres, 1969.

FISHER, I. *The theory of interest*. Nova York, 1930.

FLEW, A. *Thinking about thinking*. Londres, 1975.

FONTENELLE, B. le B. de. *Nouveaux dialogues des morts*. Ed. J. Dagen. Paris, 1971.

FREUD, S. "Escritores criativos e devaneio". In *Obras psicológicas completas*. Trad. Maria A. M. Rego. Rio de Janeiro, 1976, vol. 9.

FURBANK, P. N. *Diderot*. Londres, 1992.

GAMBETTA, D., ed. *Trust: making and breaking cooperative relations*. Oxford, 1988.

GAUKROGER, S. *Descartes*. Oxford, 1995.

GAY, P. *Freud*. Trad. D. Bottmann. São Paulo, 1995.

GELLNER, E. *Legitimation of belief*. Cambridge, 1974.

GLACKEN, C. J. *Traces on the Rhodian shore*. Berkeley, 1967.

GIANNETTI DA FONSECA, E. "Comportamento individual: alternativas ao homem econômico". *Estudos Econômicos* 20(1990), 5-37.

_____ *Beliefs in action*. Cambridge, 1991.

GIANNETTI DA FONSECA, E. *Vícios privados, benefícios públicos?* São Paulo, 1993.
GOETHE, J. W. von. *Poemas*. Trad. Paulo Quintela. Coimbra, 1958.
_____ *Poesia e verdade*. Trad. Leonel Vallandro. Porto Alegre, 1971.
_____ *Máximas e reflexões*. Trad. Afonso T. da Mota. Lisboa, 1987.
GRIMM, H. J. *The reformation era: 1500-1650.* Nova York, 1965.
GRUBER, H. E. *Darwin on man*. Chicago, 1981.
GUTHRIE, W. K. C. *The sophists*. Cambridge, 1971.
_____ *Socrates*. Cambridge, 1971.
HABERMAS, J. "A história negativa" (entrevista a Barbara Freitag e Sergio Paulo Rouanet). In *Folha de S.Paulo*, 30/4/1995, pp. 5-7.
HAMBURGER, M. "Brecht and his successors". In *Art as sencond nature*. Manchester, 1979.
HAYMAN, R. *Nietzsche: a critical life*. Londres, 1980.
HEGEL, G. W. F. *The philosophy of history*. Trad. J. Sibree. Nova York, 1956.
_____ "The preface to the *Phenomenology*". In *Hegel*. Ed. W. Kaufmann. Nova York, 1966.
_____ *The philosophy of nature*. Trad. M. J. Petry. Londres, 1969.
HIRSCHMAN, A. O. *A retórica da intransigência*. Trad. Tomás R. Bueno. São Paulo, 1992.
_____ *Autossubversão*. Trad. Laura Teixeira Motta. São Paulo, 1996.
HOBBES, T. *Leviathan*. Ed. M. Oakeshott. Oxford, 1955.
HOBBES, T. *De cive* [Do cidadão]. Trad. Renato Janine Ribeiro. São Paulo, 1992.
HÖLDERLIN, F. *Poems and fragments*. Trad. M. Hamburger. Cambridge, 1980.
HOLLINGDALE. *Nietzsche*. Londres, 1985.
HOLLIS, M. *Invitation to philosophy*. Oxford, 1985.
HORÁCIO, Q. *Satires and epistles*. Trad. N. Rudd. Harmondsworth, 1979.
HUME, D. *An enquiry concerning human understanding* [First] e *An enquiry concerning the principles of morals* [Second]. Ed. L. A. Selby-Bigge. Oxford, 1975.
_____ *Dialogues concerning natural religion*. Ed. J. V. Price. Oxford, 1976.
_____ *A treatise of human nature*. Ed. L. A. Selby-Bigge. Oxford, 1978.
_____ *The history of England*. Ed. W. B. Todd. Indianápolis, 1983, vol. 6.
_____ *Essays moral, political and literary*. Ed. E. F. Miller. Indianápolis, 1985.
HUXLEY, T. H. "The *Origin of species*". In *Darwiniana*. Londres, 1899, vol. 2.
JACOB, F. *La logique du vivant*. Paris, 1970.
JAMES, W. *The varieties of religion experience*. Nova York, 1916.
_____ "The will". In *Selected papers on philosophy*. Londres, 1917.
_____ *Pragmatism*. Cambridge, Mass., 1975.
JOHNSON, P. *Intellectuals*. Londres, 1988.
JOHNSON, S. *Lives of the English poets*. Londres, 1925, vol. 2.
JONES, E. *The life and work of Sigmund Freud*. Nova York, 1955, vol. 2.
JONES, P. *Hume's sentiments*. Edimburgo, 1982.
KAMEM, H. *A Inquisição na Espanha*. Trad. Leônidas G. de Carvalho. Rio de Janeiro, 1966.

KAUFMANN, W. *Hegel*. Londres, 1966.

KEYNES, J. M. *The general theory of employment, interest and money*. Londres, 1973.

_____ *Collected writings*. Ed. D. E. Moggridge. Londres, 1971-82.

KNIGHT, F. H. "Freedom as fact and criterion". In *Freedom and reform*. Indianápolis, 1982.

KOESTLER, A. *The act of creation*. Londres, 1964.

KOLAKOWSKI, L. *Main currents of Marxism*. Oxford, 1978.

KREBS, J. R. e DAWKINS, R. "Animal signals: mind reading and manipulation". In *Behavioural ecology*. Eds. J. R. Krebs e N. B. Davies. Oxford, 1984.

KRUGMAN, P. *Peddling prosperity*. Nova York, 1994.

KUHN, T. S. "Logic of discovery or psychology of research" e "Mathematical versus experimental traditions in the development of physical science". In *The essential tension*. Chicago, 1977.

LAFARGUE, P. "Reminiscences of Marx". In *Reminiscences of Marx and Engels*. Moscou, 1959.

LA METTRIE, J. O. de. *Man machine*. Trad. Ann Thomson. Cambridge, 1996.

LANGE, F. A. *The history of materialism*. Trad. E. C. Thomas. Londres, 1925.

LAPLACE, P. S. de. *A philosophical essay on probabilities*. Trad. E. Bell. Nova York, 1951.

LARMORE, F. "Descartes' empirical epistemology". In *Descartes: philosophy, mathematics and physics*. Ed. S. Gaukroger. Londres, 1980.

LA ROCHEFOUCAULD, duque de. *Maxims* [Máximas]. Trad. L. Tancock. Harmondsworth, 1967.

LARSON, J. L. *Reason and experience*. Berkeley, 1971.

LAUTRÉAMONT [Isidore Ducasse]. *Poésies*. Trad. A. Lykiard. Londres, 1978.

LECKY, W. E. H. *History of European morals*. Londres, 1890, vol. 1.

LENIN, V. I. *Selected works*. Nova York, s. d., vols. 3 e 11.

_____ *Collected works*. Londres, 1957-61, vols. 31 e 38.

LEVI, P. *The drowned and the saved*. Trad. R. Rosenthal. Londres, 1989.

LEWIS, C. S. *Studies in words*. Cambridge, 1967.

LLOYD, G. E. R. *Early Greek science*. Londres, 1970.

LOCKE, J. *An essay concerning human understanding*. Ed. P. Nidditch. Oxford, 1975.

LOVEJOY, A. O. *Primitivism and related ideas in antiquity*. Baltimore, 1935.

_____ *The great chain of being*. Cambridge, Mass., 1964.

LUCIANO. *Diálogo dos mortos*. Trad. Maria C. C. Dezotti. São Paulo, 1996.

LUCRÉCIO. *De rerum natura*. Trad. C. Bailey. Oxford, 1910.

LUKÁCS, G. *The young Hegel*. Trad. R. Livingstone. Londres, 1975.

MACAULAY, T. B. "Lord Bacon". In *Essays*. Londres, 1920.

MACDONELL, J. *A survey of political economy*. Edimburgo, 1871.

MALCOLM, N. *Ludwig Wittgenstein*. Oxford, 1984.

MALEBRANCHE, N. *The search after truth*. Trad. T. Lennon e P. Olscamp. Columbus, 1980.

MANDEVILLE, B. de. *The fable of the bees*. Ed. F. B. Kaye. Oxford, 1924.

MANSER, A. "Pain and private language". In *Studies in the philosophy of Wittgenstein*. Ed. P. Winch. Londres, 1969.

MAQUIAVEL, N. *The prince* [O príncipe]. Trad. N. H. Thomson. Oxford, 1913.

MARCO AURÉLIO. *Meditations* [Meditações]. Trad. M. Stanniforth. Harmondsworth, 1964.

MARSHALL, A. *Industry and trade*. Londres, 1919.

_____ *Principles of economics*. Londres, 1949.

MARX, K. *Early writings*. Trad. R. Livingstone e G. Benton. Londres, 1975.

MASSON, J. e MCCARTHY, S. *When elephants weep*. Londres, 1996.

MATOS, M. *Machado de Assis*. São Paulo, 1939.

MCLELLAN, D. *Marxism after Marx*. Londres, 1979.

MILL, J. S. "Nature". In *Collected works*. Ed. J. M. Robson. Toronto, 1978.

MONK, R. *Wittgenstein*. Londres, 1990.

MONTAIGNE, M. de. *Ensaios*. Trad. Sérgio Milliet. São Paulo, 1972.

MORE, T. *Utopia*. Ed. G. M. Logan e R. M. Adams. Cambridge, 1989.

MOORE, G. E. "A defence of common sense" e "Certainty". In *Selected writings*. Ed. T. Baldwin. Londres, 1993.

MOOREHEAD, C. *Bertrand Russell*. Londres, 1992.

MURDOCH, I. *The sovereignty of good*. Londres, 1970.

NAGEL, T. "What is like to be a bat?" e "The absurd". In *Mortal questions*. Oxford, 1979.

_____ *The view from nowhere*. Oxford, 1986.

_____ *What does it all mean?* Oxford, 1987.

_____ "Moral luck" e "Williams: one thought too many". In *Other minds*. Oxford, 1995.

NIETZSCHE, F. *The anti-christ* [O anticristo]. Trad. R. J. Hollingdale. Harmondsworth, 1968.

_____ *Ecce homo*. Trad. W. Kaufmann. Nova York, 1969.

_____ *On the genealogy of morals* [Genealogia da moral]. Trad. W. Kaufmann. Nova York, 1969.

_____ *Obras incompletas*. Trad. Rubens Rodrigues Torres Filho. São Paulo, 1974.

_____ *The gay science* [A gaia ciência]. Trad. W. Kaufmann. Nova York, 1974.

_____ *Daybreak* [Aurora]. Trad. R. J. Hollingdale. Cambridge, 1982.

_____ *Selected letters*. Trad. A. N. Ludovici. Londres, 1985.

_____ *Human all too human* [Humano demasiado humano]. Trad. R. J. Hollingdale. Cambridge, 1986.

_____ *Além do bem e do mal*. Trad. Paulo César de Souza. São Paulo, 1996.

NOVALIS [F. von Hardenberg]. *Pólen*. Trad. Rubens Rodrigues Torres Filho. São Paulo, 1988.

NUSSBAUM, M. *The therapy of desire*. New Jersey, 1994.

Oxford companion to animal behaviour. Ed. D. McFarland. Oxford, 1987.

Oxford companion to the mind. Ed. R. L. Gregory. Oxford, 1987.

Oxford classical dictionary. Eds. N. G. L. Hammond e H. H. Scullard. Oxford, 1970.

Penguin dictionary of English history. Ed. E. N. Williams. Harmondsworth, 1980.
PAZ, O. *Versiones y diversiones*. México, 1978.
PESSOA, F. *Obra em prosa*. Rio de Janeiro, 1974.
_____ *Obra poética*. Rio de Janeiro, 1976.
PETERS, R. *Hobbes*. Harmondsworth, 1956.
PIAGET, J. *O juízo moral na criança*. Trad. Elzon Lenardon. São Paulo, 1994.
PLATÃO, *Laws* [Leis]. Trad. A. E. Taylor. Londres, 1934.
_____ *Apology* [Apologia]. Trad. R. W. Livingstone. Oxford, 1938.
_____ *Republic* [República]. Trad. F. M. Cornford. Oxford, 1941.
_____ *Phaedo* [Fédon]. Trad. R. S. Buck. Londres, 1955.
_____ *Theaetetus* [Teeteto]. Trad. F. M. Cornford. Londres, 1960.
_____ *Phaedrus* [Fedro]. Trad. R. Hackforth. Cambridge, 1972.
_____ *Protagoras* [Protágoras]. Trad. C. C. W. Taylor. Oxford, 1976.
_____ *First Alcibiades* [Primeiro Alcibíades]. Trad. W. Lamb. Cambridge, Mass., 1986.
PLUTARCO, "Solon". In *Lives* [Vidas]. Trad. A. H. Clough. Londres, 1910.
POPPER, K. R. *The open society and its enemies*. Nova York, 1963.
_____ & ECCLES, J. *The self and its brain*. Londres, 1983.
PORFÍRIO. "On the life of Plotinus and the arragement of his work". In *The enneads*. Ed. S. Mackenna. Londres, 1930.
PRADO, P. *Retrato do Brasil*. Ed. Carlos Augusto Calil. São Paulo, 1997.
PRICE, A. W. *Mental conflict*. Londres, 1995.
PRICE, C. *Time, discounting and value*. Oxford, 1993.
QUINCEY, T. de. *Confessions of an English opium-eater*. Londres, 1907.
QUINE, W. V. "On the nature of moral values". In *Theories and things*. Cambridge, Mass., 1981.
_____ *Quidditties*. Cambridge, Mass., 1987.
RÉE, J. *Philosophical tales*. Londres, 1987.
RHEES, R. ed. *Recollections of Wittgenstein*. Oxford, 1984.
ROGOW, A. A. *Thomas Hobbes*. Nova York, 1986.
ROSA, G. "O espelho" e "Famigerado". In *Primeiras estórias*. São Paulo, 1962.
ROUSSEAU, J.-J. *Reveries of the solitary walker* [Devaneios de um caminhante solitário]. Trad. P. France. Harmondsworth, 1979.
RUE, L. *By the grace of guile*. Oxford, 1994.
RUSKIN, J. *Unto this last*. Londres, 1862.
RUSSELL, B. *The problems of philosophy*. Londres, 1912.
_____ *The conquest of happiness*. Londres, 1930.
_____ "Ideas that have harmed mankind". In *Unpopular essays*. Londres, 1950.
_____ *History of Western philosophy*. Londres, 1961.
_____ "A free man's worship". In *A Free man's worship*. Londres, 1976.
_____ *O poder*. Trad. N. C. Caixeiro. Rio de Janeiro, 1979.
SACKS, O. *O homem que confundiu sua mulher com um chapéu*. Trad. Laura Teixeira Motta. São Paulo, 1997.

SAMBURSKY, S. *The physical world of the Greeks*. Trad. M. Dagut. Londres, 1956.
SARTRE, J. P. *Baudelaire*. Trad. M. Turnell. Londres, 1949.
_____ *O ser e o nada*. Trad. Paulo Perdigão. Petrópolis, 1997.
SCHELLING, T. "The intimate contest for self-command". In *Choice and consequence*. Cambridge, Mass., 1984.
_____ "The mind as a consuming organ". In *The multiple self*. Ed. J. Elster. Cambridge, 1986.
SÊNECA. *Sobre a tranquilidade da alma*. Trad. J. R. Seabra Filho. São Paulo, 1994.
SCHOPENHAUER, A. *The world as will and representation* [O mundo como vontade e representação]. Trad. E. Payne. Nova York, 1969.
SHERRINGTON, C. *Man on his nature*. Harmondsworth, 1955.
SMITH, A. *Theory of moral sentiments*. Eds. D. D. Raphael e A. L. Macfie. Oxford, 1976.
_____ *An inquiry into the nature and the causes of the wealth of nations*. Eds. R. H. Campbell e A. S. Skinner. Oxford, 1976.
_____ *Essays on philosophical subjects*. Eds. W. P. D. Wightman, J. C. Bryce e I. S. Ross. Oxford, 1980.
STARKIE, E. *Baudelaire*. Norfolk, 1958.
STEKLLOF, G. M. *The history of the First International*. Trad. E. Paul e C. Paul. Londres, 1928.
STEVENS, W. *Opus posthumous*. Ed. M. Bates. Nova York, 1990.
STIGLER, G. *Memoirs of an unregulated economist*. Nova York, 1988.
STRAWSON, P. *Skepticism and naturalism*. Londres, 1975.
TANNER, M. *Nietzsche*. Oxford, 1994.
TAYLOR, C. T. *Hegel and modern society*. Cambridge, 1979.
TAYLOR, A. E. *Plato*. Londres, 1960.
THOMAS, L. "Os riscos da ciência". In *A medusa e a lesma*. Trad. Aurea Weissenberg. Rio de Janeiro, 1980.
TOULMIN, S. *Reason in ethics*. Cambridge, 1968.
TUCÍDIDES. *Thucydides*. Trad. B. Jowett. Oxford, 1881.
UNAMUNO, M. de. *Tragic sense of life* [Do sentimento trágico da vida]. Trad. J. E. C. Flitch. Nova York, 1954.
VALÉRY, P. "Remarks on intelligence". In *Collected works*. Ed. J. Matthews. Londres, 1973, vol. 10.
WALKER, S. *Animal thought*. Londres, 1985.
WASIANSKI, K. "The last days of Kant". In *Last days of Immanuel Kant*. Trad. T. de Quincey. Edimburgo, 1867.
WATSON, G. ed. *Free will*. Oxford, 1982.
WHITEHEAD, A. N. *Science and the modern world*. Nova York, 1928.
WINCH, D. *Adam Smith's politics*. Cambridge, 1978.
WILLIAMS, B. "Moral luck". In *Moral luck*. Cambridge, 1981.
WILLIAMS, R. Keywords. Londres, 1976.
WITTGENSTEIN, L. *On certainty*. Trad. D. Paul e G. E. M. Anscombe. Oxford, 1979.

WITTGENSTEIN, L. *Remarks on Frazer's "Golden Bough"*. Trad. A. C. Miles. Retford, 1979.
_____ *Culture and value*. Trad. P. Winch. Oxford, 1980.
WOODBRIDGE, F. J. E. *Aristotle's vision of nature*. Nova York, 1965.
WRIGHT, R. *The moral animal*. Nova York, 1994.
YOUNG, J. Z. *Philosophy and the brain*. Oxford, 1986.
ZAJONC, A. *Catching the light*. Oxford, 1993.
ZOJA, L. *Growth and guilt*. Trad. H. Martin. Londres, 1995.

ÍNDICE ONOMÁSTICO

Agostinho, santo, 11, 183
Ainslie, G., 209, 233
Akerlof, G. A., 234
Alexander, Richard, 208
Amann, P., 210
Anaxágoras, 83
Andrade, Mário de, 13
Aristóteles, 56, 70, 84, 167, 203, 205, 223, 231
Armstrong, D. M., 227
Arrow, Kenneth, 209, 224, 226
Asahara, Shoko, 225

Bacon, Francis, 72, 80, 114, 209, 212--213, 220-221, 228, 232-233
Bailey, C., 213, 222
Bambrough, J. R., 218, 230
Barlaeus, 234
Barroso, Ari, 135
Baudelaire, Charles, 28, 89, 122-123, 204, 208, 216, 222, 227, 230, 234
Berkeley, George, 227
Bernardo de Clairvaux, são, 199, 236
Bernstein, P., 210
Billig, Michael, 224
Bismarck, Otto von, príncipe, 233
Blake, William, 209
Bohr, Niels, 227
Bok, Sissela, 221
Borges, Jorge Luis, 218
Boyle, Robert, 102, 218
Brecht, Bertolt, 104, 219
Brenner, G. A., 230
Brenner, R., 230
Broad, C. D., 212

Buarque de Holanda, Chico, 233
Buarque de Holanda, Sérgio, 234
Buchanan, J., 225
Burnet, J., 213
Burton, J. R., 225
Burtt, E. A., 214
Butler, Joseph, 161, 209, 211, 220, 230

Cahn, Steven M., 223
Calvino, Italo, 89, 217
Campos, Álvaro de, 55, 208, 231
Carlyle, Thomas, 164, 230
Castro, Ruy, 207
Caymmi, Dorival, 224
César, Júlio, 219
Charlton, W., 209
Churchland, Paul, 216-217
Cícero, 141, 217, 225, 230
Cicero, Antonio, 213, 224
Citati, P., 208
Clark, Stephen, 204
Coleridge, Samuel Taylor, 181
Cornford, F. M., 213, 215
Cotterill, Rodney, 231
Cranston, Maurice, 218
Cromwell, Oliver, 57, 140-141, 209
Cronus, Diodorus, 223
Curtius, E. R., 222
Cuvier, Geroges, barão, 203

Damásio, A. R., 206, 214, 217
Darwin, Charles, 32, 89, 101, 170-171, 203, 205, 218, 232
Dawkins, R., 203, 205

Demócrito, 28, 36, 63, 73, 83, 162, 204, 213, 215, 230, 233
Dent, N. J. H., 225
Descartes, René, 42, 74-75, 80, 204, 210, 213-214
Deutscher, Isaac, 219, 226
Diderot, Denis, 45, 47, 50, 89, 192-193, 196, 206-207, 217, 222, 232, 234
Dijksterhuis, E. J., 214
Diógenes Laércio, 213
Dodds, E. R., 207, 209, 215, 234
Dostoievski, Fiodor, 89, 98, 209, 218
Drummond de Andrade, Carlos, 109, 173, 211, 220, 227, 233
Ducasse, Isidore. *Ver* Lautréamont, Isidore Ducasse

Ellington, Duke, 181
Elster, J., 204, 210, 221, 224, 233
Emerson, Ralph Waldo, 28, 204
Empédocles, 70, 78, 81, 212
Engels, Friedrich, 143, 225-226
Epicteto, 95, 217
Epicuro, 123, 223
Erasmo de Rotterdam, 108, 151, 217, 224
Espinosa, Baruch, 209, 219
Eurípides, 207, 209

Farrington, B., 212, 221
Ferguson, Adam, 209
Fest, Joachim C., 208
Findlay, J. N., 219
Fisher, Irving, 222, 233
Fleming, Gerald, 219
Flew, A., 227, 233
Fontenelle, B. le B. de, 207, 218-219, 230
Francisco de Sales, são, 236
Freitag, Barbara, 232
Freud, Sigmund, 89, 181, 206, 216
Furbank, P. N., 223
Furtwängler, W., 50, 208

Galileu, 151, 213
Gambetta, Diego, 235
Gauguin, Paul, 57-58, 209-210
Gaukroger, S., 214
Gay, P., 216, 233
Gellner, E., 212
Gilberto, João, 40
Glacken, C. J., 204
Goebbels, Joseph, 50, 208
Goethe, Johann Wolfgang von, 108, 122, 144, 209-211, 218, 222, 227
Grimm, H. J., 231
Gruber, H. E., 218
Guimarães Rosa, João, 106, 219, 229, 231
Guthrie, W. K. C., 84, 209, 215

Habermas, Jürgen, 232
Hackforth, R., 215
Hamburguer, Michael, 219
Hardenberg, barão von. *Ver* Novalis, Friedrich
Haydn, J., 112
Hayman, R., 216
Hegel, G. W. F., 102, 141-142, 212, 219, 225
Heidegger, Martin, 50
Heráclito, 28, 31, 72, 204, 212, 215
Hesíodo, 215, 222
Himmler, Heinrich, 103, 219
Hirschman, Albert O., 143, 226-227
Hitschmann, Eduard, 216
Hobbes, Thomas, 102, 205, 219, 229
Hodges, Johnny, 181
Hölderlin, F., 146, 227
Hollingdale, R. J., 220
Hollis, M., 230
Hooker, Joseph, 232
Horácio, 25, 44, 207
Hume, David, 54, 180, 204, 208, 211, 214, 222, 228-229, 233-234
Huxley, Thomas H., 205

Jacob, François, 203
James, William, 183, 209, 228, 234
Johnson, Paul, 229
Johnson, Samuel, 170, 218-219, 231
Jones, E., 216
Jones, P., 229
Jung, Carl Gustav, 217

Kamem, H., 231
Kant, Emmanuel, 122, 221
Kaufmann, W., 209, 216
Keynes, John Maynard, 59, 133, 210, 212, 223
Knight, Frank H., 163, 210, 230
Koestler, Arthur, 225
Kolakowski, L., 226
Krebs, J. R., 203
Krugman, P., 225
Kuczynski, R., 226
Kuhn, Thomas S., 211-212

La Mettrie, Julien Offroy de, 210, 230
La Rochefoucauld, François, duque de, 114, 138, 168, 221, 224, 230-231
Lafargue, Paul, 225
Lange, Friedrich Albert, 223
Laplace, Pierre Simon, marquês de, 223
Larmore, F., 214
Larson, J. L., 203
Lautréamont, Isidore Ducasse, *dito* conde de, 220
Lecky, W. E. H., 221, 230
Lenin, Vladimir Ilitch Ulianov, *dito*, 141-143, 225-227
Lepenies, Wolf, 221
Levi, Primo, 60, 210, 233
Lewis, C. S., 205
Lineu, Carl von Linné, *dito*, 203
Lisenko, T. D., 143
Lloyd, G. E. R., 213
Locke, John, 32, 34, 102, 205, 209, 218

Lovejoy, A. O., 205
Lucano, 233
Luciano, 151, 228, 232
Lucrécio, 134, 224, 231-232, 234
Lukács, György, 219

Macaulay, Thomas Babington, 221
Macdonell, J., 204
Machado de Assis, Joaquim Maria, 39, 206, 221, 229
Machado, Antonio, 212
Malcolm, Norman, 218
Malebranche, Nicolas de, 210, 225
Mandeville, B. de, 204
Manser, A., 205
Maquiavel, Niccolò, 170, 219, 232, 235
Marco Aurélio, 42, 117, 221
Marcos, são, 213
Markowitz, Harry, 235
Marshall, Alfred, 140, 209, 212, 225
Marx, Karl, 141, 225-226
Masson, J., 204-205
Matos, M., 225, 228
McCarthy, S., 204-205
McLellan, D., 226
Mersenne, Marin, 213
Midgley, Mary, 204
Mill, J. S., 204
Milton, John, 54-55
Monk, R., 218, 222
Montaigne, Michel Eyquem de, 34, 89-90, 139, 204-205, 207, 217, 219-220, 224, 233
Moore, G. E., 212
Moorehead, Caroline, 229
More, Henry, 204
More, Thomas, 173, 233
Morrell, Lady Ottoline, 229
Murdoch, Iris, 218

Nagel, Thomas, 78, 80, 210, 214, 228
Newton, Isaac, 117, 218
Nietzsche, Friedrich, 89, 142, 150, 159,

173, 207-208, 212, 216-220, 222--223, 225, 228, 230, 233
Nisbett, R., 210
Novalis, Friedrich, barão von Hardenberg, *dito*, 42, 206, 233
Nussbaum, Martha, 209, 224

Overbeck, Franz, 208
Ovídio, 209

Paz, Octavio, 211
Pessoa, Fernando, 12, 55, 123, 160, 208, 211, 222, 230-231
Peters, R., 219
Petry, M., 219
Piaget, Jean, 38, 205
Pirandello, Luigi, 212
Platão, 56, 84, 117, 199, 207, 210, 215--216, 218, 222, 230, 234
Plotino, 216
Plutarco, 213, 235
Pope, Alexander, 218
Popper, K. R., 215, 223
Porfírio, 216
Prado, Paulo, 234-235
Price, A. W., 233
Price, Colin, 233
Protágoras, 48

Quincey, Thomas de, 114, 211, 220, 222, 233
Quine, W. V., 212, 223, 234

Ramachandran, V., 206
Rée, Jonathan, 213
Rhees, R., 218
Robespierre, Maximilien de, 140-141
Rodrigues, Lupicínio, 224
Rodrigues, Nelson, 207
Rogow, A. A., 219
Ross, L., 210
Rouanet, S. P., 232

Rousseau, Jean-Jacques, 28, 122, 204, 225
Rue, Loyal, 203-204, 208, 217, 220, 231, 235
Ruskin, John, 122, 222
Russell, Bertrand, 159, 209-210, 212, 219, 225-226, 228-230

Sacks, Oliver, 206
Sambursky, S., 204
Samuel, 57, 174
Sartre, Jean-Paul, 88, 216
Sassoulitch, Vera, 226
Sayle, Murray, 225
Schelling, Thomas, 206
Schopenhauer, Arthur, 28, 204, 212
Sêneca, 204, 222
Senna, Ayrton, 187
Shakespeare, William, 136, 141, 206, 208-209, 211, 224, 229
Sherrington, C., 210
Simmel, Georg, 235
Smith, Adam, 54, 89, 169, 173, 208, 212, 227-229, 231, 233-234
Smith, John Maynard, 203
Sócrates, 11, 83-86, 215, 218, 224, 228
Sófocles, 100
Sólon, 196, 211, 214, 235-236
Soriano, Waldick, 224
Stalin, Joseph, 107, 109, 143, 219
Starkie, E., 234
Stekloff, G. M., 225
Stendhal, Henri Beyle, *dito*, 45
Stevens, Wallace, 207
Stigler, George Joseph, 224, 230
Strawson, P., 229

Tales, 214
Tanner, Michael, 208, 216, 228
Taylor, A. E., 215
Taylor, Charles, 219, 227
Teresa de Ávila, santa, 89, 148

Thomas, Lewis, 211
Toulmin, S., 229-230
Trevor-Roper, Hugh, 219
Trivers, Robert, 208
Trotski, Lev Davidovitch Bronstein, 226
Tucídides, 191-193, 196, 231, 234

Unamuno, Miguel de, 151, 228

Valéry, Paul, 178, 212, 233
Veloso, Caetano, 14, 135
Virgílio, 54-55
Vishinski, A., 143

Wagner, Richard, 50
Walker, S., 204
Wallace, Alfred Russel, 171, 232
Wasianski, K., 221

Watson, Gary, 223
Wessling, B., 208
Whitehead, Alfred North, 212
Williams, B., 210
Williams, R., 205
Winch, Donald, 233
Wittgenstein, Ludwig, 58, 89, 102, 122, 210, 212, 216, 218, 222-223
Woodbridge, F. J. E., 212
Wright, R., 203, 208, 217, 224-225, 232-233

Xenófanes, 151

Yeats, William Butler, 144, 227
Young, J. Z., 205, 228

Zajonc, A., 212
Zoja, Luigi, 205, 211-212, 215, 236

EDUARDO GIANNETTI nasceu em Belo Horizonte, em 1957. É professor das Faculdades Ibmec de São Paulo e PhD pela Universidade de Cambridge. É autor de numerosos livros e artigos, entre eles *Beliefs in action* (Cambridge University Press, 1991), *Vícios privados, benefícios públicos?* (Companhia das Letras, 1993), *Felicidade* (Companhia das Letras, 2002), *O valor do amanhã* (Companhia das Letras, 2005), *O livro das citações* (Companhia das Letras, 2008), *A ilusão da alma* (Companhia das Letras, 2010) e *Trópicos utópicos* (Companhia das letras, 2016). *Autoengano* foi traduzido para cinco línguas.

1ª edição Companhia das Letras [1997] 11 reimpressões
1ª edição Companhia de Bolso [2005] 11 reimpressões

Esta obra foi composta pela Verba Editorial em Janson Text
e impressa em ofsete pela Gráfica Bartira sobre papel Pólen
da Suzano S.A. para a Editora Schwarcz em janeiro de 2025

A marca FSC® é a garantia de que a madeira utilizada na fabricação do papel deste livro provém de florestas que foram gerenciadas de maneira ambientalmente correta, socialmente justa e economicamente viável, além de outras fontes de origem controlada.